U1076143

优势谈判心理学

〔美〕玛格丽特 ·A. 尼尔（Margaret A. Neale）
托马斯 ·Z. 利斯 （Thomas Z. Lys） 著
王正林 译

新世界出版社
NEW WORLD PRESS

GETTING (MORE OF) WHAT YOU WANT: How the Secrets of Economics and Psychology Can Help You Negotiate Anything, in Business and in Life by Margaret A. Neale and Thomas Z. Lys
Copyright © 2015 by Margaret A. Neale and Thomas Z. Lys
Simplified Chinese translation copyright © 2016 by **Grand China Publishing House**
Published by arrangement with Basic Books, a Member of Perseus Books LLC through Bardon-Chinese Media Agency
All rights reserved.

No part of this book may be used or reproduced in any manner whatever without written permission except in the case of brief quotations embodied in critical articles or reviews.

本书中文简体字版通过 **Grand China Publishing House（中资出版社）** 授权新世界出版社在中国大陆地区出版并独家发行。未经出版者书面许可，本书的任何部分不得以任何方式抄袭、节录或翻印。

北京版权保护中心引进书版权合同登记 01-2016-0372

图书在版编目（CIP）数据

优势谈判心理学 / (美) 尼尔 , (美) 利斯著 ; 王正林译 . -- 北京 : 新世界出版社 , 2016.6

ISBN 978-7-5104-5600-8

Ⅰ . ①优… Ⅱ . ①尼… ②利… ③王… Ⅲ . ①谈判学－社会心理学－通俗读物
Ⅳ . ① C912.3-49

中国版本图书馆 CIP 数据核字 (2016) 第 029062 号

优势谈判心理学

作　　者：[美] 玛格丽特 ·A. 尼尔（Margaret A. Neale）　托马斯 ·Z. 利斯 （Thomas Z. Lys）
译　　者：王正林
策　　划：中资海派
执行策划：黄　河　桂　林
责任编辑：贾瑞娜
特约编辑：宋金龙
责任印制：李一鸣　王　雪
出版发行：新世界出版社
社　　址：北京西城区百万庄大街 24 号（100037）
发 行 部：(010）6899 5968　(010）6899 8705（传真）
总 编 室：(010）6899 5424　(010）6832 6679（传真）
http：//www.nwp.cn
http：//www.nwp.com.cn
版 权 部：+8610 6899 6306
版权部电子信箱：nwpcd@sina.com
印　　刷：深圳市汇亿丰印刷科技有限公司
经　　销：新华书店
开　　本：787mm × 1092mm　1/16
字　　数：220 千　　**印　　张：**17.5
版　　次：2016 年 6 月第 1 版　　2016 年 6 月第 1 次印刷
书　　号：ISBN 978-7-5104-5600-8
定　　价：49.80 元

版权所有，侵权必究
凡购本社图书，如有缺页、倒页、脱页等印装错误，可随时退换。
客服电话：(010）6899 8638

致中国读者信

Thanks for joining us on this journey, seeking knowledge to resolve conflicts and solve problems for your organization, team, and community to get (more of) what you want!

Margaret A. Neale

Thomas Lys

亲爱的中国读者：

感谢您与我们一同开启本书的阅读旅程。希望本书能为您答疑解惑，帮助您在谈判中得到更多。

玛格丽特·A. 尼尔

托马斯·Z. 利斯

权威推荐

罗杰·道森

克林顿总统首席谈判顾问、畅销书《优势谈判》作者

对于如何通过谈判获得更多利益这个古老的问题，本书两位作者玛格丽特·尼尔和托马斯·利斯提供了一套迷人的新方法。

罗伯特·西奥迪尼　《影响力》作者

玛格丽特·尼尔和托马斯·利斯两人在谈判的学术领域和实践领域都堪称高手。他们将经济学与心理学的原理相结合，书中新奇、真诚的观点，可以让所有行业的谈判者受益匪浅。

罗伯特·萨顿　斯坦福大学教授

《优势谈判心理学》是谈判领域的旷世奇书，令我大开眼界！玛格丽特·尼尔和托马斯·利斯的杰作，提供了很多令人拍案叫绝，运用范围极广的实用建议，帮你决定是否应该展开谈判，达成一笔划算交易。

萨利·勃朗特　西北大学凯洛格商学院院长

本书深入浅出地分析了高效谈判的本质。结合了数十年的心理学与经济学研究成果。两位精力充沛的教授，在谈笑风生中破除了大量谈判的普遍误区，并列出了让我们精通谈判策略与实战的严谨方法。

奇普·希思 《让创意更有黏性》作者

很多人都或多或少地担心自己成不了一名合格的谈判者。本书融合了谈判领域最出色的研究和建议，让你在职场或商业谈判中更加胸有成竹，甚至在家庭生活中，你也可以运用书中的技巧来应付你的“熊孩子”。

杰弗瑞·菲佛 斯坦福商学院组织行为学教授 《权力：为什么只为某些人所拥有》作者

当世谈判之作，多如恒河之沙，独亚马逊一家，竟可搜得27 000余卷。盖谈判之于人也，司空见惯。本书论述严谨，综合万象，对谈判之考察巨细无遗，是一本实用、科学、易读的宝贵指南。

《爱尔兰时报》

本书可谓完美。作者匠心独运，将经济学与心理学的深刻洞见结合起来，让我们在谈判中无往不利，并能从每一次谈判中获得更大的利益。

《成功杂志》

《优势谈判心理学》一门复杂技艺的宝贵指南。

武向阳

"世界大师中国行"创始人
亚太国际谈判学院院长
畅销书《谈判兵法》作者

谈判：决胜在于决战之前

《优势谈判心理学》一书讲的是谈判，但又不仅是一本讲谈判的书，更是一本结合了心理学和经济学等学科来阐释谈判的作品，要写出这样的作品，作者必须具备深厚的学术涵养和丰富的谈判实践经验。

谈判是一项复杂而精细的技艺，谈判并不限于谈判本身。一个谈判者走上谈判桌的时候，就像一个拳击手走向拳击台，甚至像一个战士开赴战场，场上的决战只不过是场下准备的较量，在开场之前，胜负已经了然于胸，并无意外。

拳王迈克·泰森说："在比赛开始前，当我跟对手眼神接触的那一瞬间，我就知道我已经赢得了比赛，并且会在第一回合把对手 KO（淘汰出局）。"泰森没有自夸，强大的身体素质和心理素质让他猛如雄狮，在他的巅峰时期，很少有对手能撑过第一回合。如果没有平时超强的身体与心理层面的训练，泰森不可能有如此的预期并取得骄人的成绩。可见，决胜在于决战之前。同样，谈判也是如此，我常说，准备谈判就是在谈判。

本书的两位作者玛格丽特·尼尔和托马斯·利斯，一位是谈判力和影响力方面的学术权威，一位是金融和经济学的资深专家，两人主要从心理学和经济学的层面来深度剖析谈判的准备、实践以及应用。

心理学最早起源于哲学，后从哲学中分离出来形成一门独立的研究学科，它关注的更多的是形而上的思维活动和方式，研究人类怎样感知外界信息和怎样进行信息内化处理。而经济学讲究的是经济关系及其规律性，追求如何创造价值，将价值最大化，经济学研究的是这个世界的“律”，不管你有没有注意到这个“律”的存在，它都在发生着作用。就像万有引力定律一样，顺应它的人能从中获益，违背它的人便只有受苦的份了。

心理学注重的更多是“道”的层面，经济学关注的更多的是“术”的层面，谈判既要有“道”的指导，更要有“术”的操作，“道”与“术”结合，方能成就共赢的谈判结果，为自己争取更多的同时，让对方有赢的感觉。

一个高明的谈判者，也许有优秀的基因，但是绝大部分素质都是后天修炼而成的。我的恩师、世界谈判大师罗杰·道森曾说过：“你从来不会在报纸上看到这样的新闻：‘今天在某某医院诞生了一位谈判高手’。”真正的谈判高手，必须进行自我修炼，不但要对上下五千年，纵横八百里有所涉猎，从深度和广度上扩充自己的理论知识，更要在实践中操练，理论联系实际，不能跳出三界外，不在五行中。

中国古代的士大夫阶层历来重视论辩和谈判，古代的辩士可以以“三寸不烂之舌退百万之师”，然而在中国，谈判始终没有发展成一门学科，形成系统，反而将这种好辩之风发展成了“玄谈”。而在西方，从 18 世纪开始，谈判就已经成为了大学的课程。发展到现在，谈判已成为大学不少专业的必修课。西方关于谈判的书籍已是汗牛充栋，尽管如此，我认为这本《优势谈判心理学》仍然是不可多得的佳作。

两位作者看到了谈判背后的本质：谈判不是一场即兴表演，而是经济与心理的双重较量。换句话说，谈判的功夫在谈判之外，那么在哪里呢？答案就是深谙经济学和心理学的基础之上，融会贯通，举一反三。

当你处于弱势的时候，如何通过对时机的把控和对心理的测评来做出最佳的出击和回应，为自己争取更多？当你处于强势的时候，如何平衡自己的利益与对方的感受？而在整个谈判的过程中，谈判力量还会出现戏剧性的变化，这时你将如何面对？本书对于这些问题都给出了让人耳目一新的答案，读者从这本书中读到的，不单单是谈判的知识，还有跨学科的综合知识。实际上，谈判就是一门跨学科的学问，不明所以的人单刀直入，一开始就想习得谈判的盖世神功，可惜根基不稳，大厦难成。

本书对于谈判初学者，有拨开云雾见月明的引导作用；对于资深的谈判人员，有“众里寻他千百度，蓦然回首，那人却在灯火阑珊处”之感；对于正在追求知识，要求进步的人，本书将以一个全新的视角为你呈现谈判的魅力，让你在生活中和工作中争取更多。

备　注　世界大师中国行 WORLD MASTERSTRIP TO CHINA

“世界大师中国行”致力于挖掘全球商业大师资源，构建大师、企业、教育培训三方沟通渠道。目前，已成功引进了世界营销大师杰·亚伯拉罕、世界谈判大师罗杰·道森、世界客户服务大师大卫·弗曼多、2008年度诺贝尔经济学奖获得者保罗·克鲁格曼、世界第一畅销书《心灵鸡汤》作者马克·汉森、世界犹太人理事会主席杰克·罗森和美国前总统乔治·W. 布什、比尔·克林顿等众多享有广泛国际声誉的商业大师及政要走进中国，并迅速引爆了旋风式的影响力，形成良好的社会与市场双重效应，引进领域涉及市场营销、管理、品牌、领导力、客户关系管理、组织战略、犹太智慧、商业谈判、资本运作等几十个商业范畴。“世界大师中国行”目前已成为中国高端教育培训业最具专业性及影响力的大师经纪代言人，被誉为“世界大师的幕后推手”。

目　录 GETTING (MORE OF) WHAT YOU WANT

第二部分　开启谈判　133

前　言 GETTING (MORE OF) WHAT YOU WANT

谈判学与行为经济学的首次融合

1996年初，我们在西北大学凯洛格商学院任教，一名学生请托马斯帮他分析和研判一次商业机会。这名学生是一家大型制药公司的产品经理，当时有位医生来找他，希望他代表制药公司买断一项属于医生的专利。事情的缘由是这样的：

> 十年来，制药公司一直在使用这位医生持有的这项专利，生产公司最具盈利能力的医学检验系列产品。双方的专利使用合同一年一签，专利费也是一年一付。然而每到付费时，制药公司和医生总会因已生产产品的准确数目产生争议。表面上看，医生烦透了这种“一年一争议”的局面，于是这次向我们的学生提出，将该专利剩余7年的使用权一并出售给制药公司，开价350万美元。

这名学生比较慎重，在回复医生之前先找到托马斯，请他核算一下公司可承受多大数额的专利使用费，核算依据是在接下来的七年里，这项专利预期可以给公司带来多少价值。尽管核算过程极其复杂，但两人最终还是发现，公司可承受的专利使用费最高额度为410万美元。

在这个价格上，买断或者继续租用专利对公司来说没有差别。

学生认为自己可以接受医生的报价，立即为公司节省 60 万美元的成本（410 万 − 350 万），或者代表公司跟医生谈判，在开始时拒绝接受医生的报价，以期进一步压低价格。他说："如果我能以 300 万美元成交，便相当于为公司创造了上百万美元的利润。以如此突出的业绩为基础，下一次的晋升也就是板上钉钉的事了。"

当学生正在总结他的分析结果时，玛格丽特走了进来。令学生没有想到的是，玛格丽特在仔细研究了这次交易的细节之后说道："你现在还没有做好谈判的准备。"更让他感到惊奇的是，托马斯居然也表示赞同："玛格丽特是对的。"

事实上，那名学生只是在用自说自话的理由说服自己。在他看来，他已经完成了这桩很有希望达成的交易，为公司拿到了上百万美元的利润。对潜在利润的渴望以及对个人前途的追求，让他非常主观地提出了这么一个数字，然后迅速得出一个显而易见却极其片面的答案。

尽管从学生的角度分析，这笔交易至少可以盈利 60 万美元，但从医生的角度来看，交易没有任何意义。对于这一事实，学生几乎没有进行深入的探究。玛格丽特分析道："任何一笔交易应当对双方来说都有意义，但你面前这笔却不是这样的。为什么医生将专利租用给你们 10 年之后突然决定卖断？"我们提醒学生，单凭数字也许并不能辨识整笔交易的真相。

托马斯再次走到白板前。他和学生已经在白板上对这笔交易进行过一次演算，不过这一次，他们从医生的角度出发又算了一次。结果表明，根据专利租用协议，医生在未来 7 年预计可以获得净现值约为 500 万美元的收益。一旁的玛格丽特于是问道："那他为什么愿意开出 350 万美元的低价卖断专利呢？要知道，他只要保持现状，反而可以多拿 150 万美元。"

学生意识到我们想劝他放弃这笔交易，但他仍想争取一下，以便让自己的晋升“板上钉钉”，他说：“也许那位医生自知不可能收获500美元，又或者……”

玛格丽特接过话头，“又或者他知道一些你不知道的内幕。”

这名学生落入了一个典型的谈判陷阱：他只从自己的角度去分析交易，却忽略了医生的视角。确实，这次交易达成的概率很高，他也被这一概率深深地吸引了，因此他用第一次计算得出的对自己有利的结果来说服自己，却没有做详尽的调查。

这名学生的行为可以归因为三个心理因素：

1. 因熟悉的场景产生的心理力量；
2. 将准确性和精确度混为一谈；
3. 因达成协议的渴望而形成的惯性思维。

首先，制药公司和医生已经合作了10年之久，而这名学生对那项专利以及合同中双方的争议事项十分熟悉。于是他轻易得出结论：“医生只是为了避免和制药公司的合同争议，卖断专利是想图日后方便。”

其次，学生计算出了专利的价值，并将计算结果精确到小数点后好几位，他觉得结果是合理的，完全可以迅速完成交易，帮助公司获得丰厚利润。虽然他得出的数据是精确的，却忘记了测算其准确性。

最后，一旦人们已经开始谈判（医生第一次报价后，谈判就已经开始了），且双方都表示“同意”，给人的感觉常常是谈判成功了，几乎没有人会再去考虑达成交易是否符合各方的最大利益。如果谈判的最终结果是“达成了一致”而不是“与预期结果吻合”，那么即使对谈判的一方来说前者比后者要差一些，他们也可能选择接受前者。

以上三个心理因素，使得学生很容易急于跳进目光所及处的下一个谈判环节：达成交易，推进项目。

但在考虑了我们的建议后，学生决定进行更深入的分析。在将分析结果反馈给制药公司后，公司决定不接受医生的报价。后来，制药公司在不到一年的时间里引进了另一项新专利，比之前那位医生的专利更优秀。最后，原本打算350万美元卖断的专利变得几乎一文不值。

对学生和制药公司来说，系统地将心理学原理融入经济学的计算，获得了更好的结果：他们避免了350万美元的损失，获得了一项更优秀的专利。在我们的帮助下，学生采用了一种更为严谨的方法来计算交易双方可获得的经济价值，同时他也承认自己背负着想迅速达成交易的心理压力。在克服了这一心理压力并详细了解了交易对双方的价值之后，他最终推翻了当初乐观的分析结果。将经济学与心理学视角融入谈判，我们的学生以及制药公司争取到了更多他们想要的。

书中介绍的谈判策略的起源可以追溯到1994年夏天。当时，凯洛格商学院的院长给我们和其他教职员工安排了一项艰巨的任务：为众多经理人准备一种跨学科的管理决策方法。院长说："管理决策并不能简单归入会计学、金融学、组织行为学或市场营销学等单一学科之中。成功的经理人必须融合多个领域的知识。"

院长安排的这一任务引起了我们的共鸣。我们曾在研究中将经济学与心理学相结合，以发现组织领导者常犯的错误，并找到避免犯错的方法。在完成院长安排的任务的过程中，我们开发了一门新课程，该课程将系统的心理学反馈与决策中的经济学原理相结合。在接下来的10年里，经济心理学成为了商业教育领域的主流趋势。

回想起1994年的情形，许多同事认为我们开发的新课程疯狂至极。讽刺的是，院长在了解了我们的提议后，跟其他同事的反应如出一辙。让他们想不通的是，将理性的经济原理与不专注且不守纪律的非理性冲动综合起来研究，能有什么好处？尽管如此，而且事实上正如心理学理论预测的那样，同事和院长的怀疑只会进一步强化我们做好实验的决心，于是我们继续稳步推进。

在为综合课程开发模型时，我们两人互补的专业背景成为了一项重要资产。不同的专业知识帮助我们创造了更高级的模型。托马斯的专业是古典经济学，他认为人们会理性对待身边的人和事。从他的观点出发，人们可以准确地知道他们在谈判以及其他决策中想要什么，而且其实际行为有助于实现预期目标。如理性人（即经济人）所预料的那样，行为与结果之间存在着直接关联，而其他的一切，比如心理学的、非理性的以及其他类似因素都是不相关的，因而可以（甚至应当）忽略。

相反，玛格丽特的专业知识侧重于一些妨碍谈判者将其希望转化为结果的各种因素。在她看来，谈判各方的渴望和需求会经常改变，无论是否有新的信息出现。各方的情绪、过去的行为产生的强大影响，以及顾及对方情面的想法等诸多的情境特质，很可能影响谈判者的行为。在玛格丽特看来，谈判者做出的选择，通常与他们的最大利益背道而驰。

随着合作的加深，我们迅速学会了尊重每个学科为研究注入的新思维，也学会了尊重一般的决策实践以及独特的谈判经验。经济学的视角为人们判断自己的表现提供了一个基准；而社会心理学的视角，有助于人们理解、干预和综合考虑自己以及谈判对手可预测的（但并非始终理性的）行为方式，即那些可能妨碍双方得到更多的行为方式。

让我们备感欣慰的是，我们在凯洛格设计的综合课程在后来的实践中大获成功。托马斯甚至在 1996 年获得了商学院久负盛名的“最佳教授”荣誉称号。我们的成功，很大程度上源于我们能够解释管理上的成功与失败并非运气使然，而是人类处理以及整合信息的系统方式（因而也是可预测的方式）存在差异所致。

遗憾的是，我们在凯洛格只教了两堂课，因为玛格丽特很快离开了凯洛格，进入了斯坦福商学院研究生院。然而，简短的教学经历依然证实了我们这种方法的价值。随后的几年，行为经济学得到进一步发展，从原来的边缘学科一跃成为一种主流理论和经验研究，对公共政策产生了巨大的影响，并且催生了一些畅销书，包括《魔鬼经济学》（*Freakonomics*）、《怪诞行为学》（*Predictably Irrational*）、《助推》（*Nudge*）以及《思考，快与慢》（*Thinking, Fast and Slow*）等。当许多人签下器官捐献协议、为退休而储蓄，或者在众多的健康计划中做出选择时，行为经济学为该领域失败的研究者提供了一种全新的方法。行为经济学如此有益，是因为它突破性地将经济学和心理学相融合，而早在20多年前，我们就已经为这种融合做出了努力。

尽管行为经济学大受欢迎，但其思想尚未在谈判的领域中发扬光大。我们希望这本书可以帮助你纠正这种失察，并且更新在当前这个全新的、更具科学性的时代里的谈判实践。

重要的不是你创造了多少，而是你能得到多少

长期以来，谈判的标准方法大多来自经典作品《谈判力》（*Getting to Yes*）以及对其内容的直接演化。首先，《谈判力》似乎就是一本谈判书籍的名字。它暗示着达成协议就是每位谈判者应当渴望的结果，因为成交就等于成功。而设法达成协议，就是在为你和谈判对手创造价值，这就是著名的“双赢”解决方案。由此引申出一个显而易见的成功秘诀：尽你最大的可能创造尽可能多的价值，你将达成一笔使你更富有、更幸福，也许还更健康的协议。

更具体地讲，《谈判力》这本书假设，你创造的价值越多，你能申明的价值也就越多，而你和谈判对手之间存在的冲突就越少。毕竟，

去分一块更大的馅饼会让每个人都更幸福。

如果你认为一切听起来美好到不真实，那么它的确如此。《谈判力》中的秘诀尽管相对简单和受人欢迎，却无法确保谈判成功。好比无论厨师私藏了怎样的烹饪秘诀，仍然要根据食材来烹制菜肴。这样一来，秘诀就限制了厨师的创新能力。《谈判力》的框架忽略了一个关键点：不论你在谈判中创造了多少价值，重要的是你最终得到了多少。讽刺的是，把创造价值（Value Creating）视为首要目的，将妨碍你发挥申明价值（Value Claiming）的能力。

本书与《谈判力》的第一个重要区别是，本书定义的"好的协议"是那些能让你获益并得到更多的协议。除非你的关注点就是协议能否达成，否则只为了达成协议而达成的协议，并不是那么成功。如果你真的只为达成协议而来，那么你根本就不必来，只要爽快地接受谈判对手开出的条件就行了。

在本书中，我们将向你介绍如何思考、准备和执行谈判策略，这些策略有助于你在谈判中申明价值，获得更多。谈判的一条黄金准则并不是你和谈判对手能创造多少价值，而是在你们的谈判之中存在多少可申明价值。

本书与《谈判力》的第二个重要区别在于，书中的建议和方法以我们数十年来针对谈判的研究为依据。故事和逸闻不但为本书增添了趣味性，你还会从中发现哪些策略是奏效的，哪些不是。我们利用数十年的研究成果，分析各种策略，以确定应用每项策略的最佳时机。仅凭趣味和经验无法精确量化得到的结果，但我们的研究弥补了二者的不足。我们的研究成果可以帮助你在谈判中做出更好的选择，增大你的成功概率。

本书与《谈判力》的第三个重要区别在于，本书将经济学与心理学相结合，让你能在每一次谈判中都更清晰地阐述自己想要什么，并且学会影

响你的谈判对手，让对方接受符合你方利益的谈判结果。了解了谈判对手，你便能在传达信息时更加讲究策略，同时更好地处理你应当分享和应当隐藏的信息，最终获得你想要的结果。而且，你可以在不妨碍己方预期的前提下为谈判创造更多价值。

经济学与心理学在谈判中的独创性结合，从一开始就产生了令人印象深刻的成果。在第一堂综合谈判课上，我们更多地阐述如何成为一名更优秀的谈判者，包括预测对方会做出哪些让己方蒙受损失的事。随即制定一些策略和干预方法来帮助我们的学生改进谈判中的表现。

设想你是一个二手车卖家，当买家一口答应了你的开价时，你会做何反应？是高兴吗？依照经济学家的说法，你应当感到高兴。毕竟作为那辆二手车的主人，你比其他人更清楚它的状况，因此你对它的估价（也就是你的开价）应当是最为准确的。但事实上你可能对这个成交价不太满意，你会想着："对方竟然这么容易就接受了我的报价，看来我应该开更高的价！"

自相矛盾的是，如果买家和你进行了谈判，即使最终的成交价比你的开价低一些，这次交易也更可能让你感到满意。从经济学的角度看，这种反应毫无道理。人人都希望钱越多越好，而作为卖家，你却因降低自己出售商品的价格而满意？不过从心理学的角度分析，你的反应却在情理之中。

你首先开出了一个自己认为很极端的报价，买家如果接受，那么你得到的反馈是："我的报价并不如想象的那么极端。"因此你会感到失望。所以，讲究策略的买家无论如何不会接受你的首次报价，他应当和你谈判，让你同意降一点价，结果会让你们双方都更满意。买家运用了谈判心理学，让你降低了二手车的价格，而你因高于预期的成交价感到高兴，尽管它比你的首次报价低一些。现在，谈判是双赢的。

我们对谈判的研究，可以帮助你在与同事、上司、配偶、朋友、敌人和陌生人的交往中得到更多你想要的东西。以下是另外一些案例，我们曾将谈判模型放在这些情境中测试，发现效果大都不错：

案例 I

150 美元的旧床单换 250 美元的新服务

玛格丽特在她最喜欢的干洗店停留了片刻，取回她在那里洗的衣服。一次，干洗店老板愧疚地告诉玛格丽特，他把她留在那里干洗的一件床单弄丢了。他将赔偿她的损失，并问需要赔多少钱。

玛格丽特提出了一个更好的解决方案：她并没有要老板赔偿那件床单折旧后的价格（150 美元），而是建议老板赔她相当于一件新床单价格（250 美元）的服务。那样一来，玛格丽特和干洗店老板都将受益。店老板的成本也比玛格丽特获得的利益少得多。玛格丽特从干洗店老板那里获得了价值 250 美元的干洗服务，却只给店老板带来了 125 美元的成本，比床单折旧后的价格少了 25 美元。此外，老板接受了玛格丽特的善意，双方还可以继续做生意。玛格丽特不仅创造了额外的价值，还以双方都能受益的方式申明了更大的价值。

案例 II

借车与修剪草坪

托马斯的侄子和他住在一起。侄子并没有意识到在 17 岁的年纪会遇到多大的人生挑战。托马斯对他侄子周末上午赖床的行为感到惊讶，而且不确定这究竟是意味着侄子真的需要睡那么多觉，还是以此来逃避托马斯分配给他的家务活。

星期六早晨，托马斯的侄子和他商量，能不能在晚上借车用一下。托马斯并没有简单地答应或是拒绝，而是提出了一个稍稍不同的建议。由于他希望侄子能够帮忙做一点儿家务，特别是修剪草坪，于是他提议，如果侄子愿意每个星期天修剪屋外的两块草坪，他也愿意每周六都把车借给侄子。托马斯知道，侄子每周六都喜欢睡懒觉，尽管修剪草坪并不是特别有吸引力的事，但当托马斯把这些杂活与借车这件事联系起来时，侄子就会为了能借到车而压抑自己睡懒觉的渴望。这次交易一直持续到当年第一场雪落下的时候。

案例Ⅲ

三合一的谈判本可获利更多

玛格丽特的一位朋友声称自己刚以“超划算”的价格买了一辆新货车。在朋友描述他做了些什么的时候（比如就新货车的价格谈判，随后就置换旧货车进行谈判，然后再就延长保修期限进行谈判），玛格丽特从中发现，他本来可以干得更漂亮。将买新车、置换旧车以及延长保修三个具有不同价值的问题整合到同一场谈判之中，他其实可以获得更大的优势，甚至在总价格上可以压得更低一些。但鉴于他是玛格丽特的朋友，而且对他买来的新货车非常满意，也觉得这次的交易十分划算，因此，玛格丽特没有把他错失的这些机会告诉他。

案例Ⅳ

自己提要求，还是等对方开条件

第四个案例十分复杂，但也展示了使谈判变得复杂的各种不同因素。很久以前，凯洛格商学院的高管培训部主管请玛格丽特担任一家大型法律服务公司的高管培训项目的学术总监。担任学术总监需要玛格丽特付出许多额外的精力，但与高管培训部主管达成了她自己认可的薪酬协议之后，玛格丽特同意担任那 一职务。但随后玛格丽特了解到，那位主管对他们之间达成的协议有着迥然不同的看法。玛格丽特并没有和他争论，而是认为她担任学术总监获得的利益，并不值得她与主管之间就报酬问题产生冲突，所以她决定推掉这个工作机会，推荐其他教员负责。

不过高管培训部的主管坚持要玛格丽特担任学术总监，但不同意他们此前已经达成的薪酬协议。为了打破这一僵局，主管请玛格丽特的上司（也就是学院的院长）出面，对玛格丽特施加压力，希望玛格丽特接受院长提出的新的工资待遇。接到院长的电话时（这种经历与高中时期被校长打电话叫到办公室的经历没什么不同）玛格丽特意识到，院长也希望她能够出任学术总监，因为这个项目对凯洛格商学院的其他高管培训项目有着十分重要的意义。而且，院长要在近期向客户提交该项目的人员名单。于是院长递给玛格丽特一张白纸，说道："写下你认为合理的工资待遇。不论你写多少，我都尊重你的决定。事实上，我会告诉我们的财务人员，不管你开出什么条件，都全额支付。"

那一刻，玛格丽特发现自己进入了一个常见的工资谈判情境，两个选项旋即跃入她的脑海。第一，她可以写下最初达成协议的薪资待遇；第二，如果从纯经济学的角度来处理这个问题——因为知道对方十分想让她担任学术总监，她甚至可以写下一个超过协议薪酬很多的数额。然而事实证明，不论她选择哪一项，可能都不是最理想的解决方案。

玛格丽特已经潜心研究谈判超过15年，因此她知道那两个明显的选项都伴随着什么样的问题：如果她写下较大的数额，院长可能把她的行为解读为贪婪，因为她在利用院长想让她管理这个项目的强烈愿望，以及在紧迫的时间期限内提交人员名单的要求。院长让玛格丽特自己写下她愿意接受的薪酬，仅仅是他们之间更多来往的第一步，在未来的进一步来往中，院长会不断地更新他对玛格丽特的基本性格、追求私利的程度、对整个商学院的奉献精神等方面的看法。虽然玛格丽特可以在短时间内获得更高的薪酬，但从长期来看，如果利用这次机会向院长提更高的条件，院长会认为她只关注一己私利。

另外，如果玛格丽特写下了她当初已经和项目主管达成协议的数字，就可能失去从这次谈话中获得更大价值的机会，但那毕竟也是她自己一度认为合理的数额。不过，新情况的出现——项目主管愿意让院长出面说服她担任学术总监，院长让她自己写下期望的薪酬——让她觉得这是一个获得更多的机会。这涉及的不仅是钱，她还有机会建立自己的良好声誉，并且也给院长一个自我表现的机会。

因此，当院长要玛格丽特写下她自己期望的薪酬时，玛格丽特把那张纸递回给院长，说道："您来决定吧，只要您认为合适，我都接受。"院长稍显吃惊，随后哈哈一笑。他拿回那张纸，写下一个数字，再把纸递给玛格丽特。实际上，院长写下的数字超出了玛格丽特最初的协议数额。结果是玛格丽特负责组织和实施了那个高管培训项目，拿到了丰厚的报酬，也赢得了院长的赏识。

玛格丽特得到了更多她想要的东西，也了解了院长的想法。当院长有机会做出选择，是利用玛格丽特还是表现得很大方时，他选择了后者。玛格丽特对院长想法的了解，和她获得的报酬同样珍贵，尤其是考虑到她还要在凯洛格商学院工作很多年，必须和院长保持良好的关系。同样重要的是，她愿意让院长做决定，表示接受院长的提议，也清楚地向院长表明，她希望对方重视自己的长远利益。因此她最后获得了一系列更好的结果：更高的报酬、院长对她更高的评价，以及“将组织利益置于个人利益之上”的良好声誉。

当然，这种策略要想获得成功，前提是玛格丽特和院长将来有可能再次回到谈判桌上。如果存在争议的双方将来不可能有任何交集，我们的建议也会有明显改变。在那种情况下，从经济学的视角来分析，写下院长可能接受的最大数额也许是一种主导策略。当然，如果院长没有顾及长远利益，也不可能一开始就让玛格丽特自己写下她期望得到的报酬，更不可能答应玛格丽特提出的更大数额。自己提要求和等对方开条件，其中存在着巨大的差别。发现长期合作伙伴的真正性格特点，对你无比宝贵。

好的谈判结果不仅需要两厢情愿或者运气，还要清楚地认识到如何更好地谈判。要得到更多你想要的东西，你还必须严守戒律。戒律是谈判者成长过程中经常被忽略的一个因素，因为你无法从书本上找到这方面的知识。

严守戒律需要实践，但也需要有效地将戒律与对情况的了解结合起来。你得知道什么时候该退出谈判，什么时候该遵守严格的戒律，即使你更希望同意对方的建议方案。在收集信息、进一步推测谈判对手所思所想、你应当分享什么信息以及怎样分享信息（或者隐瞒信息）等方面，也需要遵守戒律。此外，创造性地思考可能的解决方案，既能得到谈判对手的认同，也可以让你比单纯的让步受益更多。在调动谈判对手积极性时，你也得遵守戒律。

达成预期结果后，如何得到更多？

这本书不仅为想要谈判的人而写，同时也是写给不想谈判的人的；对于那些在达成交易后还怀疑自己是否能获得更好结果的人，它更是必读之书。我们的方法为高效谈判提供了一份清晰的路线图，它让你更清楚自己在谈判中想得到什么，以及如何制订和实施可以得到更多的计划，不论你对“更多”怎样定义。

你有兴趣申明的价值不仅限于更大的财富。也许你想赢得声誉、创造可预测性更强的环境，也许你想对你的团队或组织决策产生更大影响，使你的位置更加稳固，或者实现其他诸多对你有着独特价值的结果。你想要得到什么，可能跟你面临的各种局面一样，也是千差万别。但在任何一种局面下，从经济学和心理学的双重角度分析谈判，都有助于你得到更多。

在本书接下来的章节中，我们不但分享了自己的故事，还分享了我们的客户、学生和有关组织的故事，但为保护他们的隐私，我们更改了他们的名称和身份信息。此外，我们还绘制了一些图表，以求生动地描述我们（以及世界各地同行们）已经研究出的高效谈判的策略和方法。运用我们提出的方法，你将能够解决在谈判的各个阶段出现的各种问题。例如：

- 什么时候发起谈判？（第 1 章）
- 怎样辨识划算的交易？（第 2 章）
- 何时退出谈判？（第 2 章）

- 当你考虑申明价值和创造价值时，需要进行哪些交换？（第 3 章和第 4 章）
- 你应当了解（或者想方设法发现）谈判对手的哪些信息？（第 5 章）
- 什么样的信息将帮助你申明价值，哪些信息又将损害你申明价值的能力？（第 6 章）
- 什么时候你应当首先报价？（第 7 章）
- 怎样补充对谈判对手的了解？（第 8 章）
- 你可以运用哪些策略来说服谈判对手做出让步？（第 9、10、11 章）
- 当谈判对手是一个团队，或者当你遇到多名谈判对手时，应当怎样调整策略？（第 12 章）
- 什么时候你应当考虑从谈判转为拍卖？（第 13 章）
- 你应当怎样结束谈判？（第 14 章）

本书分为两个部分。这两个部分的顺序对应着策划和发起谈判的次序。**第一部分好比新兵训练营，它包含了谈判的基本要素，首先介绍如何确定是否需要谈判，随后会介绍大多数谈判的基本结构。**虽然许多专家型读者也许想跳过这几章，但这部分内容为本书确定了一个框架，因此，即使是经验最为丰富的谈判者，也值得看一看这几章的内容。在第一部分，我们着重介绍了成功谈判所必需的信息交换，以及一些策划和准备的方法，它们将有助于你得到（更多）你想要的。

在第二部分，我们着重介绍了自己以及谈判对手各种行为的诱发因素，它们使谈判变得复杂。你应当首先报价，还是等对方先出价？怎样应对威胁？当你属于某个团队时，谈判面临着哪些独特的挑战？在情绪化谈判中你应当做什么？如果你不够强势甚至变得弱势，应该怎样处理对你不利的局面？

最后，我们总结了在你和谈判对手签署协议之后应当牢牢记住的几点，特别是如何减少未申明价值，以及怎样降低谈判在最后一刻无果而终的概率。谈判和许多其他人际交往一样，结束也许意味着另一次开始，也是你“得到更多”的另一次机会。

第一部分

谈判前的策划与准备

Part One The Basics

提　纲

你为什么不能贸然开启谈判？

确定保留价格、渴望价格和替代选择

如何创造并申明价值？

挖掘综合潜力

为什么你不了解的东西可能真正伤害你？

探戈至少需要两个人才能激情起舞

带着以下问题阅读第一部分

- 什么时候发起谈判？
- 怎样辨识划算的交易？
- 何时退出谈判？
- 当你考虑申明价值和创造价值时，需要进行哪些交换？
- 你应当了解（或者想方设法发现）谈判对手的哪些信息？
- 什么样的信息将帮助你申明价值，哪些信息又将损害你申明价值的能力？

第 1 章

你为什么不能贸然开启谈判？

评估谈判的选择

去年夏天，玛格丽特收到了教务长[①]发来的一封邮件。教务长在邮件中通知她，学院最近更改了教师的授课学分。这是因为院长希望在整个学院将面授课时与教师获得的授课学分统一起来，因此，所有短课时的课程将从每课 0.6 分减少至 0.5 分。由于学校规定的玛格丽特的日常教学任务为每年 3 学分，所以教务长发出的这份看似无伤大雅的邮件，却意味着玛格丽特为了完成规定的授课学分，不能像过去那样只教 5 堂课，而是必须教 6 堂课。

这一变化马上引起了玛格丽特的注意。她立即请求与教务长面谈。她事先准备了一些问题，想了几条建议。在面谈时，玛格丽特向教务长询问调整学分的理由。教务长说，他只是在执行院长的命令。

这让玛格丽特抓到了提问的机会。她了解一些教务长并没有掌握的独特信息。过去，她的短课的连续授课时间始终比分配的时间更长，

---

① 协助校长领导全校教学工作的参谋与助手。——译者注

从而给那些希望每堂课都能按时下课的学生带来了一些麻烦。玛格丽特在收到教务长的邮件之前，只是把这种延长上课时间的做法视为体验式课程的代价，而这对学生来说一直是个问题。某种程度上，这个问题给玛格丽特向教务长提要求创造了机会。她的上课时间原本就比课表上反映的时间更长，因此相应的学分也理应更多。

玛格丽特向教务长陈述了这些信息，然后提出了另一种更好的解决方案。她建议教务长延长她授课的课时，而不是减少她每堂课的授课学分。教务长欣然同意了这一建议，于是玛格丽特的授课任务又变回了 5 节课。

斯坦福商学院有 100 多名教员，但除了玛格丽特之外，再没有任何人把这封电子邮件视为一次谈判的机会和一个有待解决的问题。为什么只有玛格丽特这么做了，而其他教员只是在走廊里抱怨一番，最终勉强接受了这一改变？一种解释是她的同事并没有把这次交流作为谈判的开始。他们没有想到自己原本可以争取到更好的结果。毕竟，这是院长办公室下发的决定。

如果你也和玛格丽特的同事一样，可能只在相对有限的一系列情况下才觉得谈判是合适之举，例如只在涉及巨额金钱的时候才谈判。在日常生活中，你并没有将多数行为视为一次谈判的机会，一次争取更大利益的机会。例如，你可能只愿意为汽车或房产进行谈判，或者当某种合同关系涉及你的切身利益时（比如找到一份新工作）你才愿意去谈判。然而，即使是在这样的情形下，有些人也不想谈判，而是选择接受对方提出的条件。可以肯定的是，很少有人认为，到当地百货商店去买东西其实也是一次谈判的机会。玛格丽特的同事们可能就工资报酬的问题与教务长谈判，但不会就课程学分的计算方法上小小的改变而谈判，不管谈判会得到怎样的结果。

举一个更普通的例子，我们每个人几乎都会参加会议，无论是在工作中还是在你居住的社区里。你有没有想过会议的组织者为什么邀请你参会？最常见的理由是你拥有一些资源，而邀请你参会的人希望利用这些资源。它们既包括有形资源，也包括无形资源。这些资源也许是你的时间、技术、政治资本、资金，或者是号召力。而你为什么要参加会议呢？因为其他的与会者同样拥有资源，而你也想利用他们的一技之长。会议的正式议程可能是为高级经理准备一份演示文件，或者是组织一次志愿活动，但其背景是关于谈判的，比如你可以贡献出你拥有的哪些稀缺资源，以及你希望通过参与这次活动获得什么。

对有些人来讲，围绕一些相对平常的事情进行谈判，会让他们感到不舒服，尤其是谈判涉及朋友或家人时。然而，不舒服的感觉可能源于将谈判视为一种敌对的冲突。在那种情形中，必须有一个输家和一个赢家，任何一方要获得利益，必须损害另一方的利益。从这种角度来看，人们对谈判产生不舒服的感觉，确实在情理之中，因为大多数人认为，那种敌对的视角与他们和对方之间建立起来的长期的密切关系是相悖的。

但如果将“谈判”定义为解决某个问题会怎么样？与其把谈判视为零和游戏（鱼和熊掌总是不可兼得，或者说有得必有失）这种简单的资源分配机制，不如把它想象为**通过相互影响和说服，双方或多方确定各自将付出什么、希望得到什么，进而提出建议的解决方案，并且就共同的行动路线达成一致**。

这种说法更为广泛地把谈判定义为一种对有争议的或者稀缺资源的响应，可能使你从原本认为根本没有谈判机会的情形中找到机会。另外，如果你和别人谈判，你会担心他们对你做出负面的假设，觉得你贪婪无比、要求苛刻。从更广泛的定义来看待谈判，还可以减轻你的心理负担。毕竟，谁会希望自己被认为是那种总是提出更高要求，或者总想获得特殊待遇的人呢？

我们写作本书的出发点，就是帮助你在面对稀缺资源时既能得到更多，又不会引发他人的负面评价，背上沉重的心理负担。如果你能拓宽谈判的定义，将它视为解决问题的方式，并且在谈判过程中找出在未来对你更有利的解决方案，同时谈判对手也同意你的方案，就有助于使谈判从某一方简单地要求得到更多，转变成一种双方资源的互换。你和对方在交换的过程中，都能以创新的方式解决好双方的问题。

第一个挑战是确定什么时候接受现状、什么时候谈判，以及怎样分辨其中的区别。让我们先从容易的开始：什么时候你不应当谈判？

什么时候你不应当谈判

谈判很费时，而且，出色的谈判需要思考、收集信息和制定策略。因此，对于“什么时候不谈判”这个问题，简单的答案是：**当谈判的成本超过了可能获得的利益时**。如果你想卖掉自己的汽车，而且不是特别急着要把它卖掉，你也许宁愿设定一个价格，等着买家前来咨询，也不愿浪费时间去跟那些永远不可能接受你报价的人洽谈。或者换个角度想，假如在杂货店里排队付账的每一位顾客为每一件商品都进行一番讨价还价，那么买一样东西得耗费人们多长的时间？在这种情况下，讨价还价的成本（时间）远远超过了可能获得的利益。

你也许还会考虑到，由于其中的利害关系，如果你提出谈判，对方可能会直接走人，因此你也会设法避免谈判。

本书两位作者托马斯和玛格丽特在找各自第一份教学工作时所遇到的情形截然不同：托马斯参加了很多学校的面试，得到了9所学校的工作邀请；而玛格丽特参加的面试少得多，只得到1所学校发出的工作邀请。于是，托马斯就薪水问题进行了谈判，玛格丽特却没有。玛格丽特担心，如果她试图和可能是自己第一位，也是唯一一位老板（亚利桑那州立大学的校长）谈判，对方有可能重新考虑甚至取消录用决定，因此玛格丽特直接接受了对方开出的薪水，发回了确认邮件。

为什么托马斯愿意冒着被拒绝的风险而玛格丽特不愿意呢？最重要的原因在于两人面临的局面不同，托马斯还有 8 所学校可以选择，玛格丽特却只有一个选择。这方面的一个极端的例子是，当你遇到持刀歹徒抢劫，歹徒对你说“把钱留下，否则要你的命”时，即使你还有许多其他选择，也可能不会考虑在这种情形下去和歹徒谈判。你不会跟歹徒说，“我把一半的钱给你，你饶我一命”，而是会对歹徒的要求让步，交出所有的钱。（从第 2 章开始，我们将探讨有选择以及没有选择的局面将怎样改变你的谈判方式、内容以及是否应当开启谈判的决定。）

虽然你可能由于重大利害关系而选择不谈判，但也可能由于利益微不足道而放弃谈判。回到杂货店的例子，你可能因为以下三方面的原因不去讨价还价：

- 即使你再乐观地评估潜在利益，也觉得这些利益比不上你耗费的时间成本；
- 如果你讨价还价，会使排在你身后的人不高兴；
- 或许你自己无法承受在公众场合为了小钱讨价还价的心理压力，这种做法毕竟出乎人们的意料。

逃避谈判的另一个原因是缺乏准备。如果你没有足够的时间、意愿或者资源去策划一场重要谈判，那么避免谈判可能更好。有时候，你也许感觉不到谈判机会已经到来。不过通常情况下，当你对谈判感到措手不及时，其实是因为你并未想得很远。我们的学生承认，有时候他们以为自己刚刚进入应聘流程，在和招聘人员交谈时，一旦对方要他们说一说“公司可以为你提供什么”，他们其实是毫无准备的。也许在那个时刻，这个问题确实出乎了他们的意料，但显然，任何一位求职者都应当预料到招聘人员会提这样的问题。招聘人员的问题之所以让求职者感到意外，最有可能的原因是，求职者不想去思考该怎么回答这样的问题，因为那意味着自己将开启谈判。

对于成功的谈判者与不那么成功的谈判者，区分二者的一个重要因素是他们在谈判之前的策划质量。**你越是做好了谈判准备，就越会觉得对局面掌控自如，也就越能预料谈判对手想要什么，并提出更加有利于你的创新解决方案。**简单地讲，准备工作可以使谈判从双方觉得压力重重、充满敌意的互动，转变成一种双赢的局面，促使双方共同寻求并认可更有利的解决方案，无论是对哪一方有利。（如果你现在就想更详细地了解如何准备谈判，可以直接跳到第 5 章。）

认知偏差的力量

人们怎样选择谈判？他们在什么情况下应当谈判？正如我们将看到的那样，这两项议题并不总是一致的。想想下面这个经典的例子：

> 一对双胞胎姐妹同时伸手抓住了果盘里最后一个橙子。两人都想要，但只有一个人能得到，因此她们开始争论谁该拿。如果她们像大多数兄弟姐妹那样，那么这个问题的解决方案很直接简明：一人将橙子切成两半，让另一人先选，姐妹二人都有所收获。不过，每个人都只得到她们想要的一半。

然而，如果两人都问一下对方为什么想要那个橙子，就会出现截然不同的解决方案。两人将橙子一分为二后，姐姐拿走她的一半，挤出其中的橙汁来制作冰沙；妹妹却小心翼翼地把皮剥掉，在里面加上冰。显然，如果姐妹二人都设法了解了对方想要什么，原本可以得到更多她们自己想要的东西。

正如这个例子所揭示的那样，在谈判中选择最容易的妥协方法，实际上可能让你的处境更糟。这通常是一种典型的、糟糕的谈判捷径，却不是唯一捷径。你在搜寻各种信息以评估是否要发起谈判时，可能还会发现，你得依靠另一种常见的捷径：搜寻支持性证据。

在确定是否谈判时，心理因素可能是我们最大的敌人。人类讨厌不确定性，因为不确定性降低了我们的控制感。你观察到的、别人教你的，以及从经验中学来的所有知识，都让你对这个世界怎样运行、事情为什么会发生，以及人们为什么会以他们自己的方式行事等问题形成一系列的个人判断。当你在自身的环境中偶然发现了支持这些判断的信息时，就会感觉很好。然而，当搜索到的信息似乎与你的个人判断相悖时，你可能因此深感不安。

人们为了避免关于这个世界的个人判断被客观信息所推翻，就产生了所谓的“确认偏误”（Confirmation Bias）。这是一种个人有意识地以自己的世界观来观察和解读信息的趋势。

在谈判中，确认偏误是个大问题，事实上它阻碍了谈判的发生。如果你不把谈判当成一个选择，那么确认偏误将使你不去尝试谈判，即使事实上谈判是完全合情合理的。在很多人的个人判断中，谈判制造了冲突，而除非潜在利益十分明显，否则一定要设法避免冲突。无论这种个人判断是否正确，它通常导致人们逃避谈判，因为大家都不想制造冲突，或者不想体验谈判的不确定性。

虽然你应当在发起谈判之前仔细思考潜在利益与潜在成本之间的比率，但有大量的证据表明，许多人逃避谈判的意愿，加上确认偏误的影响，制造了“在这种情形下不要谈判”的感觉，因此错失一些可能十分宝贵的谈判机会。

如果你喜欢谈判，可能高估谈判带来的利益，低估谈判产生的成本。客观地讲，你可能不想成为那些总想得到更多的人，从而给你的声誉造成损失。如果确认偏误导致你过于频繁地谈判，你也许要在开启新的谈判之前想得更深、更远。

确认偏误绝不是阻止人们谈判的唯一心理机制，性别也发挥着同样的作用。大量证据表明，女性发起谈判的可能性低于男性。琳达·巴布科克（Linda Babcock）和萨拉·拉斯谢弗（Sara Laschever）所著的《女人不提要求：谈判以及性别鸿沟》（*Women Don't Ask: Negotiation and the Gender Divide*）也许是这一观点最好的例证。两位作者发现，在一项针对卡内基梅隆大学工商管理硕士（MBA）的调查中，男性毕业生的起薪比相同条件的女性毕业生高出 7.6%。乍看之下，很多人可能觉得这项研究只是确认了我们已经知道的事实：从事同等工作的女性的收入，总体上比男性低一些[①]。而这也许是由于我们前面探讨的确认偏误造成的，但原因不止于此。一方面，公司可能在开出起薪时歧视女性；另一方面，女性和男性会以不同的方式响应公司开出的条件。

这两种趋势似乎都是女性收入总体比男性收入低的原因。当研究人员询问这项调查的参与者，他们是否曾试着跟公司谈判并要求提高起薪时，只有 7% 的女性说她们努力过，而 57% 的男性说他们尝试过。

令人吃惊的是，本书的两位作者发现，在那些尝试着围绕起薪展开谈判的男性和女性中，谈判的成功率并没有差别。通过谈判成功提

① 1970年，美国女性获得的工资报酬是从事同等工作男性的59%。到2010年，这一比例上升至77%。——译者注

高了起薪的 MBA（主要是男性），平均增加了 7.4% 的薪酬，这与男性和女性在起薪方面的差别几乎完全一致。显然，假如样本中的男性与女性都尝试着围绕同等数额的起薪发起谈判，那么同等水平男女起薪的差别将大幅缩小。

女性往往还会放弃另一些不太明显的谈判机会。在 2006 年美国网球公开赛上，新投入使用的即时回放系统“鹰眼”①使网球运动员有机会挑战裁判对网球落点的判罚。大约在 33% 的时间里，男选手和女选手都提出挑战“鹰眼”。然而，在同等场次的美网比赛中，男选手挑战了 73 次，女选手只挑战了 28 次。你可能会提出一些理由来解释裁判为什么在判罚男子比赛的时候比判罚女子比赛的时候更准确。尽管如此，随着赛程的推进，另一个难以忽视的现象出现了：即使是技术十分娴熟的女子职业网球选手，即使她们知道更多地挑战“鹰眼”意味着裁判更多的改判，她们也不太愿意挑战。在这些女选手看来，质疑裁判的判罚是在制造冲突，打个比方，有的女选手显然已经声名远播，她们可能会把挑战“鹰眼”视为违背其竞技精神的古怪行为。

人们对“哪些是恰当行为”的个人判断所产生的效应，延伸到了包括网球场在内的诸多领域，这一点不足为奇。

除了性别差异，另一些因素也在阻挡人们开启谈判的脚步。93% 的女性不会要求老板提高起薪，但在这项研究中，也有许多男性同样不会提出要求。

不论你的性别是什么，你都可能担心，向老板提出看似更高的要求，会让对方觉得你贪心不足或者要求太高。因此，你可能接受老板第一次开出的起薪。因为即使是那些和老板进行了谈判的人，也只额外增加了 7.4% 的薪水，这一收益也许不值得你冒着名誉可能受损的风险，

① 在板球、网球和其他运动中使用的一套电脑系统，以追踪记录球的路径并显示记录的实际路径的图形图像，也可以预测球的未来路径。——译者注

或者职位可能被取消的风险（尽管这种情况并不常见）去谈判。

然而，随着时间的推移，到最后，起薪的微小差距可能会演变成显著差别。为了让你了解这一差别到底能发展到多大，让我们假设两位拥有同等资历，都工作了 30 年之久的求职者（暂且叫他们克里斯和弗雷泽）从同一家公司获得了每年 10 万美元的起薪。克里斯和公司进行了谈判，起薪增加了 7.4%，达到 10.74 万美元，而弗雷泽没有谈判，接受了 10 万美元的起薪。两人都在公司工作 35 年之久，每年的薪水涨幅同样都是 5%。

如果克里斯在 65 岁时退休，那弗雷泽不得不再工作 8 年，才能拿到和克里斯同样的薪酬。克里斯和弗雷泽获得的报酬之间唯一的明显差别，就是克里斯当初通过谈判多争取来的 7.4%。

这还只是保守估算。它只假设公司每年在给员工加薪时，给予克里斯和弗雷泽以同样的涨幅。但如果公司由于克里斯的薪水比弗雷泽更高而进行区别对待会怎么样？衡量员工对组织的价值的一个简单标准是看他的薪水高低，因此，公司将认为克里斯更有价值。更有价值的员工自然可以获得更高薪水。如果将克里斯的薪水涨幅调整到每年 6%，而弗雷泽依然为 5%，那意味着，30 年后克里斯每年的工资福利比弗雷泽多了 10 万美元。这相当于弗雷泽在克里斯退休后依然要工作 40 年，才能拿到和克里斯退休时一样水平的工资福利。现在，你会重新考虑谈判可能带来的利益吗？

这个例子凸显了弗雷泽决定不谈判所付出的惨痛代价。他在做出这个决定的时候，其代价看起来根本无关紧要，但几十年后弗雷泽一定会感受到当初那一决定的影响。虽然我们并不建议你在每一次社交中都进行谈判，但你确实应当从长远角度考虑一下不谈判的代价。

认为老板对你个人价值的评估可能受到他给你开出多少薪水的影响，并非十分离谱的假设。在最近举行的一项品酒研究中，研究人员给两位实验参与者每人两杯一模一样的葡萄酒，但告诉他们，其中一杯价值 45 美元，另一杯价值 5 美元。结果参与者不仅承认更喜欢 45 美元的葡萄酒，而且在品尝 45 美元的葡萄酒和品尝 5 元的葡萄酒相比，大脑中体验愉悦情绪的部分明显更活跃。研究人员记录了参与者根据酒的价格来推断其品质，以及（感知的）更高的价格改变了个人在生物学层面上的体验的两种现象。显然，老板对你的工作表现的评估，应当比实验参与者对葡萄酒质量的评估复杂得多，但你对两种完全一模一样葡萄酒的不同体验，意味着你和老板很可能根据你的工资福利来判断你的个人价值。

美国网球公开赛的例子、品酒实验以及你发起谈判的意愿这三者之间，究竟有什么共同之处？答案是：**结果受到期望的影响**。预期价格更昂贵的葡萄酒比普通葡萄酒口感更好，期望改变了你的体验；同样，担心别人认为你要求太高、贪得无厌，可能致使你重新审视自己的行为——无论是挑战“鹰眼”还是发起谈判。

环境与个人经历共同构成了一个人的期望。不同的文化对于什么情况下适合谈判有着不同的判断标准。美国人往往主要把一些非常规的、代价高昂的互动视为可谈判的，而中东国家的人则会扩大这一范围，包含了几乎所有类别的业务（企业兼并或去市场买牛奶）。在任何环境中，和你亲近的人的行为，也会设定你的期望。如果你的父母平常就乐于争取更好的条件，即使是在不经常发生谈判的地方（如高档百货商店）也喜欢谈判，那么你对谈判的看法也会与那些父母从不谈判的孩子的看法不同。

不管你体验过的和你观察到的各种情形如何组合，都可能对某场谈判中你期望获得的结果形成固定的看法。然而，期望可能激励也可能阻碍你获得更多，所以，至关重要的是了解期望的根源，以及怎样利用它们。

没有设定期望，就谈不上占据优势

期望的影响巨大。在某种意义上，它们是我们为自己设定的目标。如果你的期望过低，那你获得的成果可能不如你本应得到的那样好。如果期望很极端，你可能会因无法达成期望而失望。在这里，重要的是你想得到什么结果。设定目标的目的并不是达成它，而是接近或超越它。设定期望，就是确定你渴望达到的标准。要想得到更多你想要的，你可以做出的最大改变是设定更高的期望，即使你无法实现它们。因为这会改变你的行为，让你的表现更出色。

期望的影响如此巨大，以至于别人的期望（即使我们忽视）也可能影响我们的表现。一项著名的研究论证了众所周知的皮格马利翁效应[①]：美国心理学家罗森塔尔考查某校，随意从每班抽出 3 个学生的名字共 18 人写在一张表格上，交给校长，极为认真地说："这 18 名学生经过科学测定全都是智商型人才。"事过半年，罗森塔尔又来到该校，发现这 18 名学生的确长进很大，再后来这 18 人全都在不同的岗位上做出了非凡的成绩。

最近，研究人员还研究了另一种被称为刻板印象[②]的心理现象：如果某个人担心他所属的团队确实存在某种负面的刻板印象，他会产生焦虑感，期望值因此降低，业绩也随之下滑。

一种常见的刻板印象是：白人运动员由于他们的聪明（充满了运动智慧）而获得成功，而黑人运动员由于他们的运动天赋（天生的运动能力）而获得成功。当这两种运动员在一起打高尔夫球时，假如研究人员告诉他们，高尔夫球的成绩反映了选手的运动智慧，那么，参

① Pygmalion Effect，人们基于对某种情境的知觉而形成的期望或预言，会使该情境产生适应这一期望或预言的效应。——译者注

② Stereotyped Threat，人们对某个事物或物体形成的一种概括固定的看法，并把这种看法推而广之，认为这个事物或者整体都具有该特征，而忽视个体差异。——译者注

与研究的黑人运动员就不如白人运动员打得好；假如研究人员告诉他们，高尔夫球的成绩反映了选手的天赋，那么，黑人运动员就会比白人运动员打得好。

假如你打高尔夫球，你也许不相信这一结果，毕竟还有很多原因可能让你打不好。不过我们怀疑，在做数学题时，刻板印象对你的影响确实十分明显，你可能不会想到，还有很多其他原因让你不会做数学题。在这种背景下，设想深陷以下两条相互冲突的刻板印象之中的亚洲女性："亚洲人擅长数学"以及"女性不擅长数学"。

为了研究这两种刻板印象，研究人员召集了两组不同的女性，告诉其中的一组"亚洲人擅长数学"，但告诉另一组"女性不擅长数学"。当第二组女性形成了"我不擅长数学"的刻板印象之后，她们在数学测试中的成绩，比那些产生了"我是亚洲人，亚洲人擅长数学"的刻板印象的女性明显差得多。仅仅因为性别，就足以制造一种刻板印象，限制女性解答数学题的能力，尽管她们都是聪明的亚洲人。

期望可以驱动行为，无论它是我们自己设定的还是别人设定的。想想这个例子：老板在做出薪酬决策之前了解到，他们不得不向员工解释为什么薪水上涨那么多，并且解释为什么表现同样出色的男女员工中，女员工涨得少一些。于是老板根据他们的预期改变了上调薪酬的分配，他们预期男员工提的要求更多一些，女员工则会毫不怀疑地接受公司确定的薪水涨幅，所以老板一开始就给男员工涨了更多的薪水。老板和女员工同时表现出的期望值降低（Diminished Expectation），导致了有着同样资历并且在相同岗位工作的女员工的薪水比男员工明显少一些。

要改变这种循环，需要一个起点，也就是改变你对谈判中可能出现的状况的期望。毕竟，如果你都不指望自己提出的要求能够实现，自然就不会提那么高的要求，甚至一点儿要求都不提。此外，**你对特**

殊局面下进行谈判的正确性越是不确定，就越有可能接受比你试图谈判可能得到的更差的结果。

最近，美国一些顶尖商学院开展的一项研究揭示：在确定报酬时，期望发挥了至关重要的作用。该研究表明，哈佛商学院的女 MBA 接受的起薪，比同等条件的男 MBA 低了约 6%，这一结果是在限制了他们进入的行业、过往 MBA 的薪水、专业技术涉及的部门以及就业的城市等因素后研究得出的。甚至更糟糕的是，哈佛商学院的女 MBA 每年获得的奖金，比同等条件的男 MBA 少了近 19%。看起来，决定男女 MBA 的工资和奖金的主要因素是他们的期望：薪酬待遇的各个组成部分越是模糊不清，男女 MBA 之间薪酬待遇的差别就越大。但是，当男性和女性都了解了当前的工资和奖金信息，大家的期望趋于一致时，谈判行为以及随之产生的谈判结果，对男性和女性来说相差无几。相似的期望，产生了相似的结果。

另一项研究证明了人们的期望（特别是负面期望）会对他们的谈判能力产生多大的影响。在这项研究中，研究人员将男性和女性参与者随机分为两个人数相同的小组。他们告诉第一组参与者，当谈判者依靠自私的、武断的或者强横的谈判风格，对他人的偏好进行超级理性的分析，并且抑制情绪的表达时（人们对男性的负面刻板印象），谈判的结果更差一些。同时告诉另一组参与者，当谈判者只是回答对方的直接提问，依赖自己的直觉或倾听技巧推动谈判，或者表露自己的情绪（人们对女性的负面刻板印象）时，谈判的结果更差一些。

接受暗示之后的参与者列出了他们对自己谈判表现的期望。男性谈判者在面对那些针对男性的负面刻板印象时，比同等条件的女性在谈判中的表现明显差得多；而女性谈判者在面对那些针对女性的负面刻板印象时，也比同等条件的男性在谈判中的表现差。

研究得出的结论显而易见：如果你想改变谈判方式、品尝葡萄酒的感觉，确定某个岗位可接受的薪酬待遇，或者想在数学测试中获得更好的成绩，那么，至关重要的是为这些情境设定适当的期望。这将为你提供一种明显的优势，使你能够得到更多你想要的东西，无论是更高的薪水、更令人满意的葡萄酒，还是更优异的数学成绩。

第1章 小结 SUMMARY

你每天都有机会谈判。许多人错过了获得更多的机会，是因为他们对“什么时候适合谈判”的理解过于狭隘。为了充分利用这些谈判机会，我们必须开阔自己的眼界，了解到底那些事可以谈判。在资源稀缺以及存在争议的局面下，开启谈判尤其关键。遇到这些局面时，评估一下你是否能够通过谈判得到更多你想要的。

- 谈判可以应用到广泛的争议之中，即使这些争议最初看起来不像是典型的谈判机会。
- 仔细评估每一场可能发生的谈判。虽然许多谈判机会有可能让你得到理想的结果，但也要考虑一下发起谈判的成本。
- 即使你发现了一种可以发起谈判的情境，但如果你对谈判不适应，也可能因此过于看重成本而忽略了利益。如果谈判过程让你感到不舒服，那么你通常看不到眼前的机会。所以要相应地忽略那种不适感。
- 期望驱动行为。如果你对自己在谈判中的表现设定了较高的期望，你的表现会更好。你也许达不到自己设定的目标，但要记住，谈判的主要目的是得到更好的结果，而不是达成目标。

第 2 章

确定保留价格、渴望价格和替代选择

构筑谈判基础

所有的谈判都是交换，但并非所有的交换都是谈判。交换与谈判都可以让你用当前的身份、地位或解决方案去交易你想得到的东西。在交换中，你用当前的资源换取一种你需要却没有的资源，但任何一方都不会试图改变预设条款。

比如，卖家设定某个价格，买家接受这一价格，就是一种典型的交换。然而在谈判中，虽然一方也会开出最初的条件，但这只是谈判的开始。此外，尽管你可能简单地接受这一条件（这种情况我们将其视为交换），但你也可能拒绝它并提出自己的条件，这就相当于进入了谈判流程。

在大多数交换中，你和另一方都创造了价值（强制性交换是个例外，比如抢劫，但这不在本书的阐述之列）。譬如，你花 5 美元买了一块蛋糕；这笔交易创造了价值，因为你不太看重那 5 美元能做什么，而是更看重那块蛋糕的价值，而对商家来说，她不太看重那块蛋糕的价值，而是更看重交换来的 5 美元。所以，在交换的过程中，双方都用各自不太看重的东西换到了更加看重的东西，从而创造了价值。

为了确定交换的过程创造了多少价值，我们需要了解每一方的保留价格（Reservation Price），也就是买方愿意支付的最高价和卖方愿意接受的最低价。例如，假设你认为那块蛋糕的价格是6.5美元（对你来说，无论是花6.5元买下那块蛋糕，还是将那6.5元留作他用都是一样的）。同样，商家不愿意以低于2.5美元的价格卖掉那块蛋糕。那么，你花5美元买下那块蛋糕，将创造4美元的价值，其中的1.5美元属于你（6.5 – 5），2.5元属于商家（5 – 2.5）。

现在，我们给这一交换增添一个谈判的要素。商家设定了每块蛋糕的价格为5美元。你想要那块蛋糕，但你觉得成交价还可以更划算一些，希望以2美元的价格买下来，于是对商家还价2美元。这个2美元就是你的渴望价格（Aspiration Price）。如果你和商家最终能达成一致，那么，你们的成交价格会在商家报出的5美元与你还价的2美元之间。假设商家将价格降到了3美元。和最初的交换相比，这场谈判并没有创造额外的价值，但你却申明了额外的2美元价值，而商家如果同意降价，她就失去了这2美元的价值。这就是申明价值。你的谈判——也就是讨价还价——使你最终以3美元而不是商家最初报出的5美元买到了蛋糕。

当然，所有这些都基于一个重要的假设：你和商家都以同样的方式衡量每一美元的价值。假如你和商家的衡量标准不同，又该怎么办？假设和你相比，商家觉得1美元的价值更大。也许你由于吃到了新鲜出炉的蛋糕而心情愉快，而商家则关心她刚开张的蛋糕店的生意是否兴隆。如果她比你更看重金钱的价值，那么蛋糕的成交价格越高，这次交换创造的价值也就越大。

对商家来说，蛋糕的价格从3美元涨到5美元所创造的价值，超出了你额外付出的那2美元的价值。然而，由于这里只涉及单一的问题，所以你没有动机去多付钱。与商家相比，你不太看重额外支付的金钱的价值，也不会平白无故地多付钱。

如果有另一个对你来说十分重要的前提，而商家也认同，局面就会发生改变。打个比方，这个重要前提也许是“蛋糕是刚烤出来的”。如果你愿意花 3 美元买一块蛋糕，那么，你愿意出多少钱买一块刚刚烤制而成的新鲜蛋糕呢？如果商家觉得，金钱的价值比起他花时间为你专门烘烤蛋糕耗费的成本更重要，而且愿意立马就为你烤那块蛋糕，那么你可以为了尝到那块刚烤出来的蛋糕而花更多的钱。

在这种情况下，商家将得到他更看重的东西：钱；而你也将得到你更看重的东西：吃新鲜出炉的蛋糕的愉快体验。这就是通过谈判创造价值。对你来说，吃到刚烤的蛋糕的这种体验，值得你多花 2 美元。对商家来说，他出售这块蛋糕多赚的 2 美元，大于他为你现场烘烤这块蛋糕的成本。你和商家各自获得了你们更看重的东西：他得到了钱，你尝到了新鲜出炉的蛋糕。

要想将这种从交换中创造价值的方法应用到谈判中，谈判双方在互动时就必须做出周全的考虑并且要讲究策略。申明更大价值的一种途径是在谈判中创造更大价值，但如果你考虑得不够周全，即使你和谈判对手在谈判中创造了更大的价值，你能申明的价值也可能更小。这是因为你在创造价值时披露的信息，可能使谈判对手更容易申明更大价值。

创造或者申明多少价值，取决于谈判过程和结果。你想要的是一笔划算的交易。这样的交易不仅能达到你的目的，而且胜过你的替代选择，超出你的保留价格，且最大限度地接近你的渴望价格。在下一小节中，我们将探讨一种系统的方法，帮助你确定你想要实现怎样的目标，然后，我们将确定前面提到的每一项参数对你在谈判中取得全面成功有什么影响。

谈判不仅仅是为了达成协议

不同的谈判者可能有着不同的目标，有些人甚至有多个目标。例如，你在买车的过程中和经销商谈判，通常侧重于尽可能压低价格；在其他的谈判中，你的目标也许是战胜谈判对手，或者尽快达成协议；而在另外一些谈判中，你可能希望改善与谈判对手的关系，即使那意味着你得牺牲一些短期利益。

在发起谈判前，谈判者应当在脑海中牢牢记住他们的目标。这似乎是显而易见的道理，但很多人并没有遵守这条最基本的规则。我们常常发现，谈判者没能准确地辨别他们的目标，更没有清楚地了解怎样去实现目标，就开始和谈判对手接触。除非你对目标有非常清晰的认知，否则很可能被参加谈判的兴奋感所干扰。事实上，谈判者经常忘记了他们最初的目标，要么全神贯注地想着怎样抢夺更多利益，要么力求迅速达成协议，以避免尴尬局面的出现。

我们在前文中提到，谈判者有一种很想达成协议的冲动，然而达成协议并不总是相当于成功。事实上，成功的谈判是指你在其中得到了你想要的东西，而不仅仅是指你跟对方达成了一致。如果你的期望从“交易更划算”转变为“谈判更顺利”，那么你不仅重新定义了“成功的谈判”，最终也很难得到你想要的东西，更别提得到更多了。一旦谈判对手发现你只想达成协议，他将获得巨大的优势：他可以申明更大的价值，以交换你十分看重的结果。我们强烈建议你在谈判期间提防这种心理上的转变。

为避免忘记自己最初的目的，只为达成协议而谈判，你首先要清楚什么是划算的交易。这需要你了解自己认为重要的目标，还需要确定你的保留价格和渴望价格。同时，你还得在密切关注目标、保留价格和渴望价格的前提下，了解你觉得重要的问题。

谈判三大参数：替代选择、保留价格和渴望价格

为了定义谈判参数，你得确定你愿意接受的最差结果是什么，这个最差结果就是你的保留价格。在保留价格之上，你觉得接受谈判的结果与退出谈判并转向替代选择没有太大差别。显然，要确定这个临界点，你必须首先评估替代选择。如果谈判最终陷入僵局，你必须有退路。

最明显也最常见的替代选择是维持谈判之前的状况或与其他谈判者就其他业务进行谈判。你从当前的谈判中退出后，可以得到的其他结果，就是所有的替代选择，它们共同为你编织了一张安全防护网。很显然，你不应当接受价值低于替代选择的谈判结果。

当谈判结果不如意时，你的替代选择质量越高，你就越有退出谈判的底气。总体来说，如果替代选择越优质，同时你又能达成当前的协议，那么你也能在此次谈判中申明更大的价值。所以说，**在谈判中你最直接的力量源泉之一，就是你的替代选择的价值**。其实，高质量的替代选择将迫使谈判对手至少付出相当于你的替代选择的价值，才能让你继续坐在谈判桌前。高质量的替代选择可能显著地改变你在谈判中的行为。想想下面这个例子：

案例分析

当斯坦福 MBA 也失去了替代选择时

2000 年，《商业周刊》发布了半年度工商管理硕士（MBA）项目的调查，斯坦福商学研究生院出人意料地排在了第 11 位，这是斯坦福商学研究生院有史以来的最低排名。这一低得惊人的排名，源于招聘人员对斯坦福 MBA 的超低评价——在面试中狂妄自大。据称，从斯坦福毕业的 MBA 在面试时常常穿得

像要去打高尔夫球一样。两年后，斯坦福 MBA 在同样的调查中总体排名跃居第 4。排名急速上升的原因是什么？

斯坦福商学研究生院的院长表示，在位列历史最低排名之后的两年里，他开设了职业生涯管理班，着重向学生们强调，每位学生都代表着斯坦福的形象。表面上看，管理班似乎起到了作用，这一点可以从随后的排名中推测出来。

现在请考虑另一种解释。2000 年时，美国硅谷掀起了一股互联网狂潮，也就是后来众所周知的“互联网泡沫”。每一位从斯坦福毕业的 MBA 平均会收到 6 份工作邀请。但到了 2002 年，这些毕业生就没那么幸运了。由于经济不景气，每位 MBA 平均收到的工作邀请不到 1 份。斯坦福 MBA 在《商业周刊》排名的显著差别，似乎并不是由于学校开设了职业生涯管理班，而是由于学生们收到的工作邀请的数量和质量大不如前。由于替代选择的质量更差，斯坦福 MBA 在面试中失去了优势，于是他们更加尊重招聘人员。

个中原因究竟是什么？你可以自己判断了。

因此，**在发起任何谈判之前，准备工作的一个最重要方面就是确定替代选择**。即确定如果没能和谈判对手达成协议，你有哪些退路。

当然，谈判对手也有他自己的替代选择，这赋予了他们退出谈判的勇气，有可能迫使你做出让步。研究表明，握有更好替代选择的谈判者，总体上会在谈判中申明更大的价值。

回想一下我们在第 1 章提到的玛格丽特和托马斯对他们的第一个工作机会的反应：有 9 所学校向托马斯抛出了橄榄枝，而只有 1 所学校有意聘用玛格丽特。托马斯明显处在比玛格丽特有利得多的位置，因为他有至少 8 个替代选择。实际上，托马斯运用这种有利条件和有意聘用他的大学进行了谈判，而玛格丽特则接受了唯一愿意聘用她的学校给出的起薪，并且迅速地给学校回信，以免横生枝节。

替代选择质量的高低，还会影响你的行为以及谈判对手对你的看法。高质量的替代选择会改变你在谈判中的强势程度。手握高质量替代选择的谈判者，通常在谈判中咄咄逼人，经得起竞争；而手中只有低质量替代选择的谈判者，则在谈判中愿意合作，表现得温顺而友好。因此，分析谈判对手的行为，有助于你衡量他们的替代选择。例如，如果谈判对手比你预料的更具侵略性，那也许表明他们的替代选择比你想象得更好。

替代选择还可以改变人们的行为，即使它们与当前的局面没有关联。想一想所谓的“白脸—黑脸”策略是如何奏效的。由于人们通过对比来评估价值，因此“白脸”一出现，似乎“黑脸”就更坏一些；而“黑脸”一出现，似乎“白脸”就更有魅力了。然而你还有第三种选择，那就是既不接受“白脸”的提议，也不接受“黑脸”的压制。

一旦你确定了替代选择，便可以着手设定保留价格。保留价格是理性买家愿意付出的最高价格，或理性卖家可接受的最低价格。它是你真正的底线。在保留价格上，到底是接受谈判对手的提议，还是退出谈判并转向替代选择，对你来说都无关紧要。替代选择越好，保留价格也就可以越极端。

随着谈判推进得越发艰难，谈判时间相应延长，有些卖家（或买家）因考虑到自己在谈判中付出的努力而降低（提高）了他们的保留价格。这被称为沉没成本悖论[1]。替代选择不会由于谈判时间比预期时间长而改变，因此，保留价格也不应改变。

保留价格是你最后的堡垒，它的作用是抵抗你想达成协议的冲动。

---

①Sunk-cost Fallacy，人们在决定是否去做一件事情的时候，不仅是看这件事对自己有没有好处，而且也看过去是不是已经在这件事情上有过投入。——译者注

因此你应把保留价格作为自己永远不会打破的标准。设想这样的场景：你正在考虑从票贩子手中买一张戏票。你已经权衡了自己的替代选择，决定以不超过 30 美元的价格买下那张票，但票贩子想要 60 美元。经过一番讨价还价，票贩子将价格降到了 31 美元，比你的保留价格高出 1 美元。你觉得这是他能接受的最低价格了，现在该怎么回应？

很多人会违背他们的保留价格，接受票贩子的报价。为了这样做，他们找一些借口来解释为什么花 31 美元买下那张票是划算的，尽管这有违他们自己设定的 30 美元的保留价格。他们会说“我已经砍掉了他 29 美元”或者“这只比我的保留价格高 1 美元，我用来讲价的时间至少也值那么多钱，而我听说这场戏真的非常不错”。这些并不是合理的解释，而是合理的借口。你在讨价还价之前就已经知道了你的时间折合的价值，而且你也早就知道这场戏很好看。如果依照那样的逻辑，你应当愿意在票贩子第一次开出 90 美元的价格时就毫不犹豫地买下它。你在设定保留价格之后，并没有获取更多新信息。你只是打破了自己的保留价格，以便与票贩子达成一致。

但你真的打算为了区区 1 美元而放弃那张票吗？从心理学的角度看，这似乎很可笑。不就是 1 美元嘛，能多到哪里去呢？毕竟，你非常确定自己讨价还价耗费的时间已经超过了 1 美元的价值。如果你除了看戏之外还有别的替代选择，使你可以获得和看戏一样的愉悦感受，而且那一替代选择的价格不多不少就是 30 美元，那么，你设定的 30 美元的保留价格也许才是真正不可逾越的。

然而，这不仅仅是那 1 美元的事。一旦违背了你的保留价格，你便制造了一种滑坡效应①。如果你愿意接受 31 美元的价格，那你也应当愿意接受 32 美元、33 元，甚至是 35 元。而如果你能接受 35 美元，

①Slippery Slope，决策者对于行为的细小变化很难察觉，好似一个人慢慢地从斜坡上滑下来，可能没有太大的感觉。——译者注

你或许也能接受 40 美元。到底超过了什么价格你才会一走了之？也许那个价位是 60 美元，也就是票贩子最初的要价。但那样一来，你为什么要劳神费力地去讨价还价呢？

这是一个有关戒律的问题：如果你准确地将保留价格设在 30 美元，那么，你应当对 31 美元的报价说“不”。当然，你的保留价格也可能并不准确，或者你没有评估你的替代选择。但如果不是那样，又假如你在谈判过程中了解的都是你在谈判前已经掌握的信息，那就不应当改变保留价格。保留价格是一个指标，你依照它来判断对方的提议是否可以接受，但不能随意调整，以接受对方的提议。

请注意，我们并不是说绝对不能调整你的保留价格。如果你在谈判中发现了一些新情况，而你在计算保留价格时并没有掌握这些情况，那么保留价格的确有调整的空间。不过在考虑调整保留价格的时候，一定要谨慎从事。一定要确定，这样做仅仅是因为出现了新的情况，而不只是为了证明与对方达成协议的合理性。

对方的报价越是接近你的保留价格，你就越难抵制达成协议的强大诱惑。但一定要严守戒律，以维护保留价格的权威，这是确保你达成超预期交易的最佳方式之一。

替代选择和保留价格是谈判中的重要参数，但如果只盯住它们，你在谈判中的表现反而有可能全面下滑。**与其紧盯着替代选择或保留价格，不如将你的期望设定在更高的水平上**。因为期望驱动行为（参见第 1 章的讨论），你得在每场谈判开始前就明确定义你的期望。

渴望结果就是你对某场特定的谈判可能实现的结果的乐观期望。由于渴望结果是乐观的，因此不可避免地抬高了你对谈判的期望，可能带来更好的谈判结果。

在谈判中设定并重点关注你的渴望结果，带来了一种通常为人们所忽略的优势：渴望结果提供了一个心理杠杆，它使你重点关注谈判有利的一面，而不是紧盯着你的下行保护（替代选择）或者你的底线（保留价格）。这增大了获得更好谈判结果的可能性。研究表明，渴望结果的挑战性越大，你的谈判表现就会越好。即使没有达到渴望结果，你的谈判表现也比设定平庸目标时更好。

渴望结果的设定应当不同于替代选择。替代选择只是为你提供了一张安全防护网，不应将其与谈判目标混为一谈。拥有低质量替代选择的谈判者通常将期望设置得低一些，导致他们可以接受较差的谈判结果。这也印证了一种基本的理念：优质的替代选择产生更好的谈判结果，差的替代选择产生较差的谈判结果。

事实上，渴望结果好比一剂解药，让你不再自然而然地紧盯着自己的替代选择。仅仅因为你的替代选择可能不太好，并不意味着你在设置渴望价格的时候也应当保持悲观。必须铭记的是，**不论你实际的谈判情况如何，替代选择的质量在优化或弱化你的谈判表现方面发挥着巨大作用。**

紧盯渴望结果，可以使你成为更优秀的谈判者，但不一定能让你对谈判的结果更满意。在一项基于模拟谈判的研究中，研究人员鼓励一组参与者紧盯着他们的渴望结果，鼓励另一组参与者紧盯着他们的替代选择。参与者完成了模拟谈判后，研究人员评价了两组参与者的谈判表现以及对谈判结果的满意度。

你也许已经想到了，那些紧盯着渴望结果的参与者，比紧盯着替代选择的参与者的谈判表现明显好得多。不过前者却对他们得到的客观上更好的谈判结果很不满意（见图 2.1）。与人们的直觉相违背的是，如果你紧盯着渴望结果，最终往往会获得更好的谈判结果，却不能让自己满意；但如果你紧盯着替代选择，最终往往获得不太好的谈判结果，自己反而更满意。

紧盯替代选择的谈判者在谈判中得到的更少，但由于这些结果胜过了他们的替代选择，所以他们感到满意。谈判者如果紧盯着替代选择，那些选择就成了目标，成了要战胜的标志。相反，聚焦于渴望结果的谈判者在谈判中得到的更多，但由于没有达到预期，他们会备感失落。这是渴望结果不利的一面。

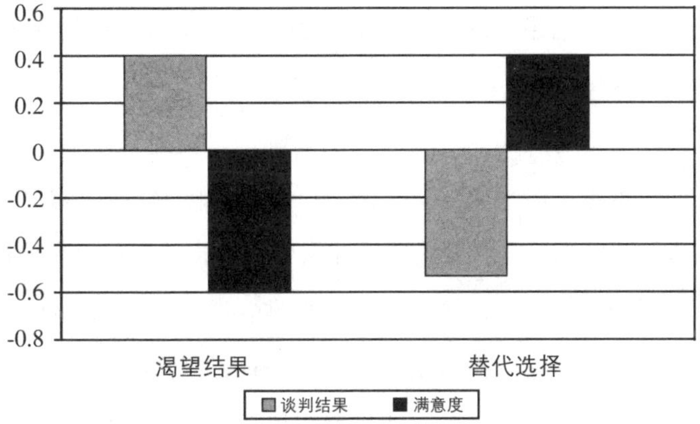

图 2.1 不同要求下的结果与满意度

数十年来，世界价值观调查组织（World Value Survey）的调查人员发现，丹麦人拥有全球最高的幸福感。在过去 30 年里，超过三分之一的丹麦人说他们对生活感到非常满意。他们的生活秘诀是：对生活的期望比较低。由此看来，丹麦人显然并没有跟他们斯堪的纳维亚半岛的邻居们分享这些秘诀。

通常情况下，“丹麦式谈判者”对所有事项都设定了较低的期望，结果更容易感到满足。谈判者往往紧盯着他们的替代选择，当最终结果胜过了替代选择时，他们的反应会比紧盯着渴望结果却没能实现时更开心。

因此，紧盯着替代选择，意味着牺牲结果去交换满意度，意味着你对一笔划算交易的主观衡量标准是它到底有没有超过你的替代选择。

自相矛盾的是，确定较低的目标，因而在谈判中获得较差的结果，反而让你感到更加满意。

为了解决这一悖论，你必须在任何一场谈判举行之前，确定你的目标到底是更好的谈判结果还是更高的满意度。如果将满意度作为目标，那就应当紧盯替代选择；但如果你总体上更看重谈判结果，那就应当聚焦于渴望结果（同时要非常清楚地了解，你可能对最终的谈判结果不太满意）。

你也许无法达成渴望结果，但假如确定了较高的标准，你便有更大的可能获得更好的谈判结果。此外，如果你的目标是得到更多你想要的东西，就应当确定好替代选择和保留价格，然后将它们放在一边，转而把渴望结果作为评估谈判表现的标准。在谈判期间，你应当排除杂念，一心只想着你的渴望结果。只有在你已经谈成了可能的最佳结果时，在双方达成一致之前，才应当对比一下谈判结果和替代选择以及保留价格的价值，如果谈判结果达到或超过这两个参数，你便可以与对方成交了。

一旦你为谈判确定了保留价格和渴望价格，下一步就是想着如何在谈判中达成或超过渴望价格了。

思考谈判中要涉及的议题

你有哪些申明价值的机会？要回答这个问题，你必须思考谈判中涉及的议题类型。

谈判议题可以归为三类：一致性议题（Congruent）、分布性议题（Distributive）和综合性议题（Integrative）。

一致性议题是谈判各方都没有争议的议题。例如求职者和招聘人都同意求职者进入某一家分公司，产品的买家和卖家都同意提前交货。

而价格可能就不是一致性议题。准确判断一致性议题是一项挑战。也许关于某个问题谈判双方的想法是一样的，但一方可能不知道对方也和自己一样对那项议题的同一种结果感到满意。因此，**“将一致性议题明确化”应当作为在谈判期间交换意见时的目标之一**。

如果发现了谈判对手没有意识到的一致性议题，你便拥有了战略上的优势。信息灵通的谈判者可以通过在这类议题上“让步”，换来谈判对手在其他非一致性议题上的妥协。

分布性议题是双方对其有着不同意见却具有对称价值（Equal Intensity）的问题。分布性议题有两个特征：双方有着相反的偏好，但它们在强度上是相等的。这意味着双方会以同样的标准衡量议题，比如支付金额或者交货天数等。在雇佣谈判中，求职者希望提高自己的起薪，而老板希望压低起薪（相反的偏好），两者的价值在金额上是相等的。

价格问题是最典型的分布性议题。买家更喜欢价格低一些，而卖家希望价格高一些，买家每压低 1 美元，卖家就要承受 1 美元的损失。

许多人认为，谈判中的议题几乎全都是分布性的，这也是为什么他们通常把谈判理解成一场战斗，都希望在既定的资源中抢夺更大份额。

综合性议题是双方有着不同意见但具有不对称价值（Asymmetric Value）的问题。所有的综合性议题都具备以下两个基本特征：各方有着相反的偏好；利益和成本并不相等。

例如，希望提高价格的一方获得的利益，并不等于要求降低价格的一方付出的成本。在雇佣谈判中涉及的假期天数的问题，可以视为综合性议题。求职者希望得到更多的假期，而老板希望放假天数越少越好（相反的偏好），但每增加一天假期，对求职者和公司的价值并不相同。求职者觉得假期非常宝贵，公司却认为假期的价值不高。类似的综合性议题为各方通过谈判创造价值提供了机会。比如，公司可以在放假天数上适当让步，换得求职者在公司更加看重的问题上也做出相应让步。

在综合性议题上相互让步，对谈判双方都有利。在谈判期间交换的信息应当帮助双方辨别综合性议题，并且有助于评估各自的价值标准，以推动价值创造。所以，不仅辨别综合性议题十分重要，发现己方与对方偏好中的差异也同样具有战略意义。

在结束这一章之前，让我们考虑一个现实案例。在这一案例中，三种类型的问题都在发起谈判时发挥了各自的作用。

硕普（Snoop）公司的实际拥有者玛丽（化名）请托马斯担任她的顾问，帮助评估公司的价值，并请托马斯为公司的出售事宜作战略规划。硕普公司的主要业务是为用人企业核查可能入职员工的背景信息。“9·11”事件之后，美国政府对安全问题的日益关切让硕普公司从中受益。玛丽的绝大部分个人资产都投到了硕普公司上，现在她希望出让自己的股份以分散资产，为她涉足其他业务提供足够的流动资金。

托马斯和玛丽进行了一番详谈后，辨别了有可能成为谈判基础的三项议题：价格、风险以及玛丽将来对公司事务的参与程度。显然，这些议题中的每一项都极为复杂。比如，价格议题由两部分组成：现金（当前的价值）与股权（未来的价值）。对于这两个部分，不仅在支付与收到这些金额的时机方面有差别，而且其中的风险也有差别（前者将是确定的，后者是不确定的）；其次，玛丽未来对公司事务的参与程度并不是一个二元决策，可行的选择有很多。例如，她可以直接交出办公室走人，也可以深度参与公司的移交计划。这两种选择之间有无数个可能的变量，包括玛丽可能会在公司待一段时间，担任顾问。

这个案例展示了分布性议题与综合性议题的复杂组合。虽然价格可能是一个分布性议题（卖方希望卖个好价钱，而买方希望支付较低的成本），但支付方式有可能是综合性议题。一方面，玛丽既希望以现金的方式支付，获得更高的出售价格以降低她的风险并分散投资，同时也希望转让股份，不过股份的价值比现金少一些。另一方面，买家更倾向于转让股权，不太希望以现金方式支付，因为他们希望玛丽能够继续留在公司，发挥她的技术专长。

除此之外，将现金支付转变成股权转让，股票的未来价值取决于公司被收购后的业绩，即所谓的盈利能力支付[①]，将把价值评估的某些风险转移到玛丽身上，因为玛丽比买家更清楚硕普公司的实际价值。由于买家和卖家并不会以相同标准评估“盈利能力支付”的价值，所以它是一个综合性议题。

玛丽渴望继续参与公司事务，这显然是个一致性议题。因为双方都希望她在出售公司之后继续参与公司管理。双方的分歧在于参与时长以及参与程度。从玛丽的角度看，如果她过多地参与公司事务，也许会影响她的个人生活。她愿意在出售公司后的短时间内仍然深度参与公司管理，但希望在公司出售两年后逐渐退出日常运营。买家要求的时间则更长。买家的这一要求不可谓不合理，因为玛丽具备组建与发展公司所需的各种专业知识。

托马斯在辨别了这些问题之后，试图从玛丽和买家两方的角度来理解每项议题。在这次谈判中，玛丽的替代选择简明直接：由于再没有另外的买家打算收购硕普公司，所以她的替代选择就是保持现状，也就是继续拥有并运营硕普公司。

托马斯运用现有的商业计划，从有效分散投资的投资者角度计算出公司的价值约为 2.3 亿美元。然而，由于玛丽的全部财产都在这家公司中（另一项主要资产就是她的个人住宅），因此硕普公司财产的转移对玛丽的个人幸福将产生巨大影响。从玛丽的角度来考虑这种极高

① Earn-out，由于交易双方对价值和风险的判断不一致，将传统的一次性付款方式转变成按照未来一定时期内的业绩表现进行支付的交易模式。——译者注

的特定风险，托马斯相应地提高了贴现率，这导致硕普公司的价值对玛丽来说是降低了的。虽然对一位有效分散投资的投资者来说这家公司价值 2.3 亿美元，但在评估中，托马斯考虑了玛丽的财产实际上全都集中在这家公司的事实并得出结论：玛丽可以继续拥有并经营公司（风险高）或以最低 1.5 亿美元的价格出售公司（风险低）。而这个 1.5 亿美元的估价，就是玛丽的保留价格。

接下来，托马斯确定了玛丽的渴望结果。他们进行探讨后估计，将硕普公司与买家现有的公司结合起来，可以产生大约 40%（9 200 万美元）的增效，使该公司被收购后的价值提高到 3.22 亿美元。玛丽希望获得这些增效的 60%，约合 5 520 万美元。因此，她的期望价格是 2.852 亿美元（2.3 亿 + 5 520 万）。

玛丽对托马斯为即将举行的谈判所做的准备工作感到满意，但不幸的是，尽管他们为谈判作了精心的准备，另一些因素的出现，最终使这场对双方来说都有益的谈判泡了汤。玛丽与潜在买家本来打算在 2008 年 11 月时举行首次洽谈，但当时恰逢雷曼兄弟公司申请破产，资本市场被冻结，企业的兼并和收购活动急剧减少，美国经济产生了史无前例的不确定性，给双方的谈判蒙上了一层阴影。

之后，随着信贷市场的收紧，买家无法筹集到收购硕普公司的足够资金。到我们最后一次核实时，玛丽仍经营着硕普公司，等待下一位合适的买家出现。

第2章 小 结 SUMMARY

作为谈判者，你一方面必须意识到大多数谈判有许多共性，另一方面还得考虑你发起的谈判有哪些独特方面。首先，你必须十分清楚自己的目标。你是想从谈判中获取尽可能多的价值，还是迅速完成交易，最大限度地降低风险和交易成本？你希望强化与谈判对手的关系，还是想战胜对方？

确定了目标后，你必须辨别划算的交易有哪些特征：

- 你要明确什么时候同意，什么时候拒绝。也就是说，你必须清楚自己的替代选择。考虑你的其他合作伙伴以及其他合作机会。
- 一旦了解了你的替代选择（最好再了解一些谈判对手的替代选择），你就必须确定你的保留价格。也就是说，在保留价格上，是达成交易还是退出谈判并接受替代选择对你来说都一样。
- 此外，你还必须确定自己对结果的乐观评估，也就是你的渴望价格。它应当比你的保留价格好得多，而且要难以企及，以至于你必须排除困难才能实现。
- 辨别了替代选择、保留价格和渴望价格之后，你必须了解谈判涉及的议题是分布性的、综合性的还是一致性的。

在后文中，我们将带你走完整个流程，帮你全面识别谈判中的三类议题。在下一章，我们将着重阐述如何在围绕分布性议题而展开的谈判中创造价值。因为很多人一听到“谈判”这个词,想到的就是“成王败寇”。

第 3 章

如何创造并申明价值?

划定谈判区

在谈判中，能够申明多少价值，完全取决于你制订了怎样的目标。价值的表现形式多种多样，包括更多的金钱，在工作中的决策更具影响力，对你自己的工作日程有更大的主导权，与合作伙伴建立更密切的关系等。

任何谈判都有两个重要的参考点，即你的保留价格和谈判对手的保留价格。二者的交集称为谈判区。例如，买家和卖家之间的谈判区，在买家愿意支付的最高价格与卖家愿意接受的最低价格之间。谈判区的大小决定着你和谈判对手在谈判中的可申明价值。

如第 2 章中探讨的那样，价值是通过交换创造的，即使没有涉及谈判也是如此。例如，买家能够获得的价值就是卖家的要价与自己愿意支付的价格之间的差额。为了申明更大的价值，买家必须发起谈判。

任何一场谈判的基本部分，都是谈判各方试图申明比普通交换更大的价值的过程。在第 2 章蛋糕店的例子中，交换中创造的价值，等于商家报出的蛋糕售价与买家愿意支付的最高价格（保留价格）之间的差额，而买家的保留价格可能等于或低于卖家的要价。这一交换中价值申明的部分——也就是使之成为一场谈判而不是一笔简单交易的方面——是买家愿意放弃一些他不太看重的金钱，换来他更看重的蛋糕。同样，卖家必须愿意放弃她不太看重的蛋糕，换来她更看重的金钱。但请注意，在最初的交换过程中，双方并没有创造额外的价值。在下一小节，我们将详细阐述当你在试图创造价值时，价值申明与价值创造的关系。

谈判中的混合动机

为了在谈判中申明更大的价值，你的第一反应也许是创造更大的价值。毕竟，存在的价值越大，可以申明的价值也越大。这种反应是很正常的，但通常也是被误导而产生的。有时候，价值创造的策略事实上可能阻碍了价值申明。

为了创造比简单交换更大的价值，谈判双方必须分享信息。信息的分享，尤其是当你的谈判对手并没有给予你回报的时候也去分享，会令谈判对手拥有战略上的优势，而且可能限制你申明价值的能力。由于这种创造价值的策略是有风险的，因此，选择分享或隐瞒哪些信息对你在谈判中取得成功至关重要。分享的信息太少，将导致创造的价值变小，可申明的价值也变小；分享的信息太多，则可能有损你申明价值的能力。

成功的谈判者必须在分享与隐瞒之间保持谨慎的平衡。分享信息可能让谈判对手获悉你的保留价格。对方知道这一信息后，可以计算出他们可以提出哪些要求，也就是说，对方也许可以将你的保留价格作为他们的渴望价格。如果你掌握了谈判对手的保留价格，局势也就有可能发生逆转。你可以充分利用这一信息，从交换创造的价值中申明更大份额，从而只给谈判对手留下勉强超出他们的保留价格的价值。

如果某位买家准确地了解了汽车经销商在某一款汽车上的成本，如汽车的生产成本、服务费用、贷款利率、保修条款等，那么，买家即使不能申明这次交易产生的全部价值，至少也可以申明其中的大部分价值；如果经销商知道了买家的偏好，他便可以为买家量身订制合同，以求申明通过谈判创造的所有价值，即使无法实现，至少也可以申明那些价值中的大部分。

这是谈判中最重大的挑战之一：谈判者必须对照那些与本质上需要合作的价值创造策略相联系的利益和代价，来衡量那些与本质上需要竞争的价值创造策略相联系的利益和代价。合作与竞争的策略并行，导致了“混合动机困境”的出现。

为了区分申明的价值与创造的价值，设想一下，当谈判双方简单地将各自的资源摆到谈判桌上时产生的聚集效应（Pooling Effect）。这时的剩余价值，就是各方带到谈判桌上的价值总和。如果考虑只包含一个议题的简单交易，那么在这种情况下，谈判是纯分布性的：“馅饼”的大小是固定的，任何一方想多拿一点儿，另一方就会少得一点儿。

然而，当双方围绕多个议题进行谈判时，可申明的价值也许会超出各方带到谈判桌上的价值的总和。事实上，多个议题是创造价值的必要条件。

价值创造，意味着双方在谈判时可以获取比他们带到谈判桌上的总价值更大的价值。有了价值创造，利益馅饼的大小就取决于谈判双方达成的特定交易，以及在那些交易中创造的价值。双方都可以获得超过各自预期的更大价值，不一定非得有一方吃亏。

谈判者利用增效效应（Synergy），通过将多个议题综合起来考虑，以体现不同议题的相对重要性，还可以增大交换的价值。由交换本身创造的价值，以及当谈判者就各项议题进行交易时在每一次交换中创造的价值之间的区别被称为交易的“综合潜力”(Integrative Potential)。辨别这种综合潜力，是在任何谈判准备工作中都必不可少的环节。

交换中的价值

我们此前提过，典型的交换价值，受到买卖双方的保留价格的约束。当买家愿意支付的最高价格超过了卖家愿意接受的最低价格时，谈判区是正值；相反，如果买家愿意支付的最高价格低于卖家愿意接受的最低价格时，双方的保留价格没有交集，谈判区是负值。在后一种情形中，双方绝不能达成协议，因为一旦达成协议，至少有一方（甚至可能是双方）会比谈判前的情况更糟。

只有通过分享信息，谈判者才能发现谈判区究竟是正值还是负值。由于双方不可能透露他们自身的保留价格，所以每一方能够确切知道的只是这笔交易是否打破了他们各自的保留价格。然而，在纯分布性的谈判中，一旦协议达成，创造的（或者损失的）价值总是等于谈判区中的价值，不论谈判区是正值还是负值。

当双方或多方围绕单一议题进行谈判，而且各方都拥有完整的信息时（他们知道自己以及对方的保留价格)，那么不论交易中的价值是多少，它总包含在谈判区中。例如，假设卖家只接受不低于 100 美元的价格，而买家只愿意支付不超过 150 美元的价格，那么，这场谈判中可申明的价值就是 50 美元，即双方保留价格的重叠部分。

然而，即使是如此简单的案例，在我们的学生（MBA 以及企业高管）和客户（大型企业）中，都有 20% 的人违反了他们的保留价格，最终和谈判对手达成了协议。因此，仅仅知道你的保留价格还不够，你还必须严格遵守它。

为了增大可申明的价值，你必须估算谈判对手的保留价格：卖家能接受多低价格，或者买家愿意支付多高的价格。对你的谈判对手来说也是同样的道理。因此，在这种基本的情形中，买卖双方利用他们对自己保留价格的了解以及对对手保留价格的估计展开谈判。

你对谈判对手保留价格的估算不一定总是准确的，或者说，不一定比他们对你的保留价格的估算更准确。你也许没有了解到关于你们这次谈判主要议题的所有信息，而谈判对手也许比你更全面地掌握了这些信息。例如：二手车卖家可能知道那辆车的车况、驾驶难度，以及里程表的读数是否准确；而在购买艺术品时，有些买家可能掌握了各种信息，包括市场发展趋势、同类艺术品最近的销售价格等，这些信息都有助于估算卖家的保留价格，对卖家来说显然不利。

由于难以确切地知道谈判对手的保留价格，所以尽管有些因素与保留价格无关，却也会影响你的估算。在本章的后半部分，我们将重点讨论如何减少你在估算自己保留价格时的误差。

考虑下面这个谈判案例，其中的谈判议题是单一的分布性议题，而且谈判区为正值。

托马斯有一辆货车，货车的轮胎目前还能用，但他想换一整套高性能轮胎。托马斯找了许多家轮胎经销商，花时间研究了不同的品牌以及轮胎的质量，确定自己愿意以不超过每只 160 美元的价格购买新轮胎（见图 3.1），这就是买家的保留价格（RPb）。如果他能够以每只 75 美元的价格买到轮胎，他会欣喜若狂，因此 75 美元是他的渴望价格（APb）。托马斯发现，大多数经销商的轮胎，售价为每只 225 美元左右，但有一家报价 210 美元。托马斯心想，这就是卖家的渴望价格（APs）。但正如经销商不知道托马斯的保留价格一样，托马斯也不知道经销商的保留价格。

托马斯不知道的是，经销商愿意以每只 125 美元的价格出售轮胎。这就是卖家的保留价格（RPs）。这样，由于买家的保留价格（160 美元）

超过了卖家的保留价格（125 美元），存在一个数额为 35 元的谈判区，使得谈判有可能达成双方互惠互利的结果。由于托马斯不知道这些，他决定在和经销商讨价还价时谨慎行事，而经销商也抱着同样的想法。

如果托马斯和经销商都掌握了对方的全面信息，那么，一方的渴望价格将十分接近另一方的保留价格。如果双方都对谈判对手或者谈判议题的价值了解不全面，那么一方的渴望价格可能与另一方的保留价格大相径庭。

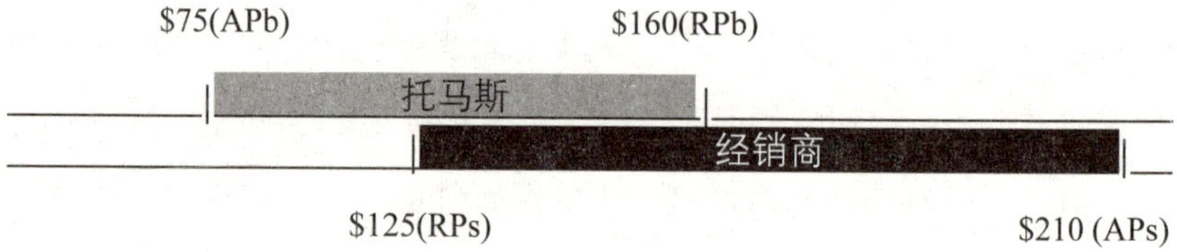

图 3.1　轮胎谈判示意图 1

谈判区位于灰色色块和黑色色块的重叠部分。轮胎价格介于 125 美元和 160 美元之间，合理的交易可能在其间的任何价位上达成。

如此前提到的那样，这一谈判区是正值，范围是 35 美元，这意味着无论双方最终达成一致的价格是多少，这次交换的价值都是 35 美元。如果托马斯和经销商一致同意每只轮胎的价格是 130 美元，那么这次交易对托马斯而言就价值 30 美元（他的保留价格减去支付的价格，即 160 – 130），而对经销商而言价值 5 美元（他同意卖出轮胎的价格减去他的保留价格，即 130 – 125）。这表示，相对于谈判陷入僵局的情况，达成交易将创造 35 美元的价值，这一价值可以在交易双方之间分配。而如果交易无法达成，双方损失的价值也是 35 美元。

你也许会说："如果一方打破了自己的保留价格，创造的价值是不是也跟着变了？"答案是"不会"。例如，经销商在谈判区为正值的情况下，以低于他的保留价格出售轮胎，比如 120 美元，那么她从这次谈判中收获的利益是负值（-5 美元），但经销商的损失会直接变成托马斯的利益。这样一来，托马斯将从谈判中获得所有 35 美元的价值，以及来自经销商的 5 美元。在这一案例中，经销商获得的利益是 -5 美元，而托马斯获得的利益是 40 美元。

同理，如果托马斯支付的价格超出了他的保留价格，那么，经销商将申明谈判区中所有的价值，还要加上来自托马斯净转移的价值。假设托马斯为每只轮胎支付 180 美元，那么他在这笔交易中的收益是 -20 美元，经销商则获得了 55 美元（180 – 125）的价值。但要再次指出的是，整个交易的价值依然不变，还是 35 美元。总之，即使双方在谈判区以外的价格上达成协议，交换的价值也始终是双方的保留价格之差。但当双方的保留价格不存在交集时，情况就变了。

在围绕单一议题的谈判中，当谈判区为负值时，谈判双方会因同时坚守各自的保留价格而无法达成交易。为了证实这一点，让我们仍然沿用上一个例子，但稍作修改，改变托马斯对轮胎价值的估算。

现在，想象托马斯觉得有一点点后悔，因为他不是十分需要新轮胎，所以他决定只有在价格达到 110 美元时才会购买，并且希望能以 75 美元的价格成交。这里的 110 美元是他的保留价格，75 美元是他的渴望价格。让我们假设经销商的立场没有改变，那么这一次的谈判区就和之前大不相同了（见图 3.2）。

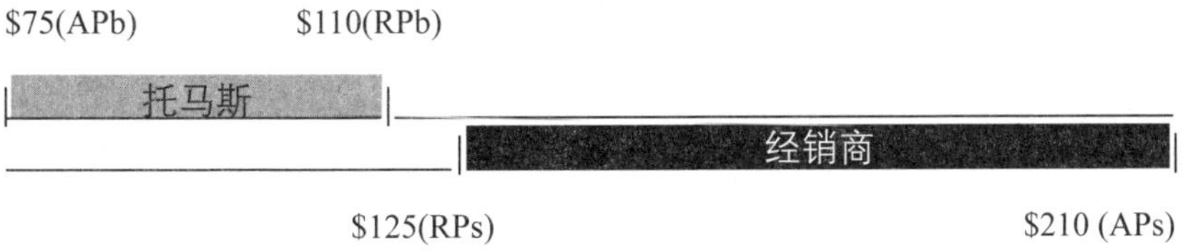

图 3.2　轮胎谈判示意图 2

如图所示，托马斯的保留价格与经销商的保留价格之间并不存在交集。托马斯愿意支付的最高价格低于经销商愿意接受的最低价格。

在这种新的情形中，如果托马斯和经销商都坚守各自的保留价格，交易便不可能达成。鉴于托马斯的偏好，比起以超出 110 美元的价格买下轮胎，他会觉得退出谈判更好一些。而对于经销商来说，退出谈判也比以低于 125 美元的价格把轮胎卖给托马斯来得划算。

在这种情况下要达成交易，托马斯或经销商无论哪一方（或者在价格介于 110 美元到 125 美元之间的情况下，双方同时）必须打破他们各自的保留价格。想想这种情形的后果。假设托马斯对这场谈判十分投入，简直无法想象退出谈判的情形，于是同意以 130 美元的价格买下轮胎。托马斯不顾他确定的 110 美元的保留价格，意味着他将获得 -20 美元的价值，经销商获得了 5 美元的价值，双方获得的总价值是 -15 美元，即两个保留价格之差。尽管这次交易可以令经销商稍稍满意，但对托马斯来说毫无意义。

你也许认为，某一方打破保留价格以达成这笔交易简直是疯了，凡是头脑正常的人都不会同意这种让情况变得更糟糕的交易。然而研究表明，受一心想达成协议的心理的影响，谈判者“委曲求全”的情况并不罕见。我们一次又一次地听说这类故事。而且即使是我们的学生，在知道达成交易比退出谈判更糟糕之后，仍然会同意谈判对手的提议。你可以从生活中看到类似的例子，只要听一听伤感情歌的歌词，就会发现其中经常出现“本应离开却想要留下来”的矛盾。

在谈判中一定要知道什么时候退出，只有当你能够获得超过保留价格的利益时，谈判才对你有利。当谈判区为正值时，假如谈判者没能达成协议，那就丧失了创造价值的机会；当谈判区为负值时，如果谈判者达成了协议，同样也失去了创造价值的机会。虽然我们很难对成交机会说“不”，但不论什么时候，你都应当避免以上两种结果。

谈判者通常会面对包含多个分布性议题的更复杂局面。局面虽然更复杂，但对涉及其中的各方来说，也可能包含更多利益。一方面，围绕单一议题的谈判可以创造价值，也就是交换的价值；另一方面，围绕两个或两个以上的分布性议题的谈判可以创造更大的价值，即每一次交换的价值的简单累积。

用两个分布性议题创造价值

在托马斯购买新轮胎的案例中，假设轮胎经销商想抬高售价、推迟发货，而托马斯想压低售价、提早发货；同时还假设，托马斯因交期提前一天而获得的利益，等于经销商提前一天交货的额外成本。这些议题都是分布性的，因为不论何时交货，双方之间的利益和损失恰好可以抵消。托马斯每获得 1 美元，经销商就要放弃 1 美元。

为了成交，托马斯和经销商必须就价格和交期问题达成一致。虽然交期问题似乎使谈判变得更为复杂，但它也带来了额外的好处。托马斯希望以 75 美元的价格买下轮胎，但即使价格为 160 美元（他的保留价格），他也愿意付钱。此外，他希望经销商在 7 天内交付并安装轮胎，但如有必要，经销商也可在 45 天内交货。经销商报出的价格是 210 美元，但即使价格降到 125 美元，他也接受。他希望这些轮胎在 90 天之内发货(到那个时候，这些高性能轮胎可以和下一批次的轮胎一同发货，而那个发货日期恰好也是他和批发商约定的定期发货的日子)，但如果在 30 天之内发货，她也愿意。

显然，这场谈判中存在一个正值的谈判区，或者说，存在两个正值谈判区，每个谈判区针对一个议题。用图形来描绘这两个议题，以及谈判双方的保留价格和渴望价格，类似于图 3.3 和图 3.4。

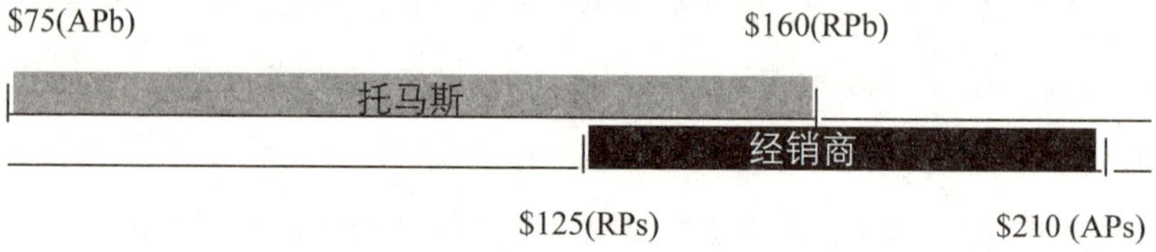

图 3.3　价格谈判区 1

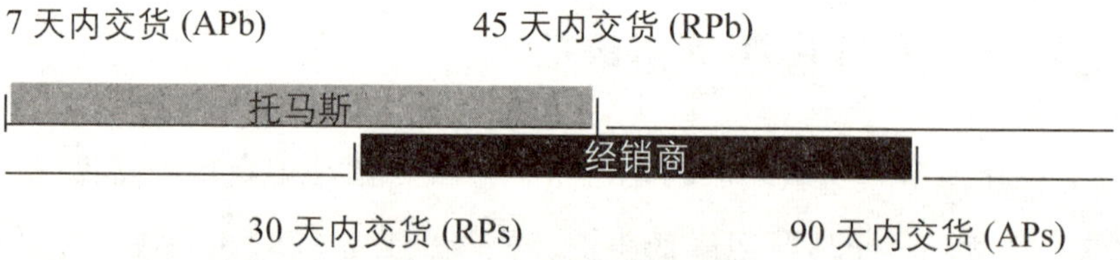

图 3.4　交期谈判区 1

显然，任何同时满足两个谈判区的交易，都会令经销商和托马斯获益，但这其中还另有玄机，即交易产生了多少价值？换句话讲，同时满足双方保留价格的交易，其价值有多大？

当议题基于不同的衡量标准时（在这个案例中是价格和交期），就难以从整体上来评估交易。为了进行整体评估，必须把时间和金钱放到一个共同衡量标准（Common Metric）里，使得谈判双方能用一个标准（价格）来交换另一个标准（交期）。

要成为成功的谈判者，你需要意识到确立共同衡量标准的重要性。凭借共同衡量标准，谈判双方得以在围绕多个议题的谈判中做出评估。谈判者可以使用这种标准来引导谈判对手提出并评估建议方案，从而创造巨大的竞争优势。简单来讲，找出共同衡量标准，你便可以确定什么时候应当拒绝，什么时候应当同意。

在轮胎案例的最新版本中，托马斯和经销商围绕着价格和交期举行谈判，很容易计算出价格的谈判区是 35 美元。问题是怎么计算在交期上重叠的 15 天所贡献的价值。

托马斯在这里面对的是包含了两个不同议题的谈判场景，这两个衡量标准需要一个通用的尺度，以便能够进行对比。一种简单的方法是确定提前 1 天交货究竟值多少美元。应当承认，要将几个议题放在类似于价格的通用标准上衡量的确很难。

站在两位谈判者的角度，让我们假设交期每提前 1 天价值 2 美元。由于这是个分布性议题，推迟交货 1 天对经销商来说的价值是 2 美元，而对托马斯来说的价值是 -2 美元。在这个案例中，交换的价值（用 VE 表示）是：

$$VE = 35\text{ 美元} + (2\text{ 美元}/\text{天} \times 15\text{ 天}) = 65\text{ 美元}$$

这种计算方式使托马斯和经销商能以相同的尺度来评估两个议题，因此，两位谈判者可以评估针对两个议题的建议方案，将它们整合到一个价值 65 美元的谈判区里，不用再去分别处理价格和交期两个谈判区。

确定共同衡量标准，还使得托马斯和经销商能够运用在价格问题上的让步，来换取对方在交期上的让步，从而使他们从谈判中获得的价值最大化。事实证明，随着谈判日趋复杂，将建议方案打包，而不是围绕每个议题分别展开谈判，实际上更有益于价值申明。现在，托马斯和经销商之间有 65 元的价值可以分割，谈判就没那么容易陷入僵局了。

可以看出，随着共同衡量标准的引入，谈判区明显扩大了。假如没有这种共同衡量标准，唯一可行的交易就要同时处于两个谈判区内。也就是说，价格在 160 美元和 125 美元之间，以及交期在 30 天到 45 天之间的交易。一旦确定了共同衡量标准，谈判的一方或双方可以设置他们在交易层面上的保留价格，这为成交创造了机会。一桩交易可能违反了一方在某个议题上的保留价格，但他们能在另一个议题上获得足够的回报。例如，托马斯可能只用 120 美元的价格买下轮胎（比卖家的保留价格低了 5 美元），但他同意经销商在 60 天之后（打破了他在交期上的底线）发货。要策划一桩可以创造价值的交易，第一步就是确定共同衡量标准。

当谈判中出现多个分布性议题，形成了一正一负两个谈判区时，情况就变得更加复杂了。在两个谈判区都是正值的情况下，双方能够以一次只协商一个议题的方式，达成互惠互利的交易。说得更确切一些，围绕两个分布性议题的有序谈判，需要两个正值的谈判区，如果有一个为负值，那么谈判将无法推进。

在上述例子中，两个议题的谈判区都是正值。如果托马斯将轮胎的保留价格确定为每只 110 美元，假如他和经销商一次围绕一个议题谈判，那么即使双方一致同意交期定在 30 天至 45 天，经销商也无法同意成交，因为他的保留价格是 125 美元。如果双方将两个议题打包，就可能形成双赢的解决方案，尽管这一方案可能超出了一方或双方的单个谈判区。确定共同衡量标准有助于双方达成协议，其中的一方在某项议题上的让步，将从另一方在另一项议题上的让步中得到补偿。

考虑这样一种解决方案：托马斯和经销商一致同意轮胎价格为 175 美元，并在 7 天内交货。如果是有序的谈判，这一交易既不能使托马斯满意，也无法使经销商满意，因为轮胎的单价突破了托马斯的保留价格，而交期突破了经销商的 30 天底线（见图 3.5 和图 3.6）。

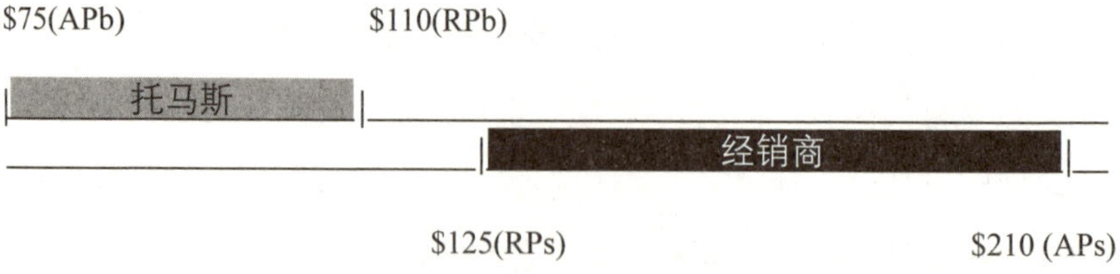

图 3.5　价格谈判区 2

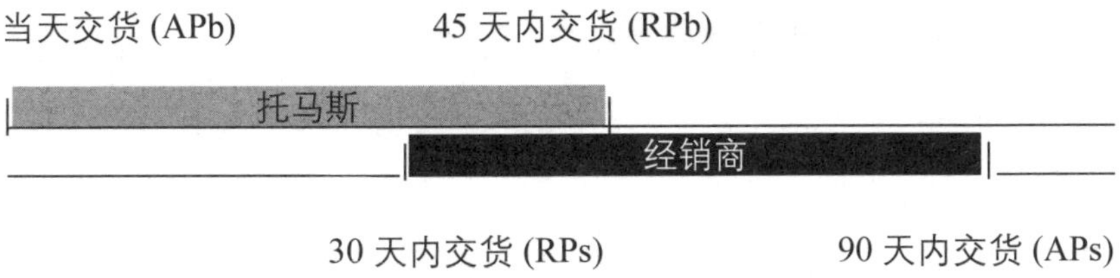

图 3.6 交期谈判区 2

托马斯从这次交易中获得的价值由两部分组成：从价格上获得 -65 美元的价值（110 － 175），从交期上获得的价值是 2×（45 － 7）。所以，托马斯从这次交易中获得的价值是

$$-65\text{ 美元} + [2\text{ 美元}/\text{天} \times (45 - 7)\text{ 天}] = 11\text{ 美元}$$

经销商在价格上获得的价值是 50 美元（175 － 125）加上提前交货的价值 2 ×（7 – 30）。因此，轮胎经销商从这次交易中获得的价值总计为

$$50\text{ 美元} + [2\text{ 美元}/\text{天} \times (7 - 30)\text{ 天}] = 4\text{ 美元}$$

和托马斯一样，经销商原本不同意在 7 天内交货，但她对 175 美元的成交价格非常满意。由于经销商可以申明大大高于保留价格的价值，以抵消由于交期大幅度提前所损失的价值，所以把议题打包创造了价值 15 美元的交易，使得轮胎经销商和托马斯比不谈判时受益更多。

这个例子表明，即使谈判所围绕的多个议题是分布性的，而且每个议题的谈判区并非全都是正值，双方依然可以达成合理的交易。只要将所有议题打包之后再谈判，而不是一次围绕一个议题来谈。

当然，只有当双方建立了共同衡量标准，以比较用不同单位表示的多项议题时，才有可能将几项议题打包。为了做到这一点，你需要确定自己在每个议题上愿意接受的最小价值，并且确定一个转换率，能够以相同的尺度来比较每个议题的相对价值。只有这样，你才可以对照一个总的保留价格评估谈判中的建议方案，而总的保留价格综合考虑了双方在所有议题上各自的保留价格。

意料之中的是，交易层面上的保留价格更难用我们在轮胎案例中提出的方法来确定。在轮胎案例中，每一项议题都有一个精确的保留价格，但在现实谈判中很难做到如此精确。在现实中，托马斯只能估算自己的保留价格，而估算很容易出错。

但事情总有解决办法。托马斯在估算中的准确程度，反映了他对整体交易的不确定性。如果这些错误和其他因素无关，也就是说不受他的情绪或者其他外部力量影响，而是代表着他愿意现在付钱更换轮胎的准确想法（因为他对更换轮胎一事有着诸多不同的期望），那么，他估算打包谈判的多个议题的保留价格的准确程度，会比估算单独议题的保留价格的准确程度更高。将议题打包后，原本对单个议题的估算错误，有可能相互抵消，从而增大了整体估算的准确度。托马斯的谈判议题越多，他对综合的保留价格进行价值估量的准确度也就越高。

第3章 小结 SUMMARY

能否在谈判中得到更多，与交换中存在的潜在价值密切相关。交换双方可以获取的总价值体现在谈判区中。当谈判者赋予谈判议题同等价值，但以“一方的获益就是另一方的损失”的视角来衡量问题的价值时，交易双方的总价值仍然存在。在这种视角下，谈判就是零和游戏，或者说在本质上是分布性的。在考虑围绕分布性议题展开的谈判时，要记住以下几点：

- 在只存在分布性议题的局面下，双方保留价格的交集，代表着可申明的交易价值。
- 用共同的衡量标准来评估多项议题的价值，可以显著扩大可能达成协议的范围。
- 只要能在共同衡量标准下评估不同的议题，你就应当在交易整体层面上设置保留价格，而不是对每一项议题都设置保留价格。
  - ★ 确定交易层面上的保留价格，使得谈判者可以充分利用他们在某项议题上可实现的利益抵消在另一项议题上的损失；
  - ★ 确定交易层面上的保留价格，还可能提高你的估算准确程度，因为你在确定每项议题的保留价格时所犯的错误，有可能相互抵消。

在本章引用的案例中，两位谈判者都以同样的标准来衡量谈判的各项议题。虽然谈判者通常认为对自己来说重要的东西，对谈判对手也同样重要，而对自己来说没有价值的东西，对谈判对手也没有价值。但这些预期也许并没有真实体现谈判对手对谈判议题的价值估量。人与人之间看待问题的差异，给不同的谈判者带来了不同的机会，使他们有可能获得更多自己想要的东西。

在下一章，我们将着重阐述如何通过交换谈判双方以不同标准进行价值估量的问题来创造价值。这种价值估量的差异化，对那些有效创造价值的交易至关重要。不但在双方以相同标准对每项议题进行价值估量的谈判中可以实现有效的价值创造，而且，在双方以截然相反的标准对议题进行价值估量的谈判中，同样可以有效地创造价值。

第 4 章

挖掘综合潜力

扩大谈判区

申明价值看起来具有敌对意味，人们往往会对这种敌对意味感到不适，于是常常把谈判视为创造价值的机会，以寻求更有利于所有谈判方的交易。在这一章，我们将会探讨如何创造价值。不过，尽管本章的重点是创造价值，但要牢记，谈判的终极目标仍是申明价值。

在谈判中创造价值，有几个看似不言而喻的好处。首先，它增大了可以在谈判各方之间分配的价值。你可以把这想象成扩大了谈判区，即你与谈判对手的保留价格之差。从经济学的角度讲，扩大谈判区至少是一件好事，最起码，价值创造有可能在不伤害另一方利益的前提下给某一方带来利益。扩大谈判区还有助于达成划算的交易，使最终结果高于双方的保留价格，减弱了各方退出谈判的动机。

价值创造还会带来一些心理效益：向谈判对手显示你将怎样优化交易，很可能获得对方的认同与欣赏。即使你最终依然更为客观地看待问题，他也可能由于你的合作姿态而赞扬你。

要使价值创造成为可能，谈判必须至少围绕一个综合性议题展开。

这类议题与我们在第 3 章讨论过的零和游戏或者分布性议题有着重要的区别。围绕分布性议题展开的谈判，一方做出让步的代价，恰好等于另一方因此而获得的利益。这样一来，价值就是通过交换创造的，但在这种交换中围绕分布性议题展开谈判，只是给谈判双方重新分配那些创造出来的价值提供了机会。

便于分割的或者对照外在价值进行评估的议题，更有可能是分布性议题；更倾向于内在的或者对个人来说更为主观的议题，则更有可能是综合性议题。议题之所以是综合性的，是因为谈判各方以不同的方式对其进行评估，以至于其中一方做出让步而付出的价值，小于另一方因此获得的利益。

然而，由于做出让步的一方依然会损失利益，所以假如谈判中只有一个综合性议题，仍不足以创造价值（即使让步的代价小于另一方的获益）。这样，尽管创造价值的必要条件是至少存在一个综合性议题，但接受让步的一方必须至少愿意在另一个额外的议题上做出妥协以补偿让步方。那个额外的议题要么是分布性的，要么是综合性的。在你不太看重的问题上做出让步，以此作为交换，使谈判对手在你同样看重的（分布性）或者更加看重的（综合性的）问题上做出让步，就在谈判中创造了价值。这一策略被称为滚木法（Log-rolling），又称讨价还价，它包括设法让谈判对手在你更加看重的问题上做出让步，并且在你不太看重或者不太喜欢的议题上向谈判对手做出让步。关键是要通过创造价值，让你以自己愿意支付的“成本”获取更多你想要的东西，即发掘交易的综合潜力。

何为综合潜力

虽然价值创造的原则简明易懂，但在实际的谈判中创造价值，仍要求谈判者评估谈判的各项议题对自己及谈判对手而言的相对价值，这一点很难做到，原因有二：首先，许多谈判者坚信谈判是一场零和游戏，很难发现谈判中的价值创造潜力；其次，克服这种零和的推定，需要对信息的交换进行细致的审核，以辨别综合性议题。

继续探讨第 3 章中托马斯购买轮胎的例子，让我们看一看当托马斯和轮胎经销商以不同标准衡量价格和交期这两项议题的价值时，结果会有哪些不同。这一场景的基本结构与前面的例子相同，价格问题的谈判区为 125 美元到 160 美元，交期的谈判区为 30 天到 60 天（见图 4.1 和图 4.2）。

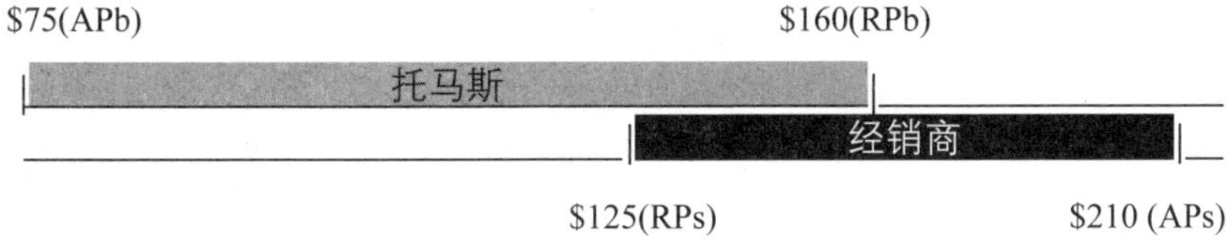

图 4.1　价格谈判区 3

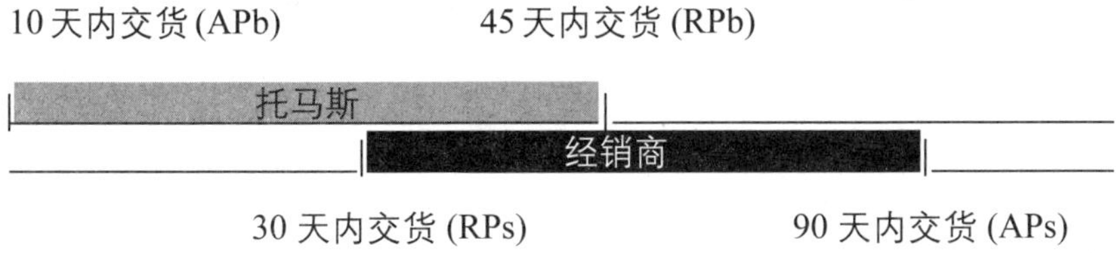

图 4.2　交期谈判区 3

经销商对继续以每天 2 美元的标准衡量交期价值的做法感到满意，然而托马斯现在对交期价值的评估有了变化，他现在认为提前交货是必需的。事实上，为了尽早拿到新轮胎，他愿意为每提前交货一天多支付 10 美元。

谈判双方在交期价值估量上的不对称，改变了价格与交期不同组合的总价值。将经销商对价格和交期进行价值估量的视角作为分析的起点：提前交货的价值淹没了从托马斯的视角来观察的、正在讨论中的价格区间中的可分配价值。表 4.1 是一个“议题—价值”矩阵。请注意，灰色底纹表示托马斯在每项议题上的保留价格，黑色底纹表示经销商在每项议题上的保留价格。

表 4.1　“议题—价值”矩阵

价格			交期		
每只轮胎的价格	买家获利	卖家获利	交付日期	买家获利	卖家获利
75 美元	85	-50	10 天	350	- 40
125 美元	35	0	30 天	150	0
145 美元	15	20	37 天	80	14
160 美元	0	35	45 天	0	30
210 美元	-50	85	90 天	-600	120

在每只轮胎价格为 145 美元、交期为 37 天的情况下，这次交易对托马斯来说价值 95 美元（15+80），对经销商来说价值 34 美元（20+14），总的可分配价值为 129 美元。然而，假如谈判各方利用了对交期价值评估的不对称性，那么，结果可能大不相同，也就是说，创造出的可申明的价值会多得多。

回想一下，为尽快拿到轮胎，托马斯愿意为每提前 1 天交货多支付 10 美元。相反，面对客户提前交货的要求，经销商却只提出每提前 1 天交货加价 2 美元。由于托马斯和经销商在看待交期价值时的差别如此巨大，因此，双方可以达成的最划算交易是将轮胎的高价格与 30 天之内的交期结合起来。当托马斯愿意在价格上做出让步，同时接受经销商做出的提前交货的让步时，双方都会获益。

想一想这次交易的综合价值会受到相互让步怎样的影响。如果托马斯愿意转到他在价格议题上的保留价格，而经销商愿意转到他在交期上的底线，那么，这次交易对托马斯来说价值 150 美元（0+150），对经销商来说价值 35 美元（35+0），综合价值累计达到 185 美元。他们明显地增大了总的可分配价值（从 129 美元增大到 185 美元），而且双方都能从额外增加的价值中申明属于自己的一部分。

然而在这个案例中，经销商获得的价值不如托马斯多。显然，如果经销商意识到了提早交货对托马斯来说有多么重要，状况就会改变。如果经销商加以注意，她说不定会发现交期其实是个综合性议题。不过，托马斯绝不能泄漏自己对交期价值的衡量标准，否则会诱使经销商提出更高的价格要求。回顾我们将谈判议题打包，以实现在保留价格成交的目的，假如托马斯愿意为轮胎向经销商支付 210 美元，那么经销商可能建议在 10 天内交货（买家的渴望价格）；如果双方一致同意轮胎的价格为 210 美元且在 10 天内交货，那么经销商将获利 45 美元（85 − 40），托马斯将获利 300 美元（-50+350）。在这种情况下，综合价值将增加到 345 美元。

所以，只要谈判双方在打破保留价格的交换中获得的利益足够多，即使双方都可能违反了某项单一议题的保留价格，仍然可以达成最划算的交易。由于托马斯非常急于得到轮胎（这一事实体现在他对交期价值的评估中），他可能愿意甚至迫切要求达成这笔交易。毕竟对他来说，即使打破他的保留价格，也能创造总计 300 美元的价值。对经销商来说也是同样的道理。鉴于经销商对轮胎价格的担心，她应当也愿意甚至迫切要求在 10 天之内交货给托马斯，因为这次交易使她获得了 45 美元的综合价值，尽管交期也打破了她的底线。

如这一案例展示的那样，价值创造取决于双方能否发现他们以不同标准衡量的议题，并且运用相关信息将谈判议题打包，以创造更大的利益。这通常不容易做到，但如果能够实现，一方或双方的可申明价值，将比围绕纯粹的分布性议题的谈判大得多。

发掘交易综合潜力的难点在于理解谈判议题以及你和谈判对手的偏好。凭借你对谈判议题以及双方偏好的理解，你可以只同意那些并没有打破综合保留价格的交易，也让能够创造价值的交换成为了可能，还能借此申明更多已经创造的价值。

然而，这里也潜藏着危险。如果经销商发现托马斯有多么看重交期，他将想方设法从托马斯身上榨取更多价值。一旦托马斯表明，每提前 1 天交货可以多支付 10 美元，那么尽管他和经销商可以发现使价值最大化的交易，但那些价值也可能全都被经销商收入囊中。

在谈判中，你不仅能在准备阶段收集信息，谈判本身也充满大量机会让你补充和确认你在准备阶段收集到的信息。在下一小节，我们将向你介绍一些策略和方法，借助这些策略和方法你既能顺利地交换信息，又可以尽最大可能降低信息交换对你申明价值的影响。

信息收集中的挑战

随着谈判创造的总价值越来越大，你也可以申明更多的价值，这似乎是合理的预期，但这种预期一定可以实现吗？

为了在谈判中创造价值，各方必须分享信息，以确定哪些议题是分布性的，哪些是综合性的，哪些是一致性的。而且在综合性议题上，往往可以达成一些反映谈判各方价值差异的交易。然而，分享了不该分享的信息，可能令你在竞争中处于不利地位，因为价值创造并不会改变任何一方的保留价格。因此，如果谈判对手能够从你分享的信息中推断出你的保留价格，那他就有可能申明所有可分配价值（有可能还不只这些）。

从经济学角度看，在创造价值的过程中分享信息，带来了两方面的挑战：首先，将谈判分成价值创造和价值申明两个阶段，有可能限制了你申明价值的能力。一旦双方都知道了总价值，谈判就会变成分布式的零和游戏，申明价值的机会也会受到限制；其次，那些最先意识到双方的衡量标准存在差异的谈判者，将拥有越来越强的能力申明已经创造的价值。现在，为了阐明第一个方面的挑战，让我们来考虑一下“充分披露策略”（Full-disclosure Strategy）的含意。

不加选择地分享信息，是一种可能带来灾难性后果的策略。如果分享行为没有获得对方的回报，那么可以十分确定地讲，即使交易圆满达成，你也只能得到接近你的保留价格的价值。即使双方共享所有信息，也许能创造最大的总价值，但几乎可以肯定的是，你从这些创造的价值中申明的价值不可能超过总价值的一半。也许你不觉得这是个问题，但如果你将更多的重要资源带到了这次交易中，可能最终发觉自己对谈判结果并不满意。

此外，双方都试图从交易中获取超过一半的价值，争吵会频繁发生，一方可能宁愿使谈判陷入僵局，也不愿意失去其对平均分配的价值进行申明的机会。简单地讲，当双方共享所有信息时，谈判留下的唯一任务就是双方为谁该得到哪些利益而争吵。当谈判变得充满敌意时，双方就只会想着尽可能为自己多申明价值。

假设经销商觉察到托马斯对交期的重视程度是自己的 5 倍，她便可以开出“每提前交货 1 天，涨价 9 美元”的条件。从托马斯的角度来看，这一条件依然可以让他每天净赚 1 美元。这一结果打破了他的保留价格，虽然并不是很多，但创造的大部分价值最终落入了经销商的口袋。

并非所有信息在战略上都同等重要。披露有助于双方判定综合性议题的信息，也许是创造价值的必要前提。发现综合性议题的综合潜力，是着眼于战略高度的举措，因为理解对方怎样评估综合性议题的价值，会为己方申明价值创造战略优势。（这一原则将在第 6 章重点阐述。）

如果你确定谈判双方都乐于均分价值并公开分享所有信息，那当然很好。当你和建立了长期关系的合作伙伴谈判时，更有可能出现这种情况，因为研究表明，如果关系对于双方来说都十分重要，那么均分价值在多数情况下都是众望所归。

但如果充分披露策略只是单方面的怎么办？例如，虽然你披露了你这方的所有信息，但谈判对手却谎报了其利益诉求和信息。对手了解了你的信息后，就会为己方在谈判中尽可能获得最大利益而制定策略。结果你能从交易中得到的，也许刚刚达到或稍稍超出你的保留价格。毕竟，谈判对手知道了你所有的信息（包括你的保留价格和替代选择）之后，很可能将你的利益最小化。

最后，由于你没有办法验证谈判对手到底是不是在说真话，充分披露策略让你陷入危险的境地。如果谈判是一次性的，即谈判对手不需要考虑其行为带来的长远后果，你的处境将更为不利。

那么，如果你想申明更多价值，还有哪些选择可以保护你的价值申明能力呢？接下来，我们将向你介绍怎样通过降低与分享信息相关的一般性风险，来保护你的价值申明能力。

如何降低信息交换的风险

在某些情况下，交换信息是相对安全的。例如，当你和朋友谈判时，你们之间现有的关系阻止了一方出于战略优势的考虑在短期内压榨另一方。

然而，即使是对你的朋友，有时候你也可能需要隐瞒信息。也许你担心自己如果制造太多压力会引发冲突，但矛盾的是，你隐瞒的信息可能有望让双方获益。因此，你不会选择那种艰难的谈判，而是更倾向于采用快速而简单的解决方案来避免冲突，即使这一方案明显降低了创造价值的潜力。在这样的场景中，你和谈判对手之间的关系，实际上使得信息分享变得更难。双方对良好关系的共同渴望，通常会导致交易的质量下降。

从我们的角度看，为了维护关系而接受一笔不划算的交易并没有什么错，只要双方都愿意这样做。然而，人们通常只是因为避免冲突而采用这种简单的解决方案，并没有全面评估接下来各自可能失去或得到什么。

正如与朋友及合作伙伴之间很难开展谈判，与陌生人（或者是在一次性交易中）的谈判同样也有它自身的问题。你可能不太了解哪些问题对陌生人重要、有多么重要，谈判之前的准备工作因此变得困难重重。除此之外，你也许不善于领会陌生人在谈判期间表述的信息，而主动分享信息的风险也更大。首先，由于你们之间不太可能有后续接触，谎报信息的成本会大为降低。因此，在解读信息并且用其他证据来评估信息的真实性时，每一方都会变得更加多疑。其次，价值申明也会变得更具争议，因为当双方谈完就各奔东西、不再联系时，表现出的善意可能是无回报的，这里不存在长期的互惠互利。最后，价值创造也将受阻：你和谈判对手更可能希望谈判议题是分布性的，因而会在谈判中采取更具侵略性的策略，如谎报或隐瞒信息，以便维持己方在价值申明时的战略优势。

但不管你是和朋友谈判还是和陌生人谈判，设置较高的期望都是有益的。此外还有另一个必要条件：你得做好解决问题的准备，草拟一些充分利用你和谈判对手之间不对称偏好的建议方案，目的是在不必分享那些可能损害你价值申明能力的信息的前提下创造价值。这要求着重做好前期和中期的信息收集，并谨慎分享信息。

在下一小节，我们将考虑在谈判中收集和分享信息的策略。其中的某些策略有助于更好地保护你的价值申明能力，而另一些则更有利于创造价值。选择什么样的策略来分享信息具有战略意义。策略是否合适，取决于特定的情境、特定的竞争对手以及你的目标。

创造和申明价值的示例

这个案例继续围绕车而展开，但先让托马斯和轮胎经销商休息一会儿。下面这个案例涉及玛格丽特在现实生活中购买新车的情境。乍看之下，玛格丽特和经销商的谈判与托马斯更换轮胎的案例十分相似，都围绕一个单一的分布性议题（价格）展开。然而，玛格丽特着重和经销商围绕价格以外的议题来谈判，可以创造大得多的价值，达成一笔更加划算的交易。

玛格丽特原以为买辆新车很简单，不过是一手交钱一手交货。当然，她也想尽可能压低价格。而经销商则希望尽可能卖出高价。经销商为车辆设定了一个价格（这是他的第一次报价），一方面，如果玛格丽特愿意接受，这次交换就创造了价值，因为玛格丽特之所以接受经销商的第一次报价，说明她一定更看重车子的价值，不太看重钱的价值（对经销商来说则完全相反）；另一方面，如果玛格丽特成功压低了经销商的第一次报价，她便可以想方设法申明更大的价值，而经销商则会损失一部分价值。所有这一切都是通过谈判得来的。这场谈判围绕着一个单一的、纯分布性的议题展开。

然而在这次交换中，只要玛格丽特和经销商愿意在谈判中加入其他议题，特别是包含他们以不同方式估价的综合性议题，那就还有机会创造更大价值。事实上，在发起谈判前，玛格丽特想和经销商探讨几项议题，这些议题有可能增加这笔交易对她的价值。

她想纳入谈判的第一项议题是经销商能不能收购她那辆开了 10 年的 SUV(运动型多用途汽车)。玛格丽特原本可以把这辆车卖给其他人，但她觉得头等重要的是马上把它卖掉。她愿意低价卖给经销商，折合一部分购车款。除此之外，置换掉她的旧车，还可以节省一些新车的销售税，因为新车的最终购买价格（销售税就是根据它来评估的）将由于旧车的置换而降低。

玛格丽特作了一些调查，相信自己如果足够幸运，能以 7 500 美元的价格把旧车卖给其他人。但经销商只愿意出价 5 000 美元。从玛格丽特的角度看，把她的旧 SUV 卖给经销商，可以给她带来方便，这种方便创造的价值，有可能比她自己去二手市场卖掉 SUV 所得到的价值多出 2 500 美元。了解到这一点，我们可以计算出，对于经销商置换旧车时所报出的价格，玛格丽特觉得每 1 美元至少价值 1.5 美元。那额外的 0.5 美元，代表着自己去卖车这件麻烦事所付出的成本，以及她可能必须支付的销售税。

第二个能够创造价值的问题是与汽车日常维护成本相关的不对称价值。日常维护对于玛格丽特的价值，超过它对经销商的成本。因此，玛格丽特愿意支付更高的价格来延长维护保养期。

幸运的是，经销商也有一个类似的问题，他比玛格丽特更加看重的是由汽车制造商发起、客户填写的满意度调查问卷，经销商希望得分越高越好。因此，他同意延长新车的维护期，而玛格丽特则同意在满意度调查问卷上给经销商尽可能打出最高分。这笔购车交易的价值首先是通过销售业务本身创造的，但以旧换新、延长维护期，以及满意度调查问卷上的分数，都成了创造额外价值的渠道。

到目前为止，我们一直聚焦于两种相互关联的创造价值的机制，一种是在你和谈判对手以不同方式估价的议题之间进行交换，或者是采用“滚木法”并且增加问题，使得双方更容易找到增加价值的渠道。

在这一章的最后一个小节，我们将着重探讨另一种创造价值的好办法：后效契约（Contingency Contracting）。

后效契约：利用差别创造价值

在某些谈判中，谈判结果的真正价值只能在将来的某一时刻才为人所知。设想一位高管正围绕个人福利待遇谈判，在福利待遇之中还包含股票期权；或者电视制片人拿到的报酬要根据节目的收视率进行评估。对于这两种情形中的每一种，谈判结果的实际价值都不可能在达成协议时确定下来。最终价值可能取决于一系列因素，比如双方的契约怎样为未来创造激励条件，以及每一方对未来结果的不同认识。

对于那些难以估量的问题，最合适的方法是将它们纳入后效契约。把后效契约想象成打赌。高管赌的是公司股票会升值，因为公司的效益很好；而电视制片人赌的是制作精良的节目将收获高收视率。

后效契约很难设计，而且通常出现在谈判末期，往往作为避免陷入僵局的最后努力。为了观察后效契约的挑战和潜在效益，让我们分析一份后效契约如何为托马斯在建造新房子时节约了大笔资金。

案例分析

如何分配尚不明确的价值

托马斯和许多在芝加哥北海岸地区有着卓越声誉的建筑师进行了会谈。他和妻子弗兰齐斯卡（Franziska）经过深思熟虑后选择了其中一位建筑师。那位建筑师用 8 个月左右的时间为托马斯夫妇设计了他理想中的新住宅。双方约定设计完成后再谈价格。只有当托马斯夫妇都对设计方案相对满意时，建筑师再报出住宅的建造价格。

正当托马斯夫妇与建筑师谈判时，情况发生了变化。从建筑师报出第一个价格开始到双方启动谈判的那段时间，美国经济出现萎缩，大多数建材的价格大幅度下降。你可能想到了，托马斯希望能从建材价格的下降中获益。建筑师所在的欧安地（OAD）公司的法定代表人罗德坚持认为，分包商由于建材价格下降而获得的任何收益，都属欧安地公司所有。有趣的是，欧安地公司并不打算消化分包商由于建材成本上升而造成的损失。

托马斯觉得，节约下来的潜在成本也许数额十分巨大。最初的价格是在 2008 年年初由欧安地公司报出的，那时的经济环境与 2009 年年末的经济环境有着天壤之别。双方展开了激烈的争论，最后，由于双方都开始严肃考虑取消整个项目，谈判陷入了僵局。

一天晚上，双方在经过一整天艰苦的谈判后，罗德在离开时给托马斯留下了这样一句话："我无法相信，你会由于不到 3 000 美元的价格争议而退出这场谈判。"托马斯感到非常震惊，原因有二：其一，他已经计算过，潜在的利润比罗德提出的"不到 3 000 美元"大得多；其二，如果他本人仅仅因为 3 000 美元而退出谈判，那么罗德以及欧安地公司同样也只为了这笔小钱而退出。就其本身而言，托马斯确定，建材价格下降带来的实际利润一定大于 3 000 美元，否则罗德的行为没有任何道理。

第二天早晨，托马斯再次和罗德联系，提出了如下建议：欧安地公司可以首先从节约的成本中扣除 3 000 美元，剩下的节余，由双方按照 1∶3 的比例进行分割，欧安地公司得到 25%，托马斯得到 75%。托马斯知道，如果罗德准确地说出了他对节约成本的真实估值，那么这个建议方案对欧安地公司会很有吸引力，因为他们将获得全部的潜在节约成本 3 000 美元。

但如果潜在节约成本大大超出3 000美元（托马斯正是这么怀疑的），那么这个建议方案对罗德来说吸引力将大大降低。双方又经过了多轮谈判，包括与公司负责人的谈判，最终达成了一致。双方将后效契约修改为：欧安地公司首先从成本节约数额中扣除3 000美元，剩下的节余由托马斯和欧安地公司均分。因此，似乎在罗德看来，这3 000美元是达成协议真正且重要的障碍。

托马斯原本就打算将欧安地在利润分配中的份额从25%增加到50%，但这样做并不只是因为他是个慷慨的人。相反，他希望欧安地公司尽可能降低成本。他一直担心，如果按1∶3的比例来分割，就没有给欧安地公司提供足够的激励去要求分包商降低成本，因此他最后做出了让步，按照欧安地公司满意的1∶1的比例分割利润。欧安地公司随后开始了施工。

如这个案例展示的那样，当谈判双方对未来利益的期望没有达成一致时，或者当他们对风险预测或时间期限产生分歧时，正是后效契约发挥作用的时候。分歧致使双方以不同的方式评估这些因素，因此创造了更多价值。不过要记住，后效契约体现了双方对未来结果所下的不同的赌注，他们不可能同时赌对。因为，交易中的至少一方（甚至可能双方）预料的结果，最终可能与实际结果大相径庭。

在确定是否应商定后效契约时，至少要考虑三个标准：

第一，后效契约应当是有关系保障的。后效契约要求双方建立持续的关系，要求双方能够履行最终的结算。

第二，后效契约应当是透明的。想一想，如果你的报酬是根据公司的利润或销售额而定，两者在透明度上有什么差别？销售额是一个比利润透明得多的标准，因为要确定交易何时达成很容易，而要确定何时获利则很难。除此之外，在计算利润时，公司有相当大的回旋余地来确定哪些支出应当从销售收入中扣除。我们经常听说好莱坞一些成功的公司从来没有实现过盈利。这些话都是由影星和赞助商说出来的，因为他们达成的后效契约，会在达到某一“利润率”时马上生效。

第三，后效契约必须是可强制执行的。前两个标准的重要部分是要求双方能够确保投下的赌注可以实现。信用卡公司对高风险客户收取利息的做法就是一种后效契约。银行借钱给你，让你可以去购买各种商品和服务。作为交换，他们希望你能在约定的还款日还清欠款，而且还要支付利息。银行根据对契约的可执行风险的评估，来确定信用卡客户的借款利率。你有办法偿还借款吗？如果没有按时偿还，你是打算赶快还清还是宁愿当被告？

如果没有达到以上三条标准，那么你最好坚持采用更标准的、能够确保成功的方式在谈判中创造价值。

第4章 小 结 SUMMARY

创造价值是谈判的一个重要方面，而且与申明价值密切相关。简单地讲，创造价值使我们可以申明价值，也就是说，在谈判中得到更多我们想要的东西。创造价值有两种形式：一种是通过交换本身来创造，另一种是通过双方在估价时可能存在差异的多项议题的综合潜力来创造。

在考虑创造价值的机会时，要记住：

- 创造价值为申明价值服务，真正重要的是你可以从谈判中申明多少价值。
- 在谈判中创造更多价值，也就更容易申明更多价值。
- 在围绕你和谈判对手以不同方式估价的多项议题而谈判时，找出那些可以增大谈判潜在价值的议题。
- 在交易的综合层面上或者将谈判问题打包后设定你的保留价格，而不是逐个设定保留价格，有助于你和谈判对手达成潜在交易，提高你们创造价值的能力。
- 找到你们以不同标准衡量的议题，以及你们的衡量标准，可以为创造价值提供重要的依据，机会永远存在于你和谈判对手之间。
- 当你和谈判对手对未来的事件、风险或时间有着不同的期望，进而威胁到能否达成交易时，考虑后效契约的可能性，在后效契约中，双方就各自坚信的结果投下赌注。

在考虑后效契约时，必须有三个前提条件：双方之间存在持续的关系，交易透明，以及契约是可强制执行的。

在前面4章中，我们探讨了谈判的基本结构。在下一章，我们将带你走一遍谈判的策划与准备流程，着重探讨如何辨别什么是你想要的，而且同样重要的是，评估谈判对手想要什么。你在策划和准备期间收集到的信息，对谈判的成功至关重要，因为在谈判中，你不了解的东西，真的会给你造成伤害。

第5章

为什么你不了解的东西可能真正伤害你？

谈判的策划与准备

到现在为止，我希望我们已经让你理解，任何一场谈判的目标都是谈成划算的交易。然而，虽然理解了构成划算交易的要素对谈判而言极其重要，但谈判者通常搞不清楚他们应当努力达到什么目标，也弄不懂哪些谈判问题将让他们获得利益或承受损失。只有经过精心策划，他们才能对谈判的这些关键方面产生清晰的认识，赢得获取更大利益的机会。在策划和准备阶段，首先要辨别谈判的目标，准确地讲，就是你在哪些方面想得到更多。在本章中，我们将概括策划谈判的系统性步骤，从而增大你谈成划算交易的机会。

策划过程分为三个阶段：

1. 了解你想要什么；
2. 了解谈判对手想要什么；
3. 根据你对自己和谈判对手的了解制定策略。

第一阶段的焦点是辨别你的谈判目标、谈判议题、个人偏好，以及你的保留价格和渴望价格，进而画出你的“议题—价值”矩阵，或者列出各种解决方案，并确定各方案对你而言的相对价值。

第二个阶段的焦点转向谈判对手的目标、偏好、保留价格和渴望价格，以便画出谈判对手的“议题—价值”矩阵。显然，这个阶段的任务比第一阶段难得多，而且毫无疑问，你不可能准确评估谈判对手各方面的情况。因此，除了在谈判之前做好充分的准备，随着谈判的展开，你还有更多的机会来补充和核实你的准备信息。

第三阶段将你和谈判对手的“议题—价值”矩阵结合起来，制定你的谈判策略。谈判策略包括你用什么方法收集谈判对手的更多信息。你将能更好地评估替代选择，提出更有创意的建议方案，并且更好地确定是接受谈判对手的建议还是退出谈判。

你也许想跳过第一阶段，因为它是显而易见的，甚至是微不足道的，毕竟如果你都不知道自己想要些什么，为什么要发起谈判呢？先别急，我们的经验表明，许多谈判者往往在没有真正了解自己的目标时，就盲目开始了谈判。而且，知道你自己想要什么，比表面上看起来难得多。此外，即使是经验丰富的谈判专家，也有可能在激烈的谈判进程中忘记或者改变他们的目标。

由于谈判具有竞争的本质，因此谈判者常常将他们的目标从“实现自己的目的”转变成“战胜对方”。我们通常进行的“竞争性广告”（Competitive Advertising）练习，就是这种趋势的最好证明。

我们将学生分成几个团队，既采用口头的方式，又采用书面的方式告诉他们，这次实验的目的是为各自的团队尽可能赚到更多的钱。在 10 轮比赛的每一轮，团队必须同时决定究竟是合作（不做广告）还是背叛（做广告）。当两个团队都不做广告时，得到的结果是相对最好的；当双方都做广告时，得到的结果极差；当有些团队决定不做广告而另一些团队决定做广告时，结果甚至更差。经过 3 轮比赛，我们允许各团队谈判一次；在第 7 轮比赛结束之后，可以再次谈判。直到 10 轮比赛全部结束，对总利润和总亏损进行统计。

在这次实验中，学生们遇到了一个典型的“囚徒困境”（Prisoner's Dilemma）：即使两个人合作能够获得更好的结果，但双方都有暗中迫害对手的动机。不难想象，在这种困境之下，大多数团队都在“竞争性广告”的比赛中亏损了。当有些团队得知最终结果后，他们马上指出，尽管自己确实亏损了，但总归比对手少亏了一些。

案例分析

囚徒困境

梅里尔·弗拉德（Merrill Flood）和梅尔文·德雷希尔（Melvin Dresher）在 1950 年提出了这一策略的框架，后来由艾伯特·塔克（Albert W. Tucker）以囚徒方式阐述，“囚徒困境”因此得名。

“囚徒困境”的具体内容为：两名嫌疑犯（汤姆和杰瑞）被捕了。警察并没有足够的证据给他们定罪，于是将汤姆和杰瑞关进不同的审讯室，并向他们提出相同的交易条件。假如汤姆指证杰瑞，而杰瑞保持沉默，那么汤姆将获得自由，而被指证后保持沉默的杰瑞将被判入狱 10 年；如果二人都保持沉默，他们都会被判入狱半年；如果汤姆和杰瑞互相指证，他们都会被判入狱 5 年。

在审讯结束前，二人都十分确定对方不知道自己指证了他。那么问题来了：汤姆和杰瑞应当怎么办？

假设汤姆和杰瑞都只关心如何使自己的刑期最短。虽然两人同时保持沉默时双方同时获得的利益最大（都只入狱半年），但如果他们中的一人知道另一人会保持沉默，那么和警察合作

（指证对方）获得的利益将最大（重获自由，从而避免了当两人都保持沉默时入狱半年的刑罚）。但如果一人假定另一人也将与警察合作指证自己，那么他也有更大的动机去和警察合作指证对方，以避免长达 10 年的刑期。

结果，两名嫌疑犯都有可能和警察合作，从而入狱 5 年，而不是都保持沉默，接受半年的刑期。这样一来，与警察合作将成为一种主导策略，汤姆和杰瑞必定都会假设对方会和警察合作，指证自己。

在“竞争性广告”练习中，如果你偶尔听到了两个团队内部的谈话，也许会发现，大多数团队迅速将他们的目标从“尽可能为团队多赚钱”转移到了“战胜其他团队”上。不仅如此，大部分团队通过损失而非赚取利益来战胜对手。结果，由于谈判者已经将目标从“做好自己的事”转变成“战胜对手”，双方的利益都受到了损害。

通过以上案例得出了本章的一条主要经验：如果在谈判中忽略了你的目标，可能对你甚至对谈判对手都造成极大伤害。好消息是，只要精心策划谈判，你就可以在谈判中始终保持清醒的头脑，聚焦于你的目标。要想不被当前的谈判所干扰，估算并且坚守你的保留价格、替代选择以及渴望价格，是一件很有挑战的事。如果没有这些明确的参数，你会为谈判对手所摆布，这不但会增大你遭受损失的可能性，甚至还可能让交易结果糟糕透顶，你会后悔开启谈判。

第一阶段：画出你的“议题—价值”矩阵

策划过程的第一个阶段，也就是评估你的谈判目标的阶段，包含 6 个环节：

1．确定你想在谈判中达成什么目标

你为什么谈判？你在这种交互中想达到什么目的？在这个阶段，要着眼于更高级的目标，而不是盯着特定的问题。

为了阐述谈判的准确过程，假设你想在汽车市场买一辆新车。你的目标是以你可承受的最高价买一辆高端、大气的汽车。因此，你谈判的动机是申明价值，这种价值以"高端大气"为形式，但要以尽可能低的价格成交，而且要在你的预算之内。

在确定总体目标时，你也暗暗地排除了一些目标。例如，当你买新车时，你的目标不应该是"让经销商高兴"或者"与经销商建立长期关系"。在谈判中找到你看重的东西十分关键。

2．将你的总体目标分解为多项议题

一旦你确定了总体目标，就可以列举出它的各种属性，即将总体目标分解为多项议题。如我们在第 4 章中发现的那样，谈判议题越多，创造价值的机会就越大。

那么，哪些议题有助于你实现总体目标？你应该对这些议题持怎样的立场？对于将哪些议题包含在谈判中，需要你充分发挥自己的创造力并运用开放性思维。由于你的总目标是买一辆"高端大气"的新车，那么哪些属性会体现出一辆车是"高端大气"的呢？一旦确定了车型与品牌，接下来可能涉及的议题便是价格、交期、保修期、颜色、音箱组件以及车贷条款等。我们着重考虑一些与成本有关系的议题：价格和车贷条款，以及决定新车是否"高端大气"的议题：颜色和音响组件。

3．根据各项议题在总体目标中的重要性，对其进行排序

一旦你确定了目标以及随之而来的议题，接下来就要根据各项议

题对目标的相对贡献进行排序。这样做的目的是要确定你的“权衡值”(Trade-off Value)，以便最大限度地实现你的总体目的。确定各议题间的相对权衡值，也就突出了这些议题的替代选择，因而提高了达成共识的概率。

由于这是一项艰难的任务，我们建议你首先搞清楚单个议题的相对重要性。你可以思考每一项议题，并根据其对总体目标的相对贡献值进行重要性排序。

打个比方，在选购经济型轿车时，排量的大小可能比车漆是金属漆还是普通漆更重要。又或者你觉得车子的成本和配置几乎同样重要。而在考虑各项成本因素时，你又觉得价格比车贷条款重要得多。此外，在车辆的配置上，你觉得车子音响的质量比颜色重要两倍。我们在这里只是列举了一部分相对排名，实际上你考虑的远不止这些。

为了量化这些相对排名，你需要让某项议题能够与另一项议题进行比较，而最好的办法就是制订一个衡量标准。比方说，你决定采用百分制的衡量标准，你将 46 分分配给成本，54 分分配给配置。在分配给成本的 46 分中，你认为价值占 40 分，车贷条款占 6 分；而在分配给配置的 54 分中，你觉得音响占 36 分，颜色占 18 分。这种方法最终有助于你构建一个“议题—价值”矩阵，该矩阵将帮助你权衡各项议题。

4．为每项议题找到解决方案

虽然不同的解决方案可能在吸引力方面各不相同，但针对一项议题或许有多种解决方案。例如，在雇佣合同中，当你正在围绕附加福利谈判时，也许可以考虑五种不同的医疗保健计划、三种不同的奖金计划，它们包含不同数量的现金工资和股票期权。这是你发挥创造力的时候，因为这些解决方案的分数，将帮助你制订建议方案。

回到购车的案例，假设汽车经销商的建议售价为 45 799 美元，如果能以 37 500 的价格成交，你会格外兴奋。在车贷条款方面，你会考虑 8%、6% 和 2% 的利率。对于音响的构成，你考虑单 CD、6CD 播放器、高级音响，以及顶级音响，而你在颜色上的偏好是白色（最不期望）、红色以及银色（最期望）。

5. 为每项议题分配相对价值

一旦你为每项议题都找到了一个或多个解决方案，接下来就要从总分数中给每个方案分配一些分数，好比你在第 3 个环节中所做的那样。你给每个方案分配的分值，将直接反映那一方案对于总体目标的重要程度。虽然你也可以简单地依赖"多多益善"的经验法则，但如果你深入思考自己更喜欢什么，也许会发现，光靠这种经验法则是不够的。理解了你的偏好将随着你深入思考解决方案而改变，可以使你更深入地洞察你到底想在那项议题上得到多少利益。

在我们的购车案例中，你确定了如下的分值分配方案：

价格：47 499 美元（建议零售价）相当于 0 分，每下降 1 000 美元加 4 分，37 500 美元成交相当于 40 分；

车贷利率：8% 相当于 0 分，每下降 2% 加 2 分；

音响：单 CD 相当于 0 分，6CD 播放器相当于 12 分，高级音响相当于 24 分，顶级音响相当于 36 分；

颜色：白色相当于 0 分，红色相当于 9 分，银色相当于 18 分。

6. 确定你的总体保留价格和渴望价格

现在转到具体细节。你可以借助"议题—价值"矩阵为所有议题设置保留价格。如我们在第 3 章中讨论的那样，将问题打包之后设定保留价格，可以使你更加灵活且更富创造性地组合那些符合你根本利益的议题。由于你已经评估了每项议题的多个选项，现在你可以在综合层面上设置一个精确的渴望价格和保留价格。除此之外，你可以运用自己对谈判议题的深入理解来评估替代选择。然后直接对比谈判对手可能提出的建议方案与你的替代选择的价值。

回到购车案例，首先通过考虑替代选择来确定你的保留价格，例如万一谈判不成功，你还是开着你现在的车。你已经确定了这一替代选择相当于 30 分，但那并不是全部。你做出合理的假设，如果你在两家经销商中选择（把时间的价值考虑进来），你有可能拿到 50 分。在这个案例中，你这次谈判的保留价格相当于 50 分。

接下来设定你的期望结果。一种可能是期望拿到 100 分。但那意味着你必须在每项议题上都获取最大价值。不过对你来说，要拿到 100 分意味着你的谈判对手必须在每项议题上都做出让步，这基本上相当于对方在这次交易中的保留价格。尽管这一期望结果也有可能实现，但即使按照托马斯这样的谈判专家的标准，它显然也过度乐观了。

第二阶段：从谈判对手的视角分析

现在，你已经分析了你在这次谈判中的目标和参数，要从谈判对手的视角再进行一次分析。你可以回顾你刚刚经历的 6 个环节，这一次从谈判对手的视角再思考一遍。和从你自己的视角分析相比，从谈判对手的视角来分析，你能获得的每个环节的信息都会有一些“空白”。把这些“空白”记下来，在谈判的推进过程中逐个把它们填满。

1．谈判对手想在这次谈判中达成什么目标？

从谈判对手的角度考虑这场谈判，并且在你从他们的视角分析时，填补尽可能多的空白。为什么他们和你谈判？在你的每个目标中，谈判对手和你在哪些方面是一致的？你对谈判对手的偏好了解得越多，也就越能充分利用谈判中存在的创造价值的机会来草拟你的建议方案。通常情况下，由于你获得的信息不完整或者数量有限，你几乎不可能直接洞悉谈判对手真正看重什么，但在这个环节，要尽自己最大的努力去做，而且像上面描述的那样，试着记下你对谈判对手的哪些方面并不了解。

此外，在你个人的朋友圈子中搜索一番，看看你是否认识什么人，他们可能对某位谈判对手的想法有着深刻洞察，或者曾和你的这位谈判对手有过谈判经历，抑或是他们很相似。在你尝试着站在谈判对手的思维视角时，那些人的洞察可能对你格外有帮助。

2. 谈判对手可能提出哪些议题？

创造性地思考谈判对手可能希望在谈判中提出的议题。它们也许和你在第一阶段列出的议题完全相同，但也可能有一些差别，你要思考其中的差别可能是什么。在考虑谈判对手的目标与期望时，想想这些目标和期望可能引发你哪方面的担心，或者带来哪些机遇。特别要注意那些没有出现在你的列表中的议题。了解这些议题，将使你在谈判中拥有战略优势，因为你可以在不产生任何成本的前提下让步。此外，思考如何将复杂的议题分解成简单议题，也许有助于你想出将不同议题整合到一起的办法。

尽管你很可能无法获得足够的信息来了解谈判对手如何衡量这些议题的价值，但从谈判对手的视角看待这些议题，并且给不同的解决方案打分，一定对你构思谈判策略有着非常积极的影响。在购车案例中，经销商面临两个类别的议题：利润率（包括价格和车贷）以及客户满意度。

在这种情况下，客户满意度可能根据汽车的诸多不同属性以及客户的体验来衡量。我们在这里只假设决定客户满意度的两个最重要因素是音响系统以及汽车颜色。

3．从谈判对手的角度分析，这些议题的相对重要性如何？

哪些议题可能对你的谈判对手更重要，哪些不太重要？在评估谈判对手想要什么时，重要的是意识到，如果谈判对手和你在更多的方面不同，那他们就更有可能采用和你不同的方式来评估议题。这种差别可能反映了你们在文化、经历、专长或者背景等方面的差异，但你们之间的差别越大，通过谈判创造价值的潜力也越大。

在思考你和谈判对手之间的差别时，要提防自己的无意识偏见，即更倾向于认为那些差别可能标志着谈判的不对称性（这是创造价值的必备要素）。当感觉谈判对手和你更相似时，你会认为他们的利益也就是你的利益的写照。你觉得重要的，他们也将觉得重要。你希望得到更多的，他们也希望得到更多。

这些基本假设导致人们顽固地认为谈判必定是敌对的，这种现象被称为错误共识效应（False Consensus Effect），也就是说，人们以为自己的偏好和主张与大多数人不谋而合。在谈判的背景下，你会误以为你和谈判对手要想在某项议题上实现各自期望的结果，必定产生争执。例如，如果工资收入对你来说是最重要的议题，那么它一定也是你未来的老板最看重的议题，而且，老板可以为你提供的报酬一定有一个上限。

当你和谈判对手的想法由于种族、文化背景、专业或经验的不同而存在明显差异时，谈判的可预测性也会随之降低，而且可以激励你更加细致和系统地搜寻信息。与此同时，你和谈判对手在衡量标准方面的差异越大，在谈判中创造价值的潜力也越大。因此，虽然双方的差异可能使得有些谈判变得更加复杂，但也可能给双方带来更大利益。

不过，由于这些差异改变了你在评估谈判对手的偏好时的可靠程度，所以在和那些与你有差别的、你很少与之谈判的对手谈判时，你应当搜寻更多的信息。

研究人员发现，有些人期望面对和自己不同的谈判对手，而有些人更愿意面对和自己相似的谈判对手，前者往往会比后者制订更加详尽的谈判计划，也会掌握更多的信息。谈判对手和你越是不同，你就越有动力去策划和准备谈判。你更有可能努力寻找有关谈判议题的信息，而这种为信息搜寻额外付出的努力可以提高你在谈判中的说服力，使得对方的偏好和你保持一致。所以，对差异的感知加大了你的信息搜寻力度，同时令你更加精心地准备论据，改变了你的谈判策划过程。

你对谈判将如何展开越是不确定，似乎就越能利用宝贵的时间来进行一项艰难的工作：创建“议题—价值”矩阵。推想哪些议题具有综合潜力，以及哪些是一致性或分布性议题，需要将自己的偏好与谈判对手进行对比。坦然接受并且准确预测谈判对手在衡量议题价值时的差异，更有利于你评估每项议题的类别（综合性、分布性或一致性）。除此之外，在矩阵中写下你认为谈判对手希望得到什么，还可以提供一个有益的模板，以便你在交换意见的过程中验证你的评估。

在我们提到的购买“高端大气”的汽车的案例中，如果你去验证自己的评估，便会发现经销商在利润和客户满意度这两项议题中更看重前者。再进一步，在利润的议题上，经销商更看重的是价格而不是车贷条款；而在客户满意度的议题上，经销商更愿意在颜色上做出让步，因为从他的角度来看，这比起提供顶级音响系统更划算。

4．怎样评估谈判对手的各项参数？

现在，使用你在前三步中收集到的信息，你应当可以根据各项议题在谈判对手眼中的相对重要性进行排序了。接下来，设法推算谈判对手的保留价格、渴望价格以及这些议题的相对价值。在很多例子中，特别是假如你第一次和对方谈判，除了能对议题的重要性进行排序之外，你将难以确定对方的其他参数。我们将在下一小节探讨这个问题。

尽管如此，经过细致的观察（例如通过你的社交关系和商业圈子），你也许找到了关于谈判对手的一些有用的信息。你还可以将自己对谈判对手的了解，与那些具有同样特征的其他人可能会做些什么联系起来。例如，曾就谈判这一主题写过书的人，更有可能进行谈判，而且很可能在谈判时有着更高的期望；或者正如研究表明的那样，女性的期望值往往比男性低一些，因此谈判中的期望结果也可能因性别的不同而不同。

现在，让我们把这些应用到购买“高端大气”的汽车谈判中去。根据你对汽车经销商以及其他销售人员的了解，在 100 分中，你预计经销商可能给利润分配 70 分，其中的 40 分分配给价格，30 分分配给车贷条款；给客户满意度分配 20 分，其中的 8 分分配给车子的颜色，12 分分配给音响。你将经销商的可选方案评估为——

利润

价格：37 500 美元（内部折扣）相当于 0 分，47 499（建议零售价）相当于 40 分。

车贷条款：8% 的利率相当于 30 分，6% 的利率相当于 20 分，4% 的利率相当于 10 分，2% 的利率相当于 0 分。

客户满意度

音响系统：单 CD 播放器相当于 12 分，6CD 播放器相当于 8 分，高级音响相当于 4 分，顶级音响相当于 0 分。

颜色：白色相当于 0 分，红色相当于 9 分，银色相当于 18 分。

5．这足够了吗？

谈判对手有没有还在考虑其他结果？随着你获得更多关于谈判对手的信息，你可以运用那些信息来重新衡量可选的解决方案。

第三阶段：制定你的谈判策略

在分析完了你和谈判对手的目标之后，就可以着手制定谈判策略了。但首先应考虑以下四个问题：

1．你遗漏了哪些信息？

制定一套信息收集策略——也就是说，确定一种在谈判期间获取更多关于谈判对手信息的方式。这将有利于填补你对谈判对手的认知空白。根据第二阶段确定的事项，你也许要重点关注：

- 站在谈判对手的角度发现的议题是否恰当？
- 站在谈判对手的角度对议题的认知是否准确？
- 根据他们的言行，你应当怎样更新最初对他们的保留价格以及替代选择的评估？

通常情况下，谈判对手乐于分享信息的原因可能与他们认为这些信息在战略上有多么宝贵有关。他们也许愿意分享己方希望讨论的议题，但不太愿意对其重要性进行排序，而且最不愿意透露自己的保留价格和渴望价格。

我们发现，一种有效的策略是在谈判之初便和对方进行一番探讨，内容包括你们双方试图达到什么目的、对各方来说什么是重要的、可能面临什么问题，甚至谈判可能的结果或者解决方案是什么。但要了解的是，尽管这样的探讨使你能在“议题—价值”矩阵中补充更多关于谈判对手的信息（并且确认一些你已经了解到的信息），但也会把有关你的信息透露给对方。因此，首先要探讨一些普遍性议题并寻求对方的回应，也就是说，考虑你的谈判对手是否抱有合作态度并且可以信任。将对方的回答与你已经掌握的事实进行对比，看看他们有没有对你说实话。

你不可能获得你想要的所有信息。显然，你很想知道谈判对手希望讨论的议题、可能提出的解决方案以及他们的保留价格。当然，如果你多多少少了解了谈判对手的保留价格，也是非常有益的。在那个价格（条件）上，对方如果发现谈判不成功，很可能选择退出谈判并接受最好的替代选择。虽然谈判对手应该不愿意透露他们的保留价格，但也许愿意公开探讨他们的替代选择。了解了对方的替代选择，你也可以开始估算他们的保留价格。例如，在买车的例子中，经销商也许问你有多么喜欢现在的车、还考虑过哪些别的经销商、希望多快地完成购车流程并拿到车钥匙、还在考虑买哪些其他的车型等。所有这些问题，使得经销商可以推断你的替代选择，估算你的保留价格。

相应地，你也可以获取关于经销商的一些信息，例如你考虑的那款车的成本是多少、交期是多少天，以及那款车的平均售价是多少。这也可以为你估算经销商的保留价格和渴望价格提供信息。

最后，你还可以从谈判对手的行为中推算他的保留价格。有研究表明，手里握有更优质替代选择的谈判者，在提要求时比那些手握不太好的替代选择的谈判者更具侵略性。谈判对手提出的苛刻要求，有助于你衡量他们的替代选择的价值，并且重点关注他们的保留价格。

2. 哪些议题可能是分布性的、综合性的以及一致性的?

使用从策划谈判的前两个步骤中获取的信息（涉及谈判议题、可选方案以及双方对议题和可选方案的重要性排名)，你应当可以确定谈判议题究竟是一致性的（双方在这些问题上不存在分歧）、分布性的（双方同样看重它们，却有着完全相反的诉求）还是综合性的（双方有着完全相反的诉求，但对它们的重视程度不同）。这种评估乍看起来似乎相对简明直接。

你唯一能做的，是将你对每项议题价值的估算与谈判对手在同样问题上的估算进行对比。这是一个挑战，因为你需要有关谈判对手偏好的信息，而你对这些信息掌握得并不全面。

你可以根据你对议题重要性的判断对其进行排序，也可以根据谈判对手的判断进行排序。对比这两种排序方法，谈判对手在哪些问题上并没有产生和你同样强烈的感受？你们之间的差异越大，通过将不匹配的问题结合起来有可能实现的潜在价值也越大。也就是说，如果谈判对手在他们不太看重的议题上做出让步，你则可以在你不太看重的另一项议题上同样做出让步。例如，如果你认为最重要的问题是工资，但谈判对手十分看重股票期权和奖金，那么，提出一个使你们双方都可以得到更多各自看重的东西的建议方案，可以创造的价值比简单的折中策略更大。

另一方面，如果你和谈判对手同时认为某项议题十分重要，特别是那项议题的价值可以量化时，它很可能是一项分布性议题。一致性议题可能体现了双方的共同利益，而综合性议题则反映了双方在认定某些特定问题的重要性上存在差异。表 5.1 是购车案例的“议题—价值”矩阵。

对比买家和经销商给不同议题分配的分数你会发现，每抬高一档价格，买家可申明的价值会稳定地减少 10 分，同时，经销商可申明的价值则稳定地增加 10 分。因此，价格是个分布性议题，因为买家和经销商同等看重它，同时有着完全相反的诉求。

表 5.1　购车案例的“议题—价值”矩阵

	对买家而言的重要性得分	对经销商而言的重要性得分
价格（美元）（分布性议题）		
37 500	40	0
40 500	30	10
42 500	20	20
44 500	10	30
47 499	0	40
车贷条款（利率）（综合性议题）		
8%	0	30
6%	2	20
4%	4	10
2%	6	0
音响（综合性议题）		
单 CD	0	12
6CD 播放器	12	8
高级	24	4
顶级	36	0
颜色（一致性议题）		
白色	0	0
红色	9	9
银色	18	18

接下来考虑车贷条款。利率每降低 2%，买家可申明的价值将稳定地增加 2 分。因此，买家如果在车贷利率上让步，就会减少可申明的价值，孤立地看，车贷条款本身可作为分布性议题，但要将车贷条款与价格结合起来。我们首先选取一个中间值：对比 42 500 美元的最终价值以及 4% 的车贷利率。这次交易对买家来说价值 24 分（20+4），对经销商来说价值 30 分（20+10）。如果经销商以额外降价 1 000 美元为条件，要求将车贷利率由 4% 提高到 8%，那么，买家的净获益将是 6 分（10 － 4），而经销商的净获益为 20 分（-10+30），这样一来，经

销商和买家申明的价值净增长 26 分。所以，当谈判双方将综合性议题与分布性议题结合起来时，就可以增加双方可申明的价值。

接下来考虑音响的选择——这也是一个综合性议题。虽然买家更喜欢顶级音响，而经销商希望只给车子配备单 CD 播放器，但这些“相反的”偏好在强度上并不相等：经销商每让步一次，将付出 4 分的代价，但买家可以获得 12 分的利益。因此，现在考虑将两个综合性议题结合起来（与我们在上一段落中讨论的将综合性议题与分布性议题结合起来的情况完全相反），将 4% 的车贷利率与 6CD 播放器的选项结合起来，这次交易对买家来说价值 16 分（4+12），对经销商来说价值 18 分（10+8）。现在，假如经销商在音响的配置上做出让步，而买家在车贷条款上做出让步，如果双方一致同意选择顶级音响和利率为 8% 的车贷，那么，这次交易对买家来说价值 36 分（净增加 20 分），对经销商来说价值 30 分(净增加 12 分)。所以,双方的总得分提高了 32 分,都获得了更大利益。

最后是颜色。你可以从矩阵中看到，和其他颜色相比，买家和经销商都更倾向于选择银色。因此，颜色是个一致性议题：在这项议题上双方并无争议，因为一方面买家真的喜欢银色汽车，另一方面，经销商的库存中银色汽车也很多。

思考一下处理一致性议题的两种策略。首先，假设经销商最先认识到这是一项一致性议题，他可能讲出这一事实，他和买家最终会选定银色汽车，而双方可以获得 18 分的价值；其次，更有可能的是，经销商决定讲究策略地处理：他起初向买家推荐白色汽车，然后告诉买家库存中尚有银色存货，但比白色汽车更贵（例如将售价从 42 500 美元抬高到 44 500 美元）。买家可能同意这笔交易，在颜色这项议题上获得 18 分，但在价格上损失 10 分，获得的净利益为 8 分；而经销商可以获得 28 分的利益，即在颜色议题上获得 18 分，在价格议题上获得额外 10 分。

3．你的计划还有哪些缺陷？

你希望在谈判期间了解哪些信息？因为没有哪种策划过程可以做到百分百准确或完整，你得辨别那些在你的计划中最不确定的信息，也就是那些仍然需要回答的问题。一旦你已经开启了谈判，就可以用这些问题的答案强化你的谈判策略。

除了你没有掌握的关于谈判对手偏好的参数，可能还有些你误以为自己已经掌握，事实并非如此的参数。发现你的认知错误的一个有益方法是预测谈判对手对你提出的问题和建议的答复，并且在他们的回答与你的预期明显不一致时加以注意。

例如，在认为对对手十分重要的某项议题上，你提出交换的建议，希望他们在相对不太重要的问题上做出让步，但他们最终没有接受你的提议。如果你遇上十分讲究策略的谈判对手，即使你的提议对他有益，他也可能不会明确说出来，但也不会直接拒绝。你遗漏了什么吗？是谈判对手谎报，还是你误解了他们的偏好？你得通过提出更多的问题来找到答案，或者请他们建议一些替代交易，以揭示他们在那些正在讨论的议题上的真正偏好。

4．站在谈判对手的立场思考，你要怎样实现自己的目标？

反思你为自己设定的目标以及预测谈判对手已经确定的目标，把这些目标当成“信息滤波器”，筛选出与实现目标相一致的策略。假设托马斯在买了新车后，和他的侄女围绕驾驶那辆新车要担负哪些责任而进行一番争辩（视为谈判），那么他在买车时采用的谈判策略和方法，显然与他和侄女谈判时采用的策略和方法不同。在特定的谈判中让你的策略与目标保持一致，需要你选择好策略并确定谈判的框架，以便最大限度地说服谈判对手，用你对他们的了解来引导你的选择。

想一想，你通过人们的口碑、你以往参加谈判的经验以及你的人际关系，了解了谈判对手的哪些信息？所有这些因素，有助于你预测和解读谈判对手的行为，并且选择能更有效地实现你的谈判目标的各种方法。获得了所有这些关于你自己、谈判对手以及谈判策略的信息，在策划谈判时还应当牢牢记住两个重要的方面。

策划阶段的注意事项

1．策划决定预期，预期改变体验

谈判之前的策划，改变了你对谈判中将发生什么状况的预期，因而也改变了你在谈判中的体验。想一想下面这项研究。

案例分析

假的为什么能成真？

所有的实验参与者观看了三段确实很有趣的动画片，随后又观看了三段不那么有趣的片子。研究人员事先将实验参与者分成两组，他们告诉其中一组参与者（误导组），所有的卡通片都非常有趣；对另一组参与者（控制组）则只字未提。结果，误导组的成员认为那些不太有趣的卡通片和真正有趣的卡通片一样有趣；而控制组的成员则发现，前三段要比后三段有趣得多。研究人员还录下了误导组成员观看卡通片时的面部表情，结果发现，由于他们认为所有的卡通片同样有趣，因此这种积极的预期改进了他们观看卡通片时的体验。

在另一项相关联的研究中，研究人员要求三组参与者品尝并评价一种啤酒。研究人员在啤酒里添加了一种有怪味的意大

> 利香醋，并且事先告知了第一组参与者，对第二组和第三组参与者则隐瞒了信息，实验结束后，他们把“啤酒里混合了其他液体”的信息告诉了第三组。结果表明，第一组更讨厌这种掺了其他液体的啤酒，而第三组与第二组相比，对啤酒的评价并没有明显降低。

这些研究揭示了信息在改变感知方面的强大力量。在体验之前了解一些信息，创造了一种不同的期望，这种期望不仅改变了人们的偏好，还改变了人们的体验以及对他人行为的解读。因此，如果谈判者在谈判之前就预期这场谈判将充满敌意，更像是一场互不相让的战斗，那么他很可能透过充满敌意的“透镜”来解读和评估谈判对手的行为；或者，如果谈判者预料在即将开始的谈判中双方更注重合作，那么他可能透过完全不同的、认为合作才能解决问题的“透镜”来评估谈判对手的行为以及谈判本身。

2．接受适度的不确定性

在谈判之前进行策划，可以降低谈判的不确定性和不可预见性，这无疑是一种优势。在策划阶段，你不知道的、可能加强谈判的不可预见性的信息，将变得清晰起来。然而，如果你对谈判将怎样进行下去非常有信心，那么这种感觉可能无意中产生负面效果，导致你在创造价值时不够积极。

在一项研究的参与者中，有人非常确定他们的谈判对手在之前的交流中表现得极为自私，另一些人则不是那么确定。对谈判对手的“恶劣行为”非常确定的谈判者，在准备谈判的过程中很少考虑创造价值的策略，更多考虑的是抢占更多价值；而那些不太确定谈判对手是否存在自私行为的谈判者，则在准备谈判时更多地考虑创造价值的策略。

不仅谈判者各自准备的策略有所不同，他们最终的谈判结果也存在很大差异。不确定谈判对手是否存在自私行为的谈判者取得了更好的谈判结果，这些结果具有更多的共同价值，这是因为他们的谈判策略中包含了更多创造价值的机会。

太大的不确定性与太小的不确定性一样，都不利于价值创造。当人们被太多的“不确定”淹没时，往往会依赖自己最熟悉的程序和做法。你可能认为不确定性是一种令人厌恶的体验，你愿意花费大量努力来减小这种不确定性；另一方面，太多的不确定性可能引发一种被称为“威胁刚性”[①]的情形。当不确定性的水平从有益（能够激励谈判者更深入地思考申明价值和创造价值的策略）变得无法抵挡时，谈判者通常转向他们自己最熟悉的行为，而那些行为通常建立在“谈判是一种敌对的互动，双方必须平分利益以及可申明的价值是固定馅饼”的期望之上。

怎样控制不确定性，往往取决于你可用的心理资源。你的心理资源当然是内在的，但有一项研究辨别了可能影响你的心理能量储备，进而影响你对不确定性的响应的三个因素：闭合需要（Need for Closure）、时间压力（Time Pressure）和准确性动机（Accuracy Motivation）。

首先，到底需要多少信息或知识来做出选择或决策，每个人的闭合需要各不相同。闭合需要程度很高的人，会更加坚持他们的想法和意见，并且依靠不完整的但容易获取的信息迅速做出决策。

在谈判中，闭合需要程度很高的人，往往渴望迅速达成协议，借此消除谈判的不确定性；闭合需要程度较低的人，则更能容纳多种解释或者相互冲突的意见，更喜欢在形成意见或做出决策之前更加系统地收集信息，而且更愿意推迟判断。闭合需要程度较低的人乐于容忍

① Threat Rigidity，当人们身边的环境面临着出乎意料的根本性改变时，他们通常求助于自己最为熟悉和更具控制感的行为。——译者注

不确定性，他们在系统地评估局面之前，会先推迟判断。在谈判中，闭合需要程度较低的人有动力去收集信息以消除或降低不确定性，而不是迅速达成交易。

其次，时间压力可能影响谈判者处理信息的方式，产生时间压力的原因要么是由于谈判者面临客观的时间期限，要么是他们自己觉得没有时间了。在谈判中，时间压力会影响谈判者处理信息时的策略。感受到高度时间压力的谈判者，和并没有太大时间压力的谈判者相比，会花较少的时间讨价还价并达成最终协议，他们处理信息的动机较小，提出论据的说服力较小，而且会更多地运用启发法。结果，前者比后者会运用更多的启发式处理策略，达成协议中的共同价值明显小得多，而后者在处理信息时更为系统。即使所有谈判者完成谈判的实际时间都一样，也是这种情形。

最后，谈判者可能在他们对准确性的担忧方面表现各异，即他们的准确性动机各不相同。一般而言，当谈判者对支持者或第三方更加负责时，准确性动机往往更强，因为他们达成的协议的质量更高，这也与他们更加积极主动地进行系统周密的信息处理有关。在谈判中，那些没有预料到自己的谈判行为将受到第三方评估的谈判者，更有可能成为确认偏误的受害者，而且达成的最终结果中的共同价值也更小。

诚然，以上概述的策划过程是一个具有挑战性的过程。即使你非常期待得到更多你想要的，但并非所有的谈判都得进行如此详尽的策划。事实上，玛格丽特最后一次进行这种全面的策划，还是她和斯坦福大学进行谈判时的事。从那以后，她和丈夫、朋友以及同事在策划更为常规的谈判时所做的，都是这种三阶段策划的缩略版本。

在谈判的准备阶段所花时间的多寡，应当与谈判的相对重要性相一致。不管怎样，也要或多或少地做一些策划，不能完全不做准备。即使在相当平常的谈判中，也要既从你的视角，又从谈判对手的视角了解你们的替代选择、保留价格、渴望价格以及谈判议题。大多数谈判者会自然而然地想到“多一事不如少一事”，但这并不是一种正确的想法。在谈判策划阶段要坚持“有总比没有好”的原则。

即使你贯彻了本章的要点，极其详尽地制订了三个阶段的计划，它也依然是不完整的。谈判中还有许多方面是你没有了解的，特别是谈判对手的偏好和替代选择。但只有制订了计划，你才能更好地了解那些你不知道的信息，而且要在实际谈判期间标记这些要点，以引起你的注意。

下一章的主题是战略思维，也就是说，消化你在计划中提到的东西，并且选择那些有助于你得到更多的策略和方法。如果说本章一直在谈如何获取有关你和谈判对手的信息，那么第6章将会更深入一些：重点探讨如何理解谈判对手，并预测他们对你的各种策略和方法的反应。

第5章 小 结
SUMMARY

有效的策划和准备是在谈判中获得成功的关键。某场谈判的重要性将影响你的准备工作的详尽程度，谈判之前的准备应当包括三个重要的阶段：

1. 思考你想要什么，并且规划一个“议题—价值”矩阵，量化你的目标
   - a. 思考你想在谈判中达成什么目标；
   - b. 将你的总体目标分解为多项议题；
   - c. 根据各项议题在实现总体目标过程中的重要性，对其进行排序；
   - d. 为每项议题找到解决方案；
   - e. 为每项议题分配相对价值；
   - f. 确定你的总体保留价格和渴望价格。
2. 从谈判对手的视角分析，画出“议题—价值”矩阵
   - a. 谈判对手想在这次谈判中达成什么目标？
   - b. 谈判对手可能提出哪些议题？
   - c. 站在谈判对手的角度分析这些议题的相对重要性如何？
   - d. 你怎样评估谈判对手的各项参数？
   - e. 这足够了吗？
3. 制定你的谈判策略
   - a. 你遗漏了哪些信息？

b. 哪些议题可能是分布性的、综合性的以及一致性的?

c. 你的计划还有哪些缺陷?

d. 考虑谈判对手的目标、偏好以及可能运用的策略，你采用什么策略和方法来实现你的目标?

在策划时，要留意你的计划中固有的假设和期望。你在谈判之前做什么，可能影响你对将来会出现什么状况的预期。除此之外，尽管策划可以降低不确定性，但你也不希望过于确定地知道自己将怎样谈判，以及谈判对手将会做出怎样的反应。适度的不确定性与在谈判中创造更大的价值有关，因此这是好事。不确定性太小，可能让你过于自信；不确定性太大，则会让你迅速地诉诸你最熟悉和最有把握的行为。这样一来，你在谈判中就更可能表现为机械地采用零和、均分的视角。多大的不确定性才算是太大，至少取决于三个因素:

闭合需要：你对不确定性的适应程度，以及你对优柔寡断的容忍程度；

时间压力：你受到最后期限的影响有多大；

准确性动机：你是否必须向外部的观察者或者权威人士证明你的行为的合理性。

第 6 章

探戈至少需要两个人才能激情起舞

谈判中的战略思维

在谈判中，（通过增加双方可获取利益的方式）创造价值的行为与（通过在谈判各方之间分配利益的方式）申明价值的行为，存在着矛盾的关系。分享信息有助于创造价值，但向谈判对手透露过多信息，可能损害了你申明价值的能力。

回忆一下我们在第 4 章中讨论的单方面充分披露信息的策略，即向谈判对手透露关于你的所有信息，使对方得以确定可分配利益的上限。由于你已经披露了你的所有信息，对方提出的条件可能刚刚高过你的保留价格，却为自己申明了剩下的所有价值。

对谈判者来说，要制定一些策略来确定将要分享信息的类型以及数量，是一项重大的挑战。当你不想不加选择地分享信息时，利益的总额可能小一些（它一定不可能变得更大），但和你对利益总额缺乏控制却反而从中获得较大的份额相比，你依然可以设法从这个小一些的利益总额中申明较大的份额。

为此你要面临三方面的挑战。首先，如果你的目的是得到更多你想要的，那么创造价值只是实现目标的手段，而非目标本身。

其次，就其本质而言，创造价值其实是合作的，而申明价值的双方天生就是敌对的。因此，虽然创造价值可能增加了可供双方申明的价值，但有些价值创造策略可能损害了你申明价值的能力。

最后，创造价值的行为与申明价值的行为之间的区别并不是固定的。当谈判双方以不同方式衡量某些问题的价值时，谈判中就存在创造价值的机会。正因如此，选择性地在那些具有不对称价值的问题上申明价值，可以增加你最终获得的利益。不加选择地交换信息，即使可能扩大利益总额，但也可能给你留下更少的可申明价值。

知道要分享哪些信息以及如何分享，是大多数谈判中的一项需要重点考虑的战略。对许多人来讲，战略思维并不是与生俱来的，但幸运的是，它可以后天培养。已经有一个完整的研究领域——博弈论，着重研究社会交往中的战略思维。在本章中，我们将借助博弈论的原理，帮助谈判者得到更多想要的东西。

向前展望与向后推理

博弈论假设双方以理性的方式追求他们的利益，完全理解他们的对手同样也会理性追求利益。因此你必须意识到，由于谈判对手在追求他们的目标，而你在追求你的目标，所以你们的终极目标可能并不一致。例如，买家应当了解，卖家的行为基于卖家本人收集到的信息以及他的动机、渴望和目标（这当然包括了卖家对买家的了解）；同时卖家也必须承认，买家的行为也基于买家本人收集到的信息以及他的动机、渴望和目标（包括买家掌握的关于卖家的信息）。

如果出现了谈判双方在追求他们的目标时忽略谈判对手的行为的情形，那么博弈论就不适用了。虽然谈判者有时候可能假装他们并不需要依赖谈判对手，也可以实现自己的目标，但在现实生活之中，只有当你对谈判对手拥有绝对控制权时，才可以完全不顾及他们的行为。然而，如果谈判对手不能自主决定是否退出谈判，那么这种情形确实已经不属于谈判了。

博弈论还假定谈判者以理性的方式追求他们的目标。虽然这种理论一定还对各方的认知能力以及他们的交互做出了假设，但这使得双方可以辨别，在两个理性的谈判者之间到底可以实现哪些议题。这种关于理性的假设并不意味着各方都不会犯错误，而且也不意味着他们只会犯那些随机的、不可预测的错误。当然，大量的研究已经表明，人类是容易犯错的，而且通常会以可预测的方式偏离或违背这些理性的假设。但当你可以预测错误时，当你了解了这些系统的错误或偏见时，你便可以预测谈判对手的行为，并且避免自己再犯类似的错误。

战略互动的一个标志是把谈判对手可能的行为纳入考虑。就好比象棋棋手必须考虑对手可能对某步棋或者接下来几步棋的响应，同样，讲究策略的谈判者将向前展望和向后推理。

向前展望和向后推理规则的一个绝佳例子是“三人决斗”。

> A、B、C 三位枪手进行决斗。C 是一位水平很差的枪手，平均每三枪命中一枪；B 稍好一些，每两枪命中一枪；A 则是个神枪手，百发百中。由于大家同时射击的决斗方式明显是不公平的，因此 C 被安排在第一个射击，接下来是 B，再接下来是 A，然后又轮到 C，依此类推，被击中的人自动失去射击资格，直至最后只有一个人站着为止。

想象一下，如果让你给 C 出主意，你该怎么办？他应该怎样使自己生存的机会最大化？运用“向前展望和向后推理”策略，你可能会发现，C 首先朝 B 射击是一个灾难性的决定，因为即使 C 成功地射中了 B（况且他只有三分之一的概率射中），接下来马上就该百发百中的 A 向他射击了，C 一定在劫难逃。因此，从向后推理中可以发现，首先射杀 B 是一个致命的错误。

显然，首先射杀 A 比射杀 B 更好，但这并不是出于你认为的原因。乍看之下，如果 C 能够杀死 A，轮到 B 时，他将朝 C 开枪。这样看来，首先射杀 A 的确是更好的选择。毕竟对 C 来说，面对命中率只有 50% 的 B，总比面对百发百中的 A 的生存概率大一些。因此，如果 C 射杀了 A，那么，到最后变成了他与 B 的二人决斗，但是由 B 先开枪。但如果 C 没能杀死 A 怎么办？那么，轮到 B 射击时，他必须决定朝谁开枪，显然，他会朝 A 开枪。而如果他没有杀死 A，接下来轮到 A 射击了，他会反过来射杀 B，因为 B 比 C 的枪法更准，因而更危险。此外，如果 B 没能杀死 A，那么，A 一定能够杀死 B，再然后，就该 C 朝 A 开枪了。

因此，如果 C 首先朝 A 射击，他有三分之一的概率击中 A，因而生存下来，但接下来，他将有 50% 的概率被 B 杀死。然而，如果 C 没能杀死 A，接下来轮到 B 射击时，他成功地杀死了 A，那么，C 和 B 将再度上演最后的对决，但这一次，先开枪的是 C。不过，为了确保这种局面的出现，C 必须在第一枪的时候放过 A。

因此，C 赢得三人决斗的最好机会，就是首先朝 A 开枪，并且不击中。尽管他有可能纯粹靠运气击中 A，但他那糟糕的枪法，是绝对靠不住的。你对 C 的建议应当是：有意放过 A，将自己击不中 A 的概率从 67% 提高到 100%。

向前展望和向后推理使你能辨别 C 的最佳策略，并且选择一种能增加他在三人决斗中生存概率的行动路线。当然，要做到这一点，你必须准确预测 B 和 A 的可能行为，因为三个人都知道所有的信息。

而在谈判中，各方掌握的信息并不完整，你必须搜寻更多的信息，但这还只是第一步。一旦搜索到了更多的信息，接下来就要把重点放在信息处理上。

战略思维是我们所有社会交往的基础。充分利用自己在社交场合中得到的信息是件很难的事情，而且难度不是一般的大。下面这个案例讲述的是我们在最近一次咨询任务中的经历。

案例分析

如何从不利局面中拿回（更多）你想要的东西？

我们的一位客户是一家大型房地产投资信托公司（REIT），正打算竞购加拿大一家小型的同类型 A 公司，他们给出了每股 15 美元的报价。在这场竞购中，所有出价人一致同意在特定的日期之前提出最佳及最终报价（Best-and-final-offer，BAFO），并在超过该日期后全都放弃再次报价。A 公司的董事会接受了我们客户的报价，不过，依然需要得到其股东的批准。

在报价之后（股东投票之前），A 公司的股票价格在 14.90 美元至 14.99 美元的狭窄区间波动。然而，在股东大会前的几星期，另一家公司违反了先前的协议，提出了每股 18 美元的新报价。随着股东大会投票日期的临近，A 公司的股票价格超出了每股 17 美元。

显然，由于股东们手中股票价格的上涨，他们不会同意以 15 美元的低价出售公司，我们的客户不得不承担报价失败的后果。分析这个案例的最简单方式是考虑股东们面临的三个选择：第一，投票支持我们客户的报价，接受每股 15 美元的价格；第二，否决我们客户的报价，坚持要求抬高报价，有可能比每股 15 美元更高（这种情况可能会出现，也可能不会出现，因为我们的客户起诉了提出每股18美元报价的公司“非法干预合同”；第三，在市场上抛售自己的股票。

虽然第2种选择的回报是不确定的，但很明显，只要股票价格高于每股15美元，对股东们来说，替代选择三就比替代选择一更有吸引力。因此，尽管并不明确卖出股票还是继续持有股票哪种策略更好，但只要股票在市场上的交易价格高于15美元，我们客户最初报出的15美元的价格就将被股东拒绝。我们的客户预料到了这一点，威胁要在长时间的诉讼中“冻结”该交易，结果导致股票价格回落到了16.5美元左右。接下来，我们的客户将报价抬高到16.5美元，并且最终以这个价格收购了A公司。这还不是全部，我们的客户在收购完成后又通过法律手段，从竞争者手里获得了每股1.5美元的补偿。

在三人决斗以及公司竞购两个案例之中，枪手C和我们客户的行动都是有次序的。无论你是通过语言还是行动来谈判，仅仅知道你想要什么还不够，还需要知道你的保留价格、渴望价格和替代选择。由于谈判的这种战略特性，在确定你的行动路线时分析谈判对手可能的行为，对你的成功也十分关键。如果你不知道自己想要什么，或者忽略了谈判对手系统的、可预测的行为，你达成更划算交易的能力将显著降低。

重视谈判对手的可能行为，要求你采用“向前展望和向后推理”策略。在应用这一策略的过程中，你更有可能既考虑你的明确目标，也理解谈判对手的动机与渴望。如果你认可信息收集工作在谈判的成功方面发挥的关键作用，就更有可能启动一个系统而严谨的策划过程。

当然，预测人类行为比单纯依赖理性原则更复杂。个人做出的选择，是由许多心理学因素构成的，其中之一就是对“公平”的认知。

公平对理性

考虑下面这种情形：两个互不相识的人有机会分割 100 美元。其中一方负责分配，他的任务是决定 100 美元怎么分；另一方是决策者，他决定是否接受对方提出的分配方案。分配者几乎可以任意分配那 100 美元，既可以给自己 99 美元，给对方 1 美元，也可以给自己 1 美元，给对方 99 美元。分配方案会以电子形式发送给决策者，后者必须从两个选项中选择一个：如果他同意，那么 100 美元就将按照分配者提出的方案来分配，游戏就此结束，不能反悔；如果决策者不同意分配方案，任何一方都无法获得那些钱，游戏同样到此结束，不能重来。在两种结果中，无论是分配者还是决策者，都不知道对方的身份。

假如让你来扮演分配者的角色，你会怎么做？如果你上过托马斯的古典经济学课程，答案显而易见：给对方 1 美元，剩下的全部收入自己的口袋。遵循“向前展望和向后推理”的规则，你必定会推断，决策者面临着一个简单的选择：接受那 1 美元，否则什么也没有。任何理性的决策者都会选择接受那 1 美元，对吗？假设你现在是决策者。在你的电脑屏幕上蹦出这样的分配方案：分配者得到 99 美元，你得到 1 美元。你会按下“接受”按钮还是“拒绝”按钮？

如果你是我们的学生，那么你的回答将是响亮的“不”。在面临这一决策时，大部分人似乎都选择放弃这 1 美元，只为了寻求一种满足感：我选择放弃这 1 美元之后，那位想得到另外 99 美元的贪婪的分配者什么也得不到。事实上，如果分配者不提出至少三七开的分配方案，也就是说分配者得到 70 美元，决策者得到 30 美元，决策者往往不会同意；小部分人可能同意四六开的分配方案，而大多数决策者会接受五五开的分配方案。

如果这场游戏中用来分割的总金额更多呢？当决策者知道自己能

拿到大数额但低比例的分配金额后，会不会改变主意？许多人在想到这一点时，觉得应该会改变。但研究人员发现了一些证据，证明当游戏中用于分割的总金额增加时，大多数人也不会真正改变他们的行为。在分割相当于某人 10 个月的工资时，如果分配者提出一九开的分配方案（分配者得 90%，决策者得 10%），决策者很可能不会同意。小部分的决策者会同意四六开的分配方案，而几乎所有决策者都同意五五开的分配方案。

为什么会这样？研究人员尚未找到一个简单的答案，可能是由于决策者不愿意看到自己被分配者利用，成了分配者获取利益的工具，即使可以拿到 1 美元的报酬，他也宁愿不要。

然而，当决策者对游戏中的分配者更加了解时，可能会影响他的决定。例如，如果决策者知道分配者是通过努力得到的那一岗位，而不是随机找来的人，那么决策者可能愿意自己少分一些。在这一点上颇有争议的是，当男性和女性决策者知道分配者是女性时，他们会要求分配者分给自己更多的金额；相反，当男性和女性分配者知道决策者是女性时，他们分配给决策者的金额，明显少得多。

公平性、合理性、正当理由以及谈判对手的身份等因素可以影响各方同意某一特定交易的意愿。明智的谈判者理解自愿协议（Voluntary Agreement）的概念，并且提出能够解决谈判对手问题的建议方案，从而使自己提出的条件更有吸引力。当然，在某些局面下，你可能并没有掌握足够的信息让你能以这种方式来草拟建议方案。我们将在下一小节阐述这一挑战。

信息不对称时的战略思维

谈判中最大的挑战之一是信息不对称，即谈判对手了解了一些你不知道的信息。在大多数讨价还价中，卖家通常对自己的商品更加了解，包括是什么因素让他们下定决心卖掉它。因此，出于理性的考虑，买家应当问一句："为什么你要卖这件东西？为什么是现在？"以下是托马斯购买二手车的案例。

1989 年，托马斯被凯洛格商学院授予终身教职，他决定好好犒劳一下自己，给自己买一辆红色雪弗兰克尔维特敞篷跑车。当时，雪弗兰公司刚刚推出一款全新的 6 速手动变速箱，由知名厂商腓特烈港齿轮厂股份有限公司生产。这辆车对托马斯的吸引力极大，遗憾的是，尽管托马斯已经获得了终身教职，但有限的薪水依然限制了他的选择，他只买得起一辆二手克尔维特敞篷跑车。托马斯需要一辆几个月前出产的二手克尔维特，因为在那之前的所有款式都带有笨重的 4+3 速变速箱，托马斯根本看不中。

托马斯很走运，马上就找到了一辆漂亮的二手车，红黑相间的内饰、黑色顶篷，所有这些颜色搭配都是他最喜欢的。他的心里乐开了花，马上拉着自己的修理工朋友对车辆进行了仔仔细细的检查。发动机、底盘……他们检查了能想到的所有地方，没有发现任何问题。这辆车看起来绝对完美，而且几乎是全新的，价格比新车便宜了 30% 还多。

托马斯在最后核实的时候，问了车主一个问题："为什么要卖掉一辆刚开了半年的漂亮的敞篷车？"车主看起来非常难过，指了指坐在走廊里的年轻女孩解释道："我女儿下个星期满 16 岁，她需要一辆属于自己的车。我不想让她开这辆克尔维特，我想给她买一辆 SUV。"托马斯听到这一解释后，做出了一个让修理工朋友大感意外的决定：不买这辆车。你能想到这是为什么吗？

答案十分简单：托马斯觉得卖家的解释站不住脚。卖家在半年前买下这辆车的时候，肯定已经想到自己的女儿马上就要满 16 周岁了。尽管他可能非常富有，买下汽车时就预料到半年后会把它卖掉，但承受 30% 的降价损失，只为了在那么短时间内让女儿高兴，似乎代价也太高了些。除此之外，如果卖家的确那么富有，那么托马斯搞不清楚他为什么先把这辆车卖掉，而不是再买另一辆女儿喜欢的、更加安全的汽车。最可能的原因是，这辆克尔维特存在严重而隐蔽的问题，以至于托马斯和修理工朋友也没能发现。对托马斯来说，这件事的风险太高。换句话讲，托马斯觉得他还没富有到足以承担这一风险的地步。

信息不对称几乎存在于所有谈判之中，谈判双方完全掌握各种信息的情况十分罕见。虽然谈判者经常遇到信息不对称的情况，但这并不意味着他们已经提高了成功应对这一挑战的技能。想一想如果你遇到下面这种情形，会做什么？

你代表的 A 公司想要从 T 公司的母公司手中以现金方式收购 T 公司的全部股权。T 公司的价值直接取决于它当前正在进行的石油勘探项目的结果。如果项目失败，T 公司将一文不值。如果项目成功，那么在现有的管理体制下，T 公司的股价可能高达每股 100 美元。项目成功的概率基本为 50%。

如果 T 公司被 A 公司收购，那么其价值将增长 50%。例如，如果 T 公司目前的股价为 50 美元，那么一旦被 A 公司收购，股价将涨到 75 美元。（严格意义上讲，A 公司与 T 公司的合并，和 T 公司的独立价值相比，创造了 50% 的增效。）

你的任务是帮助 A 公司为这次收购创造利润。对 A 公司报出的价格， T 公司的母公司决定推迟决策，直到他们得到石油勘探项目的结果为止（但你不知道），并在结果对外公布之前决定接受或拒绝你的报价。现在，你需要深入思考如何报价，这个价格介于 0 美元（也就是不报价）至 150 美元之间。你应当报出怎样的价格？

如果你给出的报价是每股 60 美元，那么你可能跟我们的大部分学生的推理模式一样：母公司对 T 公司的无条件期望价值（Unconditional

Expected Value）是每股 50 美元，因此 A 公司对 T 公司的期望价值是每股 75 美元。A 公司可以报出一个低于 75 美元的价格，获得合理的利润，只要报出了超过每股 50 美元的价格，T 公司的母公司都会接受。你取了平均值，因此报价 60 美元。

乍看之下，这个报价也许是合理的，因为它介于 T 公司对其母公司的无条件期望价值（50 美元）以及对 A 公司的增效价值（75 美元）的中点。不过，这个报价会给 A 公司带来亏损。为了了解其原因，假设母公司接受了 A 公司的报价之后，A 公司可以提前了解到 T 公司的勘探结果。

由于母公司已经准确评估了 T 公司的股票价值（他们知道现在勘探了多少石油），那么，他们只会接受有利润的交易，这是合理的假设。因此，母公司接受 A 公司报出的 60 美元的报价时可能达成协议的区间，已经不是 0 美元至 100 美元的区间了，而是 0 美元至 60 美元的区间。这是因为，母公司不会接受低于他们现有石油价值的报价。

由于所有的价值在可能性上都是相等的，那么这样一来，母公司接受的价值平均值就变成了 30 美元。由于 T 公司对 A 公司的价值比母公司多出 50%，那么，当 A 公司提出每股 60 美元的报价之后，A 公司对 T 公司的预期价值就是 45 美元。所以，如果 A 公司的报价被母公司接受，那么 A 公司将承担 15 美元的损失（60 － 45）。事实上，报出 60 美元的价格，这次交易对 A 公司来说亏损概率将达到 67%，因为只有在 T 公司拥有了价值每股 40 美元的石油时，A 公司才能实现盈亏平衡，而 T 公司的石油价值有 67% 的可能介于 0 至 40 美元之间，有 33% 的可能介于 40 美元至 60 美元之间。

上面这个例子凸显了关于谈判信息的两个重要事实。第一个事实十分明显：并非所有的谈判参与方都获得同样多的（或者是全部的）信息。在这个例子中，A 公司不知道 T 公司拥有的石油量。这种信息不对称，对各方的谈判结果有着重要的影响。

但其中还隐含着第二个更加微妙的事实：各方的行为体现了他们掌握信息的多寡。举例来说，当母公司接受了 A 公司 60 美元的报价时，A 公司会意识到，T 公司拥有的石油量必须等于或者超过 60 美元这一价值。运用“向前展望和向后推理”的策略，在报出 60 美元的价格时 A 公司一定会问：“如果我报出了 60 美元的价格，而且对方也接受了，我得到了什么信息？”答案是：“T 公司拥有的石油的价值不会高于而且很有可能低于 60 美元。但如果这个报价被母公司接受，平均起来，T 公司的石油价值为 30 美元，因此我会亏损，所以我绝不能一开始就报出 60 美元。”

到现在为止，我们应当已经极为清楚地阐明，你在谈判中成功与否，取决于能不能利用你在策划阶段收集的以及在谈判期间补充的信息。但有些类型的信息比其他信息更能影响你申明价值的能力，因此在战略上更重要。所以，我们要考虑不同类别的信息，以及掌握（或者没有掌握）那些信息对你得到更多有何影响。

很明显，一方的保留价格是其拥有的信息中最具战略意义的要素，因为它有助于谈判者区分交易是否划算，但也有可能让谈判对手借机申明更大的价值。例如，倘若谈判对手知晓了你的保留价格，他们可能将几项议题打包，使你得到的最终结果只比你的保留价格稍好一点。如果你不接受这样的结果，他们也会寸步不让，直至你最终同意。

因此，我们强烈建议你不要透露自己的保留价格。但你可能会问：“如果谈判陷入僵局怎么办？是否在某些情况下我应当透露保留价格？”

想想下面这个场景：谈判对手在谈判进行了一段时间之后对你说，“这就是我的最佳及最终报价。我不可能再提价了，一分钱也不行。”她透露了她声称的保留价格来支持自己的这种说法。你信吗？如果你和大多数人一样，一定不会相信。原因在于：如果她告诉了你她真正的保留价格，而你和她达成了交易，那么，她获得的利益并没有超过她的保留价格。那样一来，她不会比让谈判陷入僵局并简单地退出谈判获益更大。知道了这一点你就可以发现，她可能谎报了她的保留价格。这样一来，如果她告诉你某个价格是她的最佳及最终报价时，你可以合理地假定，她也许还可以做出更多让步。因此，你要相信谈判对手并没有向你透露她真实的保留价格，这反而意味着你可以从谈判对手身上获取更大的潜在价值。

当你很想向谈判对手透露你真正的保留价格时，必须三思而后行。因为你无法确定谈判对手会不会信任你或者对你报以善意。当然，如果你在向谈判对手透露了自己的保留价格后获得了相应回报，双方同意平分剩余利益，那这样做可能节约你的时间。

但这种策略存在几方面问题。首先，虽然平分剩余利益也许是一个很有吸引力的方案，但从经济学的角度，鉴于各方对谈判中的利益所做的贡献不同，以及各方的替代选择不同，这种看似公平的分配结果不见得公平。更为重要的是，透露你的保留价格，除了使谈判对手简单地辨别你在“是”和“否”之间的临界点之外，还伴随着巨大的风险，因为任何一方都不可能辨别对方是不是说了实话。

其次，假设我们在第 2 章介绍过的票贩子卖戏票的案例中，票贩子开价 60 美元，而你回答说，你的出价不会高于 30 美元。票贩子只会怀疑你实际上愿意花 30 多美元来买票，但并不知道具体数字，因此他在价格上做出了让步，报出了 50 美元的价格。你依旧坚持 30 美元，他再次降价，报出了自己的保留价格 45 美元。你重申，30 美元也是你的保留价格。

这场谈判将会怎样结束？我们的研究结果出乎大多数人的预料：说出你真正的保留价格，实际上增大了谈判陷入僵局的可能性，而且，获悉对方保留价格的一方（而不是透露保留价格的一方）更可能退出谈判，并声称对方并没有表现出太大诚意。因此，向谈判对手透露你真正的保留价格，也就是说，透露了他并没有预料的、无法合理验证的信息，更容易使谈判陷入僵局，因为他会质疑你的保留价格的真实性，并且在你坚持不让步的时候选择退出。所以，一种看起来更为直接有效的申明价值的策略，很可能让谈判无法继续。

总之，在谈判中透露你的保留价格，或者向对方泄漏一些信息使得他可以确定你的保留价格，是个严重的错误。当然，对谈判对手来说也是同样的道理：如果他向你透露了他的保留价格，你要么可以申明谈判中创造的更多甚至全部价值，要么由于你无法验证这是不是他真正的保留价格，于是加快退出谈判的步伐。不论哪种结果，对他来说都不是好事。

接下来考虑你是否应当探讨双方不存在分歧的议题。例如，在我们此前介绍过的更换轮胎的例子之中，假设轮胎经销商可以从很多地方发货，而经销商自己以及托马斯都更愿意在 A 处发货，因为那里离托马斯的办公室最近，那么“从何处发货”就是一个一致性议题。

假设经销商了解到托马斯想在办公室收货，但托马斯却不知道经销商希望在离他办公室最近的 A 处发货。经销商知道了发货地点是一致性议题，便拥有了一项战略上的优势。她可以表现得很慷慨，告诉托马斯可以在距离他办公室最近的 A 处发货，而且不要求托马斯任何额外的回报。这称为“直接策略”(Direct Strategy)，如果经销商想和托马斯建立长期合作关系，这种策略的效果最明显。另一种选择是，经销商提出可以在 A 处发货，但要求托马斯在其他方面做出让步，比如提高轮胎的售价。这就是“交易策略”(Trading Strategy)，当经销商的目标是尽可能攫取交易中的价值时，这种策略对他来说最有益。

虽然在一致性议题上的信息不对称并没有让你像透露保留价格那样在战略上陷入劣势，但这样做也可能让你付出高昂的代价，因此需要进行细致的分析。例如，你可以只是把透露信息作为一种善意的姿态，或者充分利用这种信息上的优势，要求谈判对手在其他方面让步。在直接策略和交易策略之间如何选择，取决于你在谈判中看重什么价值。但无论是哪一种策略，你都由于掌握了更多信息而获得了一定的回报。

具有战略意义的信息列表上的最后一项，即综合性议题，在分享时应当格外谨慎。继续前文的轮胎案例。只要轮胎经销商能够提前交货，托马斯愿意加价购买，每提前一天加价 10 美元，而经销商的想法是每提前一天加价 2 美元。因此，每提前交货 1 天，就创造了 8 美元的净利润。

但新创造的价值将由谁申明呢？研究表明，如果双方都意识到共同创造了价值，他们更有可能采取均分的方法。在我们的例子中，假设托马斯和经销商达成了提前交货的协议，那么均分价值就意味着每提前 1 天，每方各得 4 美元。

但倘若托马斯发现经销商愿意提前交货，但不确定提前交货的成本，他也可能提出，每提前交货 1 天，加价 3 美元。

为求简化，假设经销商接受了托马斯加价 3 美元的提议，托马斯便获得了额外产生的 7 美元价值，而经销商获得 1 美元。如果托马斯知道了交期是个综合性议题，甚至他还知道了每提前交货 1 天对双方的不同价值增效，便可以更加有效地创造价值，并且申明新创造的大部分价值。

为了创造价值，你需要辨别哪些是综合性议题，并且精确算出由于双方不同偏好而创造的价值，但在这个过程中，你又不能透露太多的信息。当然，策划和准备阶段的第一步，应该是在谈判之前努力获取尽可能多的信息。

在策划和准备谈判期间，你已经从自己以及谈判对手的角度辨别了议题的相对重要性。你应当考虑你和谈判对手在估价时存在重大差异的议题，它们很可能就是综合性议题。例如，在购买轮胎的案例中，托马斯已经清楚地知道，每提前交货 1 天，他愿意多出 10 美元；再从谈判对手的角度分析这一局面——经销商提前交货的成本是多少？经销商能够在短时间内从供货商手里拿到货吗？额外产生的运输成本是多少？安装轮胎是否需要排队？在谈判开始前，托马斯也许能回答部分问题，但很难找到所有问题的准确答案。

一旦托马斯认定经销商更看重价格而不是交期，下一步就是推算经销商为了提前交货而付出的成本。假设托马斯认为经销商提前交货的成本大约是每天 3 美元。请注意，一旦托马斯报出了这个价格，经销商可能推断，每提前 1 天交货，对托马斯来说至少价值 3 美元。因此，如果经销商深思熟虑并能着眼大局，她可能不会接受托马斯 3 美元的报价，而是还价到 5 美元。还价实际上是最理想的，因为这使得经销商有机会获得更多利益，同时只向托马斯透露了最少的信息。虽然经销商确定了交期可能依然是一个综合性议题，但并没有给托马斯机会确定她的真实成本，因为还价只是给提前交货的成本确定了一个每天 5 美元的上限。

在这个时候，双方可能进行了多次讨价还价，但假设他们最终同意每提前交货 1 天，轮胎的单价提高 4 美元。这一协议仍然可以创造每天 8 美元的额外价值，其中有 6 美元属于托马斯（10 − 4），有 2 美元属于经销商（4 − 2）。

再次强调策划和准备工作的重要性。由于托马斯怀疑对自己来说提前交货也许比经销商因此而产生的成本更重要，因此他报出了自己认为的经销商的保留价格，即每天 3 美元。如果没有做好准备工作，托马斯也许认为交期是分布性问题，因而没有报出每天 10 美元的价格。如果他真的报出了每提前 1 天加价 10 美元的方案，经销商可以接受并“独吞”所有价值。如果托马斯报出 9 美元，经销商也会接受，那么托马斯就会发现交期原来是一个综合性议题，但这已经让他付出了高昂的代价，因为经销商已经拿走了在谈判过程中创造的大部分价值。

在这个案例中，虽然最初对综合性议题的判断建立在谈判的策划和准备基础之上，但辨别综合性议题必需的大部分信息，需要在谈判期间由各方交换。谈判期间交换信息的方式有很多种，无论是通过相互回报还是明确规定建议方案的交换。依靠相互回报而分享信息，将激励谈判对手也透露一部分信息作为交换，同时还减小了你单方面透露信息的不利影响。

鼓励互惠互利的信息分享

有时候你可能犹豫不决，不知道该不该分享信息，因为你担心被谈判对手利用。虽然这种担心有一定道理，但当你已经与谈判对手建立了关系，而且双方都期待在未来继续合作时，就应该适当卸下防备。

但事实依旧是，为了创造价值，谈判者需要启动一个信息分享的过程。迈出第一步并且主动分享信息，有助于启动互惠互利的信息分享。难就难在不知道分享什么以及怎样分享。

启动分享过程时所选择的信息，应当是那些有助于开启对话的信息，假如谈判对手不能给你同样的回报，你在谈判中的战略地位也不至于受到太大威胁。可以通过探讨“划算的交易有哪些特点”来开启谈判，也就是表明在这次谈判中重要的是实现什么（当然，还要了解你的谈判对手认为什么重要）。

打个比方，在购买轮胎的案例中，托马斯可能透露，提早交货对他很重要。经销商在回答的时候可能指出，她可以满足托马斯的愿望，但需要提高轮胎价格以抵消额外增加的成本。

虽然托马斯并不知道经销商的成本到底是多少，但他可以询问经销商希望加价多少，从而进行合理的估算。他可以将经销商建议的价格与自己的保留价格进行对比，以确认交期可能是一个综合性议题。

你搜集到的信息，可以帮助你在直接策略或者交易策略之间做出选择。假如你选择了交易策略，就应当询问谈判对手对一致性议题的偏好，然后同意满足他的偏好，但要求他在另一项议题上做出让步。采用这种方式，谈判对手就无法推断那项议题到底是一致性的、分布性的还是综合性的。

提出多个“议题包”

申明价值的策略之一是将建议方案打包，而不是将议题逐项分开谈判。例如，托马斯可以给经销商提出一个规定了价格、地点和交期的建议方案。将建议方案打包，创造了在多项议题之间进行交易的机会。其次，打包可以更全面地了解谈判对手的建议方案，使双方都朝着创造价值的方向努力，且不需要透露太多信息。

相反，思考一下在集体协商中经常用到的、与打包完全相反的策略——先解决容易的问题。有些人觉得这种策略很有吸引力，一个原因是它创造了达成协议的动力：一旦各方一致通过第一项议题，那么在第二项议题上达成一致似乎就少了一些障碍。除此之外，随着你和谈判对手在一个接一个的议题上达成一致，对你们双方来说，退出谈判就会变得越来越难，因为谈判者可能认为中途退出的损失会更大，所以更加努力地达成协议。

然而，“先解决容易问题”的策略存在一些明显缺陷。首先，由于必须采用逐项谈判的方法，所以妨碍了双方创造综合潜力。要知道，将多项议题打包是创造综合潜力的必要条件。在谈判中创造价值，至少需要围绕双方以不同标准衡量的两项议题进行谈判。

其次，如果你打算首先解决容易的问题，最后剩下的将是最难的问题，而你再没有任何条件可以用来交换了。你剩下的选择就是通过持续不断的利益争夺来解决最后的、最难的问题，因为你无法再用其他议题上的获益来换取对方在最后一项议题上的让步。即使你们成交了，你和谈判对手也可能以一种争议性最强的方式结束谈判——非赢即输。显然，如果你和谈判对手建立了一种持续的关系，这对你们未来的谈判并无益处。

“先解决容易问题”策略的第三个而且也是不太容易察觉的缺陷是：它假定你认为容易的问题，也是谈判对手认为容易的问题。如果某项议题对你来说不太重要，但对谈判对手来说却最为重要，你应该怎么办？在谈判进程中早早地就这项议题达成共识，无疑将使你处于明显的劣势。你可能没有机会在一个对你来说相对不太重要的问题上做出让步，换取对方在你看重的问题上的让步。

“先解决容易问题”策略的价值，基于这样一种常见的假设：谈判议题对你和谈判对手来说同等重要。如果真是这样，这一策略的确有助于使双方都下定决心朝着达成交易的方向迈进。如果事实与预期不符，通过谈判创造的价值很有可能减小，双方的可申明价值也会因此减少。

将议题打包，更有可能推动交易的达成。但你是否应将所有议题打成一包，再围绕它进行谈判呢？或者，是不是一次性提出多个“议题包”（每一个“议题包”的解决方案各不相同，但对你来说，其价值几乎相等）会更好一些？我们将在下一小节介绍，后一种方法将为你带来某些重要的战术优势。

你也许发现自己处在这样一种局面中：谈判对手显然没有做好谈判的准备工作，面对每项议题的解决方案和可能的让步，都准备打一场你死我活的战斗。通过设计和提议多个解决方案，并同时把它们都介绍给谈判对手，可以帮助对方判断各项议题的重要性。这种做法和麦当劳菜单的不同之处在于,它不给对方从每个不同的“议题包”中“单点”某项议题的机会（例如，将1号包中的第1项议题的A选项与3号包中的第2项议题的C选项结合起来)。即使谈判对手并没有做好选择的准备,他们也可以对“议题包”进行排序,你可以借此了解到“议题包”中的哪些议题是谈判对手最青睐的,哪些是谈判对手最不喜欢的。

“议题包”策略有几方面的好处。首先，请谈判对手对“议题包”进行排序，双方都能了解每项议题对自己和对方的相对重要性，且不需要透露过多信息；其次，让谈判对手在“议题包”中做出选择，可以增强他对谈判结果的控制感。谈判对手的控制感增强后，会对他做出的选择怀有更强的责任感，更愿意执行谈判达成的协议；第三，由于这种策略减少了“要么接受，要么走人”的意味，看起来是一种减少了敌对意识、更加侧重于解决问题的方法。

不过，在获得这些好处的同时，你也要相应地付出一些代价。你的多个“议题包”的价值相差无几，这相当于向谈判对手透露了一些信息，使对方得以确定你到底赋予每个单项议题多少价值。尽管“议题包”策略可以增加你在谈判中创造的价值，但有可能限制了你最终可以申明的价值。

当然，付出了这些代价后，你可以据此推断谈判对手的偏好。你必须懂得，没有哪种策略是十全十美、毫无瑕疵的，它们都不可能在帮助你创造价值的同时毫不影响你申明价值。反过来也一样，几乎没有哪种策略可以在帮助你申明价值的同时不对创造价值的机会产生任何影响。讲究策略的谈判者要做的是在那些策略之间追求最有成效的平衡，既增加创造价值的机会，又能扩大可申明价值。

第6章 小结 SUMMARY

本章研究了谈判者的利益与谈判过程中双方的相互依赖性之间的关系。在谈判中运用战略思维，不但要求你聚焦于自己的偏好、利益、动机和目标，同时要求你着重分析谈判对手的偏好、利益、动机和目标。

- 获取并利用信息，需要你清楚了解自己想达成哪些目标，并推想应该如何实现这些目标，即应用“向前展望和向后推理”策略（记住三人决斗的例子）。
- 系统地留意可能对你和谈判对手的行为产生影响的因素，比如公平。虽然在谈判中得到更多你想要的并不取决于分配是否公平，但你仍要考虑公平的因素，因为它有可能影响谈判对手的行为。
- 信息不对称是谈判者经常面临的挑战。卖家对商品的了解一般比买家更全面，而买家只有在完成交易后才有可能得到全部商品信息。因此，买家在出价前应当回答一个重要问题：“如果我的提议被对方所接受，我会了解到哪些信息？”
- 如果谈判各方都了解所有的信息，那么谈判就变成了纯粹分布性的。在这种情形下，价值申明可能取决于谁更强势，特别是那些有着高质量替代选择的一方，如果谈判没有达到他们的要求，他们愿意退出谈判。

到此刻为止，你终于做好了谈判的准备。你知道你的保留价格，了解了自己的渴望价格，并研究了替代选择。你确定了谈判中将会探讨的议题范围，而且想清楚了你的偏好，也知晓了谈判对手的偏好和兴趣。你知道了这些议题中哪些是分布性的、哪些是综合性的、哪些是一致性的。

在下一章，我们将解决谈判者面临的第一个具有战略意义的问题：你应当首先报价吗？

第二部分 开启谈判

Part Two The Negotiation

提 纲

首次报价

洞悉全局

承诺与威胁

真假情绪

强弱势的转换

团队谈判

拍卖

事后分析

带着以下问题阅读第二部分

- 什么时候你应当首先报价？
- 怎样补充对谈判对手的了解？
- 你可以运用哪些策略来说服谈判对手做出让步？
- 当谈判对手是一个团队，或者当你遇到多名谈判对手时，应当怎样调整策略？
- 什么时候你应当考虑从谈判转为拍卖？
- 你应当怎样结束谈判？

第 7 章

首次报价

什么时候先开口的人先损失？

谈判者提出的最常见问题之一是“谁应当首先报价”。这是一个重要问题，在谈判中，只有当一方首先报价而另一方予以回应时，谈判才算正式开始。

你可能有过首先报价的经历，也可能有过谈判对手首先报价的经历。那么，这两种情况到底有什么区别？留心观察这两种谈判的结果，你会发现，谈判的进程和结果通常都大不相同，很难直接比较某两次谈判的结果。但不管怎么样，你很可能更青睐其中一种。

在询问企业高管、大学毕业生和肄业生（以及他们的父母）时，绝大多数人认为，由谈判对手首先报价，自己将获得竞争优势。实际上，在我们的谈判研讨会和培训班上，大约 80% 的参与者更愿意由谈判对手首先报价。问及原因，通常的回答是：“首先报价的一方会透露一些信息，这给接收信息的另一方带来了信息上的优势。”

在谈判中，如果你让谈判对手首先报价，相当于知道了他看重的议题以及他的立场。这的确意味着在谈判之初，你便拥有了信息优势，你可以深入分析应该如何回应。假设你正等着未来老板给你开个价，结果他首次报出的价格就明显比你的渴望价格还高，那该有多好！谈判刚刚开始，你就获得了远超预期的结果。关键是这种情况出现的前提只有一个：老板对你可能做出的贡献的评估，远远高于你对自己的评估。如果老板问你期望的薪资待遇是多少，那么如果你首先报价，也许报出的数字相对较低，而老板一口答应，其结果比你可能用其他方式谈判得到的报酬明显低得多。

其次，如果你首先报价，将使谈判对手有机会辨别谈判中可能出现的一致性议题，并因此占据一些优势。例如，在前文的轮胎案例中，假使托马斯要求经销商在离自己办公室更近的地点安装轮胎，经销商（也可能更愿意在那个地点安装轮胎）可能会警觉地发现，原来“交货地点”是个一致性议题。她可以一口答应托马斯，也可以巧妙地利用这一信息，在答应托马斯的同时要求他在其他问题上做出相应的让步。

我们的一些学生建议，在首先报价时不提出自己更愿意在什么地点安装轮胎，因而不给经销商机会来辨别 “交货地点”是一个一致性议题，那对托马斯也许更有利一些。然而，这一建议隐隐地假设托马斯本人已经知道“交货地点”是一个一致性议题。如果他不清楚这一情况，那么他误打误撞提议的轮胎安装地点，实际上可能恰好是经销商最喜欢的地点，经销商一定会同意。

这么说来，首先报价可能与巨大的风险相关联。所以，也许 80% 的人更愿意在谈判中接受对方的首次报价。想一想玛格丽特在购房时的经历。她的房地产经纪人（她和此人花了大量的时间考察可能投放市场的房源）不由自主地告诫她“谁开口报价，谁就亏损”。玛格丽特对经纪人加强语气说的这句话感到一丝震惊，并且问她为什么得出那样的结论。她抬眼看了看玛格丽特，显然对玛格丽特的问题略感惊讶，然后说道：“人人都知道，先开口不好。”

在考察房产的路上，玛格丽特一直想着经纪人的那句话。经纪人在业界很成功，她说:“在这个行当，卖家会列出他们打算出售的房产，并且确定一个清单价格。实际上，那就是卖家的首次报价。”但如果说首先报价是个坏主意,那卖家为什么要列出清单价格,而不是只打广告，说明他们有房产待售，欢迎买家报价呢？事实上，根据经纪人的说法，房屋的销售价格一般为清单价格的 95% ~ 97%。

相反，有专家提出“首先报价通常是一种优势”。因此，大多数人的直觉和学者所建议的方法之间存在着明显的分歧。在接下来的讨论中你将发现，总是首先报价与绝不首先报价之间的差别微乎其微。

首次报价的动态分析

首先报价的最强大效应可能是制造“锚点”(Anchor)。正如真正的锚能够将轮船拉住一样，在谈判中首先报价，为谈判的开始确定了一个起点，同时也为评估谈判议题并分配谈判中的利益设置了一个程序和开端。经验丰富的谈判者甚至很希望首先报价，他们认为，首先报价的一方能够获得比他合理的期望更大的利益。结果，当你的谈判对手收到你的首次报价时，他会合理地给你的报价“打个折”。如果你给待售房产定价 150 万美元，潜在买家会认为你愿意以低于 150 万美元的价格出售。但潜在买家会不会评估你能接受多大的折扣呢?

如果双方都是理性的谈判者，潜在买家获得的折扣总体上恰好抵消了卖家首次报价的水分，这被称为“锚定效应”(Effect of the Anchor)。然而从心理学上讲，由于你不太确定物品的“真实”价值，现实与假设完全是两码事。结果，大多数人把他们收到的对方报价作为一个参考点,这个参考点又会影响他们对价值的评估。换句话讲,“锚点”对谈判的影响,恰好是因谈判者对议题的真正价值不确定而产生的。

为了减少这种不确定性，谈判者会搜索一些谈判案例，以寻找线索来评估谈判议题的价值，也会将刚刚收到的谈判对手的（首次）报价纳入参考范围。因此，他们会受到这一报价的影响，并将其视为一个价值参考点。从这个参考点出发，谈判者还会根据一系列因素调整他们的评估结果，这些因素包括（但不限于）：他们是否知道谈判对手会不会根据自身的最大利益，以及信息的可靠性提出首次报价；是否能纠正错误的首次报价，以便得出最终的估价。

“锚点”的心理力量与信息的质量关系不大，但与接收信息的一方对信息的生动性或显著性的评估关系密切。事实上，即使是随机选择的“锚点”，也将影响谈判者的估价，而且针对“锚点”所做出的调整，不足以影响谈判方的估价。

阿莫斯·特沃斯基（Amos Tversky）和丹尼尔·卡尼曼（Daniel Kahneman）两位心理学家开展的研究，也许是学术界对“锚定效应”的力量所进行的最早和令人印象最深刻的证明。卡尼曼是 2004 年诺贝尔经济学奖获得者，《思考，快与慢》（*Thinking Fast and Slow*）一书的作者。

在一项早期实验中，特沃斯基和卡尼曼让实验参与者估算联合国成员国中非洲国家所占的比例。他们给参与者提供了一个由转动轮盘而得到的随机数字，作为参与者在估算时的参考值。随后，参与者必须确定这个随机数字究竟比他们首次估算的比例高还是低，在此基础上进行最终估算。

实验设计者进行了一些人为调整，让轮盘只能停在 10 或 65 两个数字处。尽管参与者都明白，自己最初得到的参考数值只是一个随机数字，但他们的最终估算依然受到了这个随机数字的影响。实验结果令人惊讶，得到参考值为 10 的参与者，对非洲国家在联合国成员国中所占比例的平均估算值为 25%，而得到了参考值为 65 的参与者的平均估算值为 45%。

这个看似随机的数字怎么会影响人们对非洲国家在联合国成员国中所占比例的估算呢?很显然,实验参与者没有任何合理的理由根据轮盘给出的随机数字来估算,它与真正的比例没有半点关系,因而没有任何参考价值。因此,实验参与者不可能相信随机数字与真实比例有任何关系,但他们明显受到了这个“锚点”的影响。此外,即便研究人员说会根据实验参与者答案的准确度支付报酬,这个随机产生的“锚点”还是对参与者的估算结果产生了明显影响。

如果那个显然没有任何参考作用的“锚点”实际上产生了影响,那么假如“锚点”的确存在参考价值时,会产生多大的影响呢?在一项研究中,玛格丽特与她在亚利桑那州立大学的同事格雷戈里·诺斯拉夫特(Gregory Northcraft)专门研究了这一课题。两人和亚利桑那州图森市的一家房产经纪公司接洽,请后者帮助评估一套即将投放市场的房产的价值。她们在得到房产拥有者的许可后,召集了一批房产经纪人组成焦点小组。她们先是问焦点小组的成员,评估住宅房产的价值需要哪些类型的信息,又询问他们在评估房产的真正价值或者估算价值方面拥有多么丰富的经验。虽然焦点小组的成员在描述他们的专长时各有各的说法,但最终都向玛格丽特和格雷戈里保证,他们对房产价值的评估,误差不会超过 5%。

玛格丽特和格雷戈里拿着这个焦点小组的评估结果,制作了一个介绍房产信息的 10 页宣传册。第 1 页是这套房产经过各项标准评估得出的价格。剩下的 9 页内容包含整个城市近半年销售的住宅房产的信息,包括价格和面积,还有同一地区当前待售、最近售出、已经售出但手续尚未办完、从市场中淘汰下来的房屋的特点描述,以及附近地区当前待售房屋的标准评估价格。

随后,他们又制作了 4 本宣传册。这 5 本宣传册的后 9 页都相同,但第 1 页,也就是经过标准评估得出的价格有重大差别。焦点小组的成员已经表示，他们的评估误差不会超过 5%，但玛格丽特和格雷戈里制作的另外 4 本宣传册的第 1 页，包含了 4 个价格：两个分别比评估的价值高出和低出 12%；另两个分别比评估的价值高出和低出 4%。如果焦点小组的判断真如他们自己所说的如此精准，那么他们不可能发现那两本误差为 4% 的宣传册，但应当能够辨别那两本误差为 12% 的宣传册。

随后，玛格丽特和格雷戈里每周都组织焦点小组参观这套房产，成员们只把这视为他们日常工作的一部分。玛格丽特和格雷戈里会从 4 本有误差的宣传册中随机抽出一本交给他们，并要求他们做四件事情：一是评估房产的价值；二是制订报价；三是假设他们自己购买这套房产，愿意出价多少；最后假设他们是这套房产的卖家，保留价格是多少。此外，他们还必须阐述自己的评估过程，以及评估时的一些重要考虑。

图 7.1 展示了玛格丽特和格雷戈里的研究成果。从图中可以看出，不同的宣传册对经纪人评估房屋的价值都产生了重要影响。宣传册上的价格越高，经纪人对房屋的估价也越高。

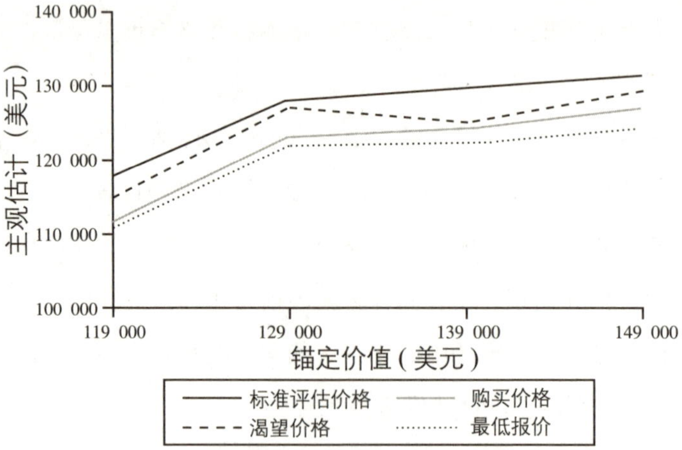

图 7.1　待售房产价值评估

图 7.1 例证了经纪人的自我标榜与其真实水平之间的显著差别。虽然结果显示，宣传册对经纪人评估房屋价值产生了极大的影响，但只有 19% 的经纪人提到，他们在评估时考虑了宣传册上的价格。事实上，超过 75% 的房产经纪人将他们的估价过程描述为一个计算过程，说他们将最近售出房产的每平方米均价与待售房产的面积相乘，再根据待售房产的特点和其他条件进行调整。应当注意的是，如果经纪人真的运用了这种计算方法，那么宣传册上的标准评估价格不会对他们的估价产生任何影响。但由于标准评估价格是 4 个宣传册之间唯一有着重大差别的因素，因此图 7.1 反映的差距一定是由于宣传册对经纪人估价的影响造成的。

听到以上结论后，经纪人纷纷表示：“开什么玩笑！你给我的宣传册怎么可能决定我对这套房产的估价呢？”通常情况下，潜在卖家会先挑选几个业绩出色的经纪人，请他们分别评估自己手中房产的价值。虽然经纪人还会和潜在卖家讨论许多问题，比如具体的营销策略、房产所在地段的市场状况、在面向市场销售之前还应当做好哪些修缮工作等，但最有可能吸引潜在卖家注意的，应该是几位经纪人给出的建议售价。因此，经纪人有着抬高报价的动机，但他们不应该这样做。在玛格丽特和格雷戈里安排的实验中也一样，经纪人不应当以宣传册上给出的价格作为参考来估价。然而正如结果表明的那样，他们或多或少都受了宣传册的影响。与某件物品或某个事件相关的主观性或者不确定性越大，人们在评估时就越容易受到“锚点”的影响，受过专业训练的人员也不例外。

虽然这项研究可能让你感到惊讶，但更令你惊讶的是，“锚点”对外行和专家的影响几乎没有差别。唯一的不同是，专家会否认这种影响，而外行不会。因此，专家可能没有像外行那样明确考虑“锚点”的影响，但“锚定效应”对他们和外行同样产生了强大的影响。

为什么首次报价会制造“锚定效应”？一个重要的原因是，首次报价不止是简单的“锚点”，它还侧重于谈判者对某个特定方面的关注，即保留价格和渴望价格。

思考一下，你的首次报价是否应当是你对这次谈判可以实现的结果的乐观估计，即你的渴望价格？如果答案是肯定的，那么当你首先报价时，你重点关注的就是期望的谈判结果。与此同时，首次报价应当让你的谈判对手把重点放在他的保留价格上。

事实上，如果你的报价低于他的保留价格，他也许会思考一些策略，以便获得至少与他的保留价格相当的利益，才有可能与你达成协议。如此一来，你的首次报价就是利用了谈判对手想要达成协议的急切心情，并且让他将自己的注意力集中在他的保留价格上，而你则一直关注你的渴望价格。你仍然对乐观的谈判结果保持期望，同时悄悄地转移了对方的关注点。

对接收首次报价的一方来说，“锚定效应”的效果不如准备更充分的报价方那么显著。主要原因在于，谈判前精心的准备工作使报价方确定了一些替代“锚点”，比如渴望价格等。事实上，如果报价方只盯着自己的渴望价格，那么准备工作的积极效果无疑将得到强化。

但有意思的是，策划与准备工作还可以使报价方重点关注他的渴望价格，从而对结果产生积极作用。回想一下第 2 章的情形。你的渴望价格能够引导你的关注点，同时抵消谈判对手首次报价的影响。怀着乐观的期望或者设定具有挑战性的目标，可以增强你实现渴望价格的能力。

鉴于“锚定效应”的积极作用，在准备谈判时过于关注你的替代选择而非渴望价格，实际上会让你在谈判中处于劣势。如果将替代选择作为一项标准来判断某个可接受的结果，从而为你的目标编织一张“安全防护网”，那么你在谈判中的表现将受到全面影响。另一方面，如果能牢记渴望价格，你就会为自己创造一个额外的心理杠杆，它有助于你从谈判中获得更多你想要的东西。

设计首次报价

现在，让我们假设你决定在即将举行的谈判中首先报价。你对首先报价抱有怎样的期望？你可能希望通过首先报价设定一个对你尽可能有利的“锚点”。那意味着你要报出一个颇具侵略性的价格。事实上，你希望成为“疯狂的”谈判方，但这并非一种可供借鉴的可操作惯例。在让你的首次报价变得“疯狂”时，一方面，它必须引起谈判对手的重视；另一方面，又不能被他当场拒绝。因此，尽管你并不指望谈判对手接受你的首次报价，但你希望他们认真予以考虑，不要退出谈判。

这里的挑战在于，你的首次报价给谈判对手造成的影响取决于一系列因素，例如文化差异（不同文化对“疯狂”的定义也不同），谈判对手的准备工作做得怎样，你的首次报价的合理性，甚至还取决于你的报价是不是“抹掉了零头”。

第一，各种文化对“疯狂”的定义迥然不同。我们发现，土耳其伊斯坦布尔的地毯卖家给出的首次报价和还价，与瑞士苏黎世的地毯卖家给出的类似产品的报价和还价有着天壤之别，即便后者是土耳其裔也同样如此。

然而文化并不是一个只有你越过了边界和国境时才会改变的因素。在一个国家内、一个地区内，甚至同一个地区的不同组织之间，文化及其影响也可能有着巨大的差别。即使是在同一个组织之中，某个团队或者分支机构的文化，和其他团队或分支机构的文化也可能全然不同。设想一下，在一家高科技公司内，工程师和营销人员在想着“疯狂”一词时可能有着怎样的差异化想法。

第二，“锚定效应”还取决于对议题价值判断的不确定性。对议题价值的判断越是模糊，“锚点”的影响也越大。对议题价值的判断之所以会模糊，是由于议题本身具有不确定性或缺乏可预测性。不过，你对议题价值的不确定，更有可能源于缺乏准备。谈判前的策划和准备越是不充分，首次报价就越能影响你对议题合理性的判断。

第三，表述也很重要。一般情况下，如果在首次报价、还价或者询价时伴随着解释或者证明，往往更有影响力。社会心理学的一些经典研究案例清楚地证明了这一点。如果排在队伍后面的人想插队并且给出了合理解释，好比“我有点急事”，那么队伍中的其他人更有可能允许这种行为。有意思的是，合理解释的质量高低，并不像能否给出合理解释那么重要。但如果你打算为你的要求提供合理解释，那么你的理由越是客观，“锚定效应”也越强。假如你在机场安检时想插个队，那么跟前面的人说“我快赶不上飞机了”，比起跟他说“我有点急事”更有可能获得允许。

第四，“锚点”看起来与正在讨论的问题越是相关，它对接收方的影响也越大。例如，研究人员曾在实验中问一些人“伏特加的冰点是不是0℃”，随后请他们判断伏特加的冰点到底是摄氏多少度。很多人会把0℃作为错误的结论，因为大家都知道0℃是水的冰点。正如我们很多人会在评估房产价格时受到宣传册的影响一样，当“锚点”与议题的关联更加紧密时，它一定比提出“在中国的农历中，是不是每个月都有30天”这样的问题对谈判对手的影响更大。

“锚点”的巨大影响之一体现在以数字形式的首次报价上。如果你报出的数字是整数或者看起来不够精确，将极大地影响谈判对手的看法，也会影响这一报价对最终结果的影响。最近的一项研究发现，报价越是（接近）精确，与目标的联系也就越紧密。报价越是“不带零头”，影响力越小，接收报价的一方越有可能对你设置的“锚点”进行调整。

这意味着，尽管两个报价都是准确的，但看似精确的报价比不太精确的报价具有更强的“锚定效应”。

还记得高中数学课上老师讲过的精确与准确之间的差别吗？打个比方，当房产经纪人给卖家的评估价格是 142.35 万美元时，比起 150 万美元这个整数，卖家更容易接受前者。

那么，是什么使“锚点”产生如此强大的影响？“锚点”之所以能影响价值评估，是因为很少有谈判者完全掌握交易各方面的情况，以及谈判对手的替代选择和渴望价格。在试图评估交易可能在哪些议题上达成一致时，谈判者会寻找一些有利于发现谈判对手的兴趣和偏好的线索，“锚点”就提供了一个发现的视角。更为重要的是，“锚点”的强大作用还在于它能微妙地影响谈判者对价值的判断。你对谈判的准备越不充分，在思考谈判中各种问题的合理性时，将更多地受到“锚点”的影响。“锚点”看起来越是客观，就越有可能被作为一个合理的起点。首次报价越是客观和精确，接收方越容易承认它的有效性。

报价后应该做什么?

首先报价后，你应该做什么？对于接下来将会发生的事情，至少有三种可能：

1. 谈判对手接受你的报价，谈判完成；
2. 谈判对手让你回去好好想想你什么时候提出过合理的报价，然后简单地退出谈判；
3. 谈判对手进行还价。

乍看上去，你也许认为第一种可能是最好的结果。毕竟你首先报了价，然后恰好得到了你想要的东西。然而，正如我们在第 2 章讨论的那样，虽然从经济学的角度看，这种情况真的有可能发生（谈判对手的估价远远超出了你的期望），但在心理学上，这并不是你最想要的结果。几乎可以肯定，与你和谈判对手讨价还价后得到一个不同的结果相比，你肯定不会对谈判对手接受你的首次报价过分满意，即使讨价还价后你损失了一部分利益。你首先报价时，并不指望对方会全盘接受，因为你觉得自己的报价是极端的、单方面的。所以，如果对方接受了你的报价，你会对你的基本假设提出质疑，怀疑那个报价是不是并非那么极端和单方面。

一项研究表明，当谈判者的首次报价被对方接受时，比起他们与谈判对手经过数轮报价和还价并最终达成协议，即使两种情况的客观结果是相同的，谈判者也会对前一种情况更不满意。

如果谈判对手选了第二个选项，那就表明对方甚至不想还价，这可能说明你已经被定义为“疯狂”了。你接下来的处境会非常艰难，因为对你来说，对方如果不还价，那么唯一使谈判继续的方式就是你做出单方面让步。而且你的让步向谈判对手传递了一个非常明确的信号：达成协议对你来说极其重要。

此时，你在这次谈判中明显处于弱势。当你提出了与首次报价差距很大的第二次报价时，谈判对手都无需再费力和你谈判了，对方可以坚持自己的立场，不作任何让步，然后继续以退出谈判相威胁，看看你会不会再次做出更大的让步。

这时还有一种替代方案：让你的某个伙伴代替你加入谈判，因为你已经做出了让步，明确表示你不会退出谈判，那么如果还希望达成合理的交易，你就需要找别人来接手，接替你的人最好不要让谈判对手联想到你，否则起不到任何作用。但不管怎样你已经达到了目的——让谈判继续。

因此你要避免“疯狂”，它会大幅拉低你的首次报价。你可能没有想过首次报价会被对方接受，但一定也不想对方一听到你的报价就退出谈判。相反，你希望对方还价。因此，最佳的首次报价，是在谈判对手会认真考虑的前提下的极端报价。一旦他们开始还价，你就实现了首先报价的目的——“锚定”谈判对手，让他用还价来回应，制造一个谈判区间，确定一个双方可以讨论的范围。

现在，让我们考虑大多数人认为更好的一种选择：让谈判对手首先报价。什么时候让谈判对手首先报价是个好主意？谈判者希望收到对方怎样的首次报价？

什么时候让对方先开口？

当谈判对手首先报价，且报价中传递的信息的潜在价值超过了你首先报价时的“锚定效应”的价值时，你无疑将获得一种战略优势。换句话讲，**当谈判对手准备并不充分而你做好了十足的准备时，让对方首先报价对你有利。**

如果谈判对手并没有做太多系统的策划或者准备工作，以至于没有了解你们双方的观点，那么，他在谈判中也许错误地评估了自己的渴望，这对你绝对有利。缺乏准备的谈判对手还可能在首次报价中向你透露更多信息，让你知道他从直觉上如何估量谈判议题的价值，使你可以找到他认为极端的立场。由于你的准备工作做得极为充分，你可以了解他如何评估议题，同时也不容易受到他首次报价制造的“锚点”的影响。

想象这样一场谈判：你拥有一些独一无二的秘密信息，而且你十分确定谈判对手并不知情。假设你想买一幅画，那么这幅画的价值取决于你是一位艺术品投资家还是艺术品收藏家。作为个人收藏者，一幅画的价值取决于你对画家的了解程度、你的个人收藏状况等因素，它们会对你和这幅特定的艺术作品产生独特的交互影响。因此，你需要的是交互中的潜在价值。另一位艺术品收藏家也许会以完全不同的视角来看待同一幅作品。而如果你在做艺术品投资的生意，那么你的谈判视角可能与不得不出售这幅画的收藏家大相径庭。

让我们暂时不讨论艺术的世界，把视线转移到跳蚤市场这种更普通的情境。

> 假设你花了一下午去逛跳蚤市场，想淘一些有趣的东西。经过一个小摊位时，你注意到一张用水泥砖砌成的大办公桌正在降价出售。这张办公桌不怎么起眼，却引起了你的注意。卖家在办公桌的中央贴了一些有趣的瓷片，那些瓷片非常特别，你发现它们是一位顶尖艺术家的作品。鉴于在这样的背景下(跳蚤市场、水泥桌上)，你推断卖家很可能不知道这些装饰瓷片出自名家之手。

那么，在这种情况下你应不应该首先报价？到底是“锚定效应”起主导作用，还是“信息效应”起主导作用？由于你知道那位顶尖艺术家的作品的价值，而卖家没有掌握这一信息，你很可能给出一个估价过高的“锚点”。

假如你的首次报价比对方的渴望价格高出一大截，对方反而会起疑心，要么怀疑你精神有问题，要么意识到这张办公桌价值不菲，对你狮子大开口。不管是哪一种结果，由于你首先报了价，他很可能设法让你支付比他的渴望价格多得多的钱。所以，你应该让他首先报价，进而评估他掌握的信息。如果他的首次报价很低，那说明他根本不知道瓷片的真正价值，你便可以在他设置的“锚点”上展开谈判。如果你们达成了交易，这就是一个皆大欢喜的结果，卖家会因为终于卖出了这张办公桌而高兴不已，你也由于买到了顶尖艺术家珍稀而宝贵的艺术作品而暗暗庆幸。

同样的道理，如果你真的认为谈判对手在评估议题价值时采用的标准和你完全不同，而且他的标准比你更高，那么你应当让他首先报价。如果你真的相信潜在雇主认为你当前的工资报酬明显与你的能力不匹配（认定你应该拿更高的工资），那么你更应该先看一看他会开出多高的起薪。

最后，如果你十分不确定谈判对手到底认为议题价值几何，可能会选择接受对方的首次报价。假设你不确定对方的保留价格是 10 美元还是 1 000 美元，那么如果你首先报价，必将面临亏损或谈判破裂的局面。

当然，让谈判对手首先报价，你必将受“锚定效应”的影响。然而，你在谈判之前掌握的信息越多，首次报价对你的影响也就越小。你对谈判议题了解得越深入，也就越确定你想达成的目标和你对谈判议题的估价。你的准备越充分，对“锚定效应”的抵御能力也越强，也越能够把首次报价中出乎你预料的信息利用起来。但是，不论你的准备多么充分，你还是会受到对方首次报价的影响，只是影响程度可大可小。

策划矩阵

让我们回到本章开始时提出的问题：你是应该首先报价，还是等待谈判对手先报价？最近的一项研究可以帮助我们区分哪种策略更可取。

研究人员最近观察了当谈判者在权力级别不同，谈判是围绕单一议题（比如价格）还是涉及多项议题（其中有分布性、综合性和一致性议题）的时候，不同文化之间首先报价所产生的影响。**在所有这些**

情境中，首先报价的谈判者都占据有利地位。研究人员对这些数据进行了进一步分析，结果发现，只有在分布性议题（例如价格）上，首先报价才会产生“锚定效应”。除此之外，首先报价并不会影响综合性议题或一致性议题的谈判结果。

为了帮助你决策，我们来考虑一下你在围绕一致性议题的谈判中首先报价的情形。假设任何一方都不知道哪个特定问题是一致性议题。接收报价的一方可以充分利用这一信息，通过接受极端的报价（当然，由于问题是一致性的，所以它并不极端），要求谈判对手在另一项议题上做出让步。另一种选择是，接收报价的一方也可以接受谈判对手在一致性议题上的报价，进而获得对方善意的回报。无论采用哪种回应方式，接收报价的一方都是有选择余地的。

现在，假设谈判双方掌握的信息并不是同样多的，而且掌握信息较多的一方知道（或者怀疑）谈判中围绕的某些问题是一致性议题。那么，是否选择首先报价，就取决于前面所说的好处的相对影响，这些好处来自于确定“锚点”，并且拥有交易策略或直接策略的选择。

正如这个例子所表明的那样，信息和准备工作是任何一场谈判的关键。因此，在确定是自己首先报价还是等待对方报价的时候，要评估你和谈判对手的相关准备工作。为了帮助你减小评估的误差，我们将你的各个选项综合到一个表格中（见表 7.1），该表格包含了 16 种不同的可能性。对于你自己的目标你准备得怎么样？对于谈判对手的目标你准备得怎么样？谈判对手对他自己的目标做了怎样的准备？他对你的目标有着多么深入的洞察？

例如，你也许对你自己的目标了解得十分透彻，对谈判对手却几乎一无所知，或者你可能对双方的利益都有着深刻的洞悉，抑或是对任何一方的利益都不甚了解。在这 16 种可能性中，我们对每一种都提出了建议。

在表7.1中，我们用黑色底纹隐藏了那些你没有做好准备去了解你的利益和偏好的可能性。如果从头开始看这本书，现在你一定知道，那不能成为一个选项。更重要的是，要考虑加了灰色底纹和没有添加底纹的可能性。在加了灰色底纹的区域中，你应当提高警惕。那意味着你并没有从谈判对手的角度来分析谈判。这些可能性之中，有些反映了双方都没有注意到的东西，比如，你和谈判对手都没有深入观察另一方的利益。没有添加底纹的部分，体现了你的准备工作做得十分扎实。你既对自己十分清楚，又对谈判对手了如指掌。在这些情形中，有时候谈判对手也同样十分了解你的底细，另一些时候则不太了解。可能你只知道自己的目标，而谈判对手只知道他的目标，你们几乎都没有深入地分析对方。

表7.1 策划矩阵

<table>
<tr><td colspan="4" rowspan="3">你该首先报价还是接收谈判对手的首次报价？</td><td colspan="4">关于自己的谈判参数的信息</td></tr>
<tr><td colspan="2">你对自己的谈判参数的了解程度</td><td colspan="2">你对自己的谈判参数的了解程度</td></tr>
<tr><td>低</td><td>高</td><td>低</td><td>高</td></tr>
<tr><td rowspan="4">谈判对手对他自己的谈判参数的了解程度</td><td rowspan="2">低</td><td rowspan="2">谈判对手对你的谈判参数的了解程度</td><td>低</td><td rowspan="4"></td><td rowspan="4"></td><td>可以等待谈判对手首先报价（但必须是善意的）</td><td>等待谈判对手首先报价</td></tr>
<tr><td>高</td><td>首先报价</td><td>首先报价</td></tr>
<tr><td rowspan="2">高</td><td rowspan="2">谈判对手对你的谈判参数的了解程度</td><td>低</td><td>首先报价</td><td>首先报价</td></tr>
<tr><td>高</td><td>首先报价</td><td>首先报价</td></tr>
</table>

在这张表中，75%的建议是“首先报价”。这与我们的调查结果(80%的谈判者更愿意让谈判对手首先报价）互为补充。但应该记住的是，在首先报价时要更有前瞻性，更重要的是，要记住这并不是一个简单的、双向的问题。为了获得更多，必须分析当前的局面、你的行为以及谈判对手的行为，以确定最佳的行动方案。有时你需要先开口，但在另一些时候，你需要更有耐心。

第7章 小 结
SUMMARY

有没有想到，判断你应该在什么时候首先报价居然是一件这么复杂的事情？在这里，我们摘取了本章中最重要的几点。总的说来，在确定如何发起谈判的时候，你应当考虑以下几点：

- 分析当时的局面，以确定到底是“锚定效应”的效果更好，还是信息不对称的效果更好。如果局势不明朗，可以考虑首先报价。
- “锚定效应”的确会产生作用，即使我们了解了问题的价值，也无法避免它发挥作用。报价的接收方越是没有精确地了解信息，“锚定效应”的影响就越强。
- 报价应当尽可能极端，但也要能让谈判对手给出回应，除非你在想方设法促成拍卖的局面。我们将在第 13 章讨论这种例外情况。
- 首次报价中包含的数字应当看似精确，最好不是整数。
- 报价时应当给出依据或正当理由，依据或理由看起来越是客观，报价的影响就越大。

第 8 章

洞悉全局

补充并验证你（认为自己）所了解的信息

你已经完成了谈判前的策划和准备工作，确定了要不要首先报价，现在，你准备开始谈判了。但除非你面临的局面极为特殊，否则你的信息列表中依然会存在一些空白。例如，你对谈判议题及其价值的了解，特别是站在谈判对手的立场对议题的了解仍不完整。因此，和任何老练的谈判者一样，你应当把谈判当成一次机会，去补充和验证你在策划和准备过程中了解到的信息。

为了充分利用谈判期间的信息交换，你应当准备两张清单，一张列出你到目前为止仍然不了解的方面，另一张列出你想要确认的方面。虽然策划和准备阶段最适合收集信息，但有些信息是在谈判开始前无法获取的，还有一些信息虽然可以事先掌握，但并不精确。尽管在准备阶段一定会出现遗漏，但很少有人把谈判本身作为一个更新、确认或者修订谈判议题的机会，特别是从谈判对手的角度去做这些事情，也没有人把谈判当成完善解决方案的机会。

谈判者要面临的一项挑战是，在策划和准备阶段，你将不可避免地以一系列的假设为根据，也就是说，对你和谈判对手的利益、谈判议题，以及你们双方对议题价值的判断，大多基于假设。在第 1 章中，你了解了期望驱动行为的力量。假设就像一个“信息滤波器”，你通过它来评估你获得的信息。例如，那些假定谈判对手将采取合作态度的谈判者，更有可能询问对方的合作意图；而那些假定谈判对手将摆出针锋相对姿态的谈判者，更有可能询问谈判对手为什么抱持这种敌对态度。

但假设终归是假设。应当验证并在必要时对它们加以更新，而谈判为你更新假设创造了机会。不过，如果你急于达成协议，那么在更新假设的过程中也可能遇到一些危险，因为你可能会滥用或者忽略你获得的信息，例如只为了更容易与谈判对手达成一致而调整你的保留价格。

要利用谈判中获取的信息，第一步是为你和谈判对手确定正确的基调以及适当的期望。这个基调应当聚焦于信息的交换，而不是谁应该得到什么。为了开启第一步，我们建议你运用前文提到的技巧来辨别你和谈判对手试图达到什么目的，包括从双方的角度来看，划算的交易有哪些特点，以及如何达成。虽然第一个阶段的任务毫无疑问是辨别你和谈判对手有着不同期望的议题（例如买家希望价格尽可能低，而卖家就希望价格尽可能高），但重要的是凸显共同利益（例如确定买家和卖家都能接受的价格、建立长远关系等）。通过辨别并强调共同利益，你就为谈判搭建了一个框架，这个框架可以作为解决你和谈判对手带到谈判中的某项议题的模型，以营造更和谐的合作氛围，抵消双方对敌对关系的假设，促进信息分享。

构建更加注重合作的互动，无疑将缓解双方的敌对假设，而且也有利于你运用不同的透镜去评估对方的行为。想象一下，“零和游戏”思维可能怎样影响你对谈判对手提出的建议方案的评估？如果你假定一场谈判纯粹是敌对性的，那么谈判对手的任何建议方案一定都是对你不利的，反之亦然。因此，你会认定谈判对手的建议方案对你来说价值不高，原因仅仅是它是由谈判对手提出来的。这种效应被称为“反应性贬值”（Reactive Devaluation）。

案例分析

反应性贬值实验

美苏冷战期间，实验人员将参与者（均为美国人）随机分为三组，询问每组成员是否支持某个大幅度裁减核军备的项目。实验人员告诉第一组成员，这个项目是由美国时任总统里根提议的。在这种情况下，90% 的参与者说该项目符合或至少不会损伤美国的利益；第二组成员被告知，这个项目是由一群政策分析师提议的。在这种情况下，80% 的参与者说该项目符合或至少不会损伤美国的利益；但实验人员告诉第三组成员，这个项目是由时任苏联总统的戈尔巴乔夫提议的。在这种情况下，只有 44% 的人认为这个项目符合美国的利益，或者至少不会对美国的利益造成损伤。

三组成员看到的是同一份提议，唯一的差别在于提议者的身份：己方、中立方或是敌对方。这一信息显著影响了实验参与者如何看待这份提议。

要利用谈判中获取的信息，第二步是辨别对你和谈判对手都十分重要的议题。当然，这个过程要求双方足够坦诚。你必须把你认为重要的议题说出来，并要求谈判对手和你一样坦率。在透露信息时，一定要审慎。因为从综合层面来看，所有信息的重要性是不同的，而且互惠互利是一种双向行为。例如，在交换更为重要（因而具备战略意义）

的信息之前，应根据议题的重要性对要交换的信息进行排序，然后从粗线条的信息开始分享。我们建议你不要分享那些最具战略意义的信息，比如某项议题对你而言的特定价值，如果你认为必须分享，请把它们留到谈判即将结束的时刻。

甚至当你试图补充和验证你此前对谈判对手偏好的判断时，你的信息收集工作也可能受个人期望的影响而产生偏差。结果，即使你的个人期望并没有真实反映出谈判对手的偏好的性质，你最终得出的结论也可能和那些个人期望一致。然而，反应性贬值并不是唯一一个影响谈判者的“信息滤波器”。

谈判者通常未能充分利用随着谈判的展开而浮现的信息，因此也忽略了评估谈判对手偏好的各种不易察觉的方法。在本章的剩余内容中，我们将讨论如何从谈判对手的让步、合作关系的长短、双方的声誉以及谈判历史等方面获取信息。在下一小节，我们将考虑其他的信息源和将会影响双方解读对方行为的“信息滤波器”。

对方一口答应，是你的损失

评估谈判进程的一个重要标志是谈判对手的让步行为。

- 面对一个又一个建议方案，对手做出了多大的让步？
- 他是在谈判的早期还是末期做出的让步？
- 对自己的让步，他给出了怎样的解释？

这是三个可以随着谈判的展开而收集的信息。这三个辨别谈判对手让步行为的问题，可能影响你判断他对谈判议题重要性的评估，甚至影响正在进行的议题以及他对你和谈判结果的满意程度。

玛格丽特在试图买下一匹马的时候，就对自己提出了以上三个问题。她既要评估马匹是否符合她的驾驭能力，又要看它能不能拉东西。玛格丽特一位相识多年的朋友告诉她，有位卖家恰好想卖掉一匹非常不错的马。于是玛格丽特和卖家取得了联系。她首先让卖家骑了一下，然后她自己也骑了一下，最后又请了一位兽医对马的健康状况进行了检查。现在，她做好了和卖家谈判的准备。为了证明让步的方式、让步时机的重要性，让我们假设这次谈判主要围绕价格议题展开。卖家开价 11 000 美元，而玛格丽特根据自己收集到的信息，还价 9 000 美元。

如果你是玛格丽特，你对马匹价值的评估会不会因卖家的回应方式而有所不同？如果卖家一口答应你的还价，立即单方面做出 2 000 美元的让步，你会怎样评估？如果卖家慢慢地让步，经过几轮谈判下来，最后依然以 9 000 美元成交，你对马匹价值的评估会不会有所不同？或者卖家一开始很强硬，不肯做出任何让步，直到你打算放弃交易才最终同意你的报价，你又会怎样评估？

请注意，这三种情境有两个共同点：卖家的开价都是 11 000 美元，最终成交价都是 9 000 美元。因此，如果人们只是重点关注最终结果，那么这三种情境从经济学的角度来讲并无差别。因此，从纯粹理性的角度来看，也就是从旁观者托马斯的角度看，玛格丽特不应当关心她自己究竟怎样达成渴望价格。然而，很可能玛格丽特（以及你）在评估马匹的价值时，对第二种结果（卖家逐渐让步）更满意。

在第一种情境（卖家一口答应玛格丽特的还价）中，玛格丽特可能认为那匹马不如她预期的那么值钱，她会把卖家的让步理解为："他知道那匹马不值 11 000 美元，可能我没有发现那匹马还存在其他问题。"在第二种情境中，玛格丽特会对自己的评估水平很满意，对和卖家的谈判也很满意，因为她会把卖家的逐渐让步解读为对方很想出售那匹马（而不是因为那匹马不值 11 000 美元）。在第三种情境中（卖家不肯让步，最终在威胁下同意)，她更可能认为马匹的价值比 9 000 美元更高，却对卖家的行为不太满意。她也许再也不想和这位卖家谈判了，或者把这次经历告诉向她推荐卖家的朋友。

如果卖家向玛格丽特解释他愿意以 9 000 美元成交的原因，也可以提高玛格丽特的满意度。例如，在周末之前把马卖出去对他来说非常重要，因为他需要这笔钱为儿子交大学学费。请注意，从玛格丽特的角度看，卖家的让步并没有透露任何与马匹本身有关的信息。然而，他给出了可信的解释，向玛格丽特表明，让步仅仅是因为自己需要钱。对玛格丽特来讲,这个解释比马匹的价值远不及 9 000 美元更让她欣慰。有了这一解释，她很可能避免买家懊悔（Buyer’s Remorse)。所谓买家懊悔，是指买家在完成交易后产生一种主观的负面体验，觉得自己花的钱不值，因为支出过大而愧疚。

让步的价值还可能随着让步的时机不同而改变。想一想，你在卖房子的时候，是不是更愿意在价格上做出 20 000 美元的让步，换来一个更理想的成交日期？研究表明，当双方的成交价已经越过成本基数时，卖家往往愿意做出更大的让步。

请注意，以上研究结果并不存在经济上的合理解释。你每做出 1 美元的让步，就损失了 1 美元，这与你是否越过了成本基数没有关系。如果对你来说，更有利的成交日期至少价值 15 000 美元，那么你让步 20 000 美元付出的代价会更小。当然，谈判对手也可能在准备阶段搜索了你过去出售房产的成交价，因而了解了你的成本基数。他对你的保留价格有着深刻的洞察，因而要求你做出合理的让步。

回答问题前， 至少思考两次

很多人在回答问题之前常常不会考虑超过两次。事实上，大部分人甚至想都不想就会给出答复。然而优秀的谈判者就像伟大的外交家，会再三思考后才开口说话。

如果你的谈判对手和大多数人一样，那么他可能意识不到回答你的直接提问会有损他的利益。你还可以抛出一项议题之后静待对方回答，以增大他向你透露可用信息的可能性，要知道，许多人有着强烈的意愿去打破沉默。

能够充分利用人们希望打破沉默的心理无疑是有益的，但为求成功，还得考虑怎样以及何时提问。显然，**你提出的问题应当侧重于修订和确认你已经获取的信息，补充你曾经遗漏的信息**。但即使这样，在提出问题时，仍要考虑谈判对手是否会回答，以及他的答案是否可信。所以，要注意所提问题的类型以及顺序。

举个例子，和大多数谈判者一样，你非常想了解谈判对手的保留价格，但不确定要怎样提问。在第 2 章我们曾提到，如果你谈判的目的是得到更多你想要的，就不要把你真正的保留价格告诉谈判对手。如果你刚见面就请谈判对手透露他的保留价格，那么他同样也会要求你透露你的保留价格。

有一个解决方案可以化解这种困境：提高引导谈话的技巧。与其请谈判对手透露他的保留价格，不如先和他交谈一番，首先询问他的谈判目标，转而探讨他的替代选择，甚至还可以问他愿意做出哪些让步，这样，你就获得了可以估算他的保留价格的信息。

引导谈话的解决方案，在另一些场合也同样适用。在谈判过程中，谈判对手可能会向你提一些直接的问题，你要确保自己的回答既能够反映你想分享的信息，又不会让你暴露在不必要的风险面前，而且不会引出你不得不回答的后续问题。比方说，如果谈判对手问到你的保留价格，你可以考虑反过来问他："在这场谈判中，你觉得达到什么目标是重要的？对你来说划算的交易有哪些特点？"这样一来，你就将他从“谁得到什么”的问题重新引导到注重信息交流的问题上来了。而信息交流正是创造价值的核心。

谈判中的另一项重大挑战是评估你获得的信息的可信度。我们在第 4 章提到过一种策略，先提一些你知道答案的问题，再提一些你不知道答案的问题。谈判对手在前一类问题上的回答，可以帮助你评估他对后一类问题的回答的可信度。

提一些具体的、有针对性的问题，也有助于得到更多你想要的，但这要求你必须提出你认为谈判对手愿意回答的问题。提问之前先问自己：“如果他问我同样的问题，我是不是也愿意回答？”通常情况下，提一系列的小问题，比只提少数几个重要问题的效果更好。但问题的答案要既能强化你对整体情况的掌握，也可以加强你对谈判对手的了解，以便评估对方在回答时有没有实话实说。

但这只是开始。为了填补信息空白，有效地加强信息交换，需要充分利用谈判的场合，这也许能打开一些你想都没有想过的“大门”。在下一小节，我们将探讨双方的声誉、谈判历史、社会关系，以及你解读谈判对手观点的能力，会在何时以及怎样帮助你在谈判中得到更多你想要的。

关系与利益的倒U形关系

在结束当前的谈判后，你和谈判对手是否还会在将来产生交集？这次谈判究竟是你们合作关系的开始还是结束？从经济学和心理学的角度来看，人们对继续交往的期望会改变相互间关系的性质，因此**在刚开始谈判时，你就需要评估你们是否有未来。**

当双方在未来还会有交集时，声誉就变得更加重要。双方都更有可能考虑他们的行为对长远关系的影响，这既会改变他们的沟通方式，也会改变他们的立场。好消息是，期待未来交往的谈判者，比起那些不指望双方未来产生交集的谈判者更有可能真诚地交流信息，也会表现得不那么锱铢必较，还会更加信赖谈判对手，而且有着更强烈的动机发展合作关系。除此之外，与认为谈判只是一次性交易相比，当谈判者强烈期望未来合作时，双方可以达成更多的综合性协议。

与此同时，未来的交集也可能使谈判变得复杂。例如，当谈判一方做出的某些让步可能影响自己的长远利益而非短期利益时，他就不太可能让步。比如，长期供货商不太可能在价格上让步，因为那也许意味着将来也必须让步。然而，他可能更愿意为长期供货的客户“量身打造”支付条款，以满足客户在特定时期的独特需求。

谈判双方未来合作的可能性，还为双方提供了一个不同的“信息滤波器”，你和谈判对手将透过这个滤波器相互解读对方的意图、行为以及选择。“信息滤波器”由谈判者的声誉和独特的经历构成。你和谈判对手已经拥有或者期望拥有的某种类型的声誉或人际关系，也是一个重要的考量因素。例如，当眼前的谈判有望继续下去，或者将来双方有可能再次谈判时，谈判者不太愿意做出让步，尤其不愿意在谈判初期让步。这样做的目的是要在谈判对手心中建立“立场坚定、很难被说服”的形象。

声誉也许是一场谈判中包含了未来合作可能的最明显因素。一个人的声誉就是其他人可以搜索到的关于他的全部信息。声誉有助于迅速传递信息，既有客观信息，也包含主观的成见，但都有助于预测这个人的行为。经验丰富的谈判者通常在一开始确定是否要开启谈判时就考虑到了谈判对手的声誉。比如，当玛格丽特打算买马时，最初依据的就是卖家的声誉。

例如，谈判对手的声誉有助于你预测他将会采取哪些行动，更重要的是，将会影响你对那些行为的潜在意图的解读。通过声誉这个“信息滤波器”，你对谈判对手的行为添加了你的看法。如果谈判对手发现了一项重要议题，他要么和你交换这一信息以创造价值，要么讲究策略地在另一项议题上让步，以换取你在他看重的议题上的让步，同时还能给出合理的解释。这样一来，当谈判对手早已由于“立场坚定”而名声在外时，你很可能将他对某项议题重要性的声明解读为他想申明更大价值的前奏。相反，如果谈判对手因“着眼于创造价值”而为人所知，那么你也会用另一种视角看待他对某项议题重要性的强调。

经验表明，声誉还会对谈判的效果产生影响。在一项研究中，研究人员将参与者分成很多组，每两人一组。随后，研究人员告诉其中一半的人，说他们的谈判对手特别擅长分布性议题的谈判。而对另一半的人，研究人员并没有透露关于他们谈判对手的任何声誉信息。

在研究中，围绕多个带有综合潜力的问题的谈判时，面对“格外擅长分布性议题谈判”的对手时，谈判者都不太愿意分享信息，而且对谈判对手试图控制谈判的做法更加敏感。有意思的是，另一些并不知道谈判对手有着怎样声誉的谈判者，在谈判中的实际表现更好。根本不了解谈判对手声誉的谈判者，比起那些知道谈判对手擅长围绕分布性议题谈判的谈判者，在创造价值时也更高效。

令人吃惊的是，那些“格外擅长分布性议题谈判”的谈判对手，和那些没有背负着任何声誉信息的谈判对手相比，获得的结果明显差得多。声誉和对方的期望，压制了他们的谈判能力。这一点格外重要，因为声誉是由研究人员随机分配的，事实上大家的能力没有差别。在了解谈判对手擅长分布性议题谈判的过程中，谈判者受到自身期望以及对谈判对手行为的解读的影响，因此更加关注分布性议题的谈判。谈判对手受其影响，也会表现出更具侵略性的价值申明行为，即使他们并不知道自己拥有怎样的声誉。双方的行为相互作用，制造了一种分布性的冲突升级，导致双方都损失了部分利益。

将声誉纳入重点考量范围有一个必要条件：谈判双方必须有再次合作的机会，即使下一次合作与以上描述的一次性谈判一样短。

想想一些商家对过路客和回头客的不同态度，当他们与过路客交易时，往往着眼于眼前利益，重点关注当下的举动，容易创造敌对气氛；相反，当商家与回头客交易时，他们更愿意牺牲短期利益，以争取额外的、长期的优势。在这种交易中，一方必须自信地认定他的谈判对手会在将来的谈判中牺牲短期利益作为回报，自己可以获得长期利益，因而提高了对声誉的重视程度。这样，在适当的时候，你可以通过强调你和谈判对手之间的长期关系，顺利推进谈判。

显然，你在谈判开始前就根据谈判对手的声誉确定了你的期望。然而，声誉有可能因个人经历而改变。你在谈判中的经历，以及你和同一个谈判对手反复谈判的经历，将怎样影响你对谈判的期望？也就是说，谈判经历会对声誉产生多大影响?

当谈判双方未来仍有交集时，通常在过去也有接触。在过去的接触中发生的事情，可能对下一次谈判产生显著影响。与达成协议相比，当谈判双方在上一次谈判中陷入僵局时，双方将不欢而散的结果视为谈判失败，对谈判的效果感到气愤和备受挫折，进而在将来的谈判中选择更加咄咄逼人的策略。这最终会产生怎样的效应？如果你与同一位谈判对手在两种情境中分别谈判，或者是与完全不同的两位谈判对手谈判，会不会很重要？我们可以再次简单地回答“对”。上一次谈判的经历，将影响未来的谈判，即使换了谈判对手，影响仍然存在。

当你更换了谈判对手时，在接下来的谈判中你对双方合作态度的预期，预示了这次谈判的结果。在与上次相同的谈判对手谈判时，你的期望不会产生影响，起作用的是上一次谈判的经历。如果你们在上一次谈判中陷入了僵局，显然更有可能在这一次谈判中再次陷入僵局。同样，如果你们在上一次谈判中达成了协议，就更有可能在随后的谈判中同样达成一致。这一研究成果意味着，在选择谈判对手时，你们之间的上一次谈判结果可能是一个重要的决定因素。

正是在未来仍有交集的背景下，谈判既会受到以往经历的影响，也会受到声誉的影响。那么，双方的关系是不是声誉和以往经历的简单叠加？是否还包含一些其他因素？

在以往的接触中，谈判双方不可避免地建立了某种关系，这种关系综合了双方以往谈判的经历和对未来合作的期望。正如声誉那样，谈判双方的关系为谈判策略和方法的有效性增加了一个时间维度，在这个维度上，也有创造和申明价值的空间。除此之外，当谈判双方的关系稳定时，他们不仅会提出一系列的议题或报价，还有可能综合利用当前和未来对谈判结果的偏好。因此，从经济学的角度看，双方的关系使得创造价值（当前的和未来的价值）成为了可能。但要记住，双方关系的效应好比一把双刃剑，既能创造优势，也会带来劣势。

为了例证谈判者之间的关系对谈判的影响，对比一下你从一位亲戚和一个陌生人手里购买（或向他们出售）二手车时可能遇到的问题。你和亲戚经常来往，而和那位陌生人则很难再有交集。

与和你有来往的亲戚或是没有交往的陌生人谈判，其中的成本与效益完全不同。假如你要买一辆二手车，那么显然从亲戚手中买比从陌生人手中买更好。在购买时，你会询问卖家一些问题，帮助你评估车的质量，包括使用年限以及当前的车况等。在回答时，你的亲戚不得不考虑，如果对你撒谎，可能给你们之间未来的关系带来怎样的影响；而如果卖家是陌生人，无论他是否诚实，你都不会考虑到这一层。因此和陌生人相比，亲戚对汽车的介绍更为可信。

相反，想一想你在卖二手车时的情形。你必须合理地预期，买家同样也会问你一些问题，做一些调查，以了解汽车的质量。而你知道，和面对陌生人相比，你必须对亲戚更加坦率。事实上，即使你认为你的汽车现在没有问题，将来一旦出了问题，也可能对你和亲戚之间的关系产生不利影响，但假如买家是陌生人，就完全不一样了。

自相矛盾的是，这意味着你更希望从亲戚手里买车，却更愿意卖车给陌生人。那么问题来了：你的亲戚为什么要选择你作为他们的二手车潜在买家呢？

再来思考一下此前介绍的玛格丽特买马的例子。由于卖马人这个群体有着不守诚信的声誉，甚至比二手车经销商有过之而无不及，因此玛格丽特首先求助于朋友，请朋友推荐可靠的卖家。虽然玛格丽特从来没有和这位卖家打过交道，但很可能将来会继续和她的朋友保持来往，因此玛格丽特对朋友推荐的卖家的可靠性也更有信心。除此之外，她确定卖家也知道她和朋友之间的关系，因而可以充分利用朋友与卖家的关系获得更准确的信息。

谈判双方的关系远不止亲戚与陌生人的区别那么简单。你和谈判对手之间关系的类型，会影响到你认可哪些选项，将要披露哪些信息，还会直接影响到谈判本身。例如，夫妻之间的交流通常对事实直言不讳，中间也会夹杂个人感受，但与陌生人交换信息时，我们一般只讲事实。和当前的谈判对手有过谈判经历的人，更清楚哪些论据最具说服力，也更了解谈判对手的偏好、替代选择和喜爱的谈判策略。然而，在某些局面下，同样的关系有可能限制了你申明价值的能力，尤其当价值的表现形式为金钱时，因为你可能在选择谈判策略时，更看重与谈判对手的关系，而把财富最大化的原则放在一边。

考虑以下情形中的谈判行为对不同关系的侧重点：

- 与陌生人谈判；
- 与熟人（朋友或同事）谈判；
- 与建立了长期关系的人谈判（例如已婚夫妇）。

在一项研究中，研究人员要求参与者进行综合型谈判，结果发现，与熟人谈判达成的解决方案体现了更大的共同利益。这些研究成果意味着，谈判者之间的关系密切程度与谈判中实现的共同利益之间可能存在着一种倒 U 形关系。

与熟人谈判以及已婚夫妇之间的谈判，和与陌生人谈判相比有一项优势，因为谈判双方要处理关于另一方偏好的信息。一方面，已婚夫妇可能过于担心对双方关系的破坏，因而会避免可能的冲突，而不是采取对抗的姿态。另一方面，在比较与熟人以及与陌生人的谈判时，事实证明，与熟人之间更多的交往，对谈判非常有利。

在谈判中，熟人比已婚夫妇对谈判结果有着更高的期待，也可以做出比与陌生人谈判更大的让步。因此，在分享那些创造价值所必需的信息方面，与熟人之间的谈判（尤其是那些对交易达成有着较高期望的熟人），比与陌生人的谈判或者已婚夫妇之间的谈判更好。最后，已婚夫妇之间的谈判，和与陌生人的谈判相比，由于存在相互抵消的差别，不太可能通过互相吹捧或者寻找一致性议题的方式达成体现了较大共同利益的协议。

从以上结论中不难推断，任何理性的谈判者都不应把与谈判对手的关系凌驾于协商一致的交换可能带来的经济价值之上。不过从我们的角度看，将谈判过程简化为这种二选一的决定（要么选择继续保持关系而放弃一些利益，要么选择破坏关系来获取利益），是一种短视和不必要的行为。我们对关系的分析，只是为了强调关系的质量也许会成为你评判自己谈判表现的标准。你和谈判对手之间的关系，能够系统地影响你的期望结果、你搜寻的信息类型，以及你在维护关系时做出的选择。

关系主导财富的一个绝佳例子是美国著名文学家欧·亨利（O. Henry）的经典小说《麦琪的礼物》（*The Gift of the Magi*）中那对年轻

夫妇做出的选择。故事中，一对年轻夫妇由于生活拮据，在圣诞节前一天相互瞒着对方卖掉了自己唯一珍贵的东西，为对方买了一件特殊的礼物。妻子剪掉了心爱的长发，给丈夫最珍贵的祖传金表配了一条金表链；丈夫则把祖传金表卖掉，给妻子买了一整套的梳子和镜子。

这个故事的结局是，每一样礼物都由于缺少了主体而变得毫无使用价值，因此客观上来说，它们的价值都被毁灭了。进一步而言，那些对接受者来说没有了经济价值的礼物以及赠予者做出的牺牲，通过赠予者愿意牺牲自己最珍贵的东西的意愿，表达了双方对关系的珍视，从而转变成了巨大的关系价值。

虽然你也许在谈判中没有经历过《麦琪的礼物》中的主人公做出的那种牺牲，但也可以考虑比较下面这两样东西的价值：一件精心挑选的礼物和一张朋友送给你的同等价值的支票。从经济学的角度看，支票是更好的选择，因为它让你有更多的选择余地，你可以拿它买任何你想买的东西。然而，朋友精心挑选的礼物需要他花费一番精力，因此也可以为那件礼物增添另一种类型的价值。

在谈判中，着重维护关系的谈判者的渴望价格和保留价格都低一些，做出的让步也会大一些。但经济价值的降低，并不一定能换来更大的关系价值。与工具型结果相比，关系性结果侧重于谈判者对受到的尊重和公平待遇的感知。正如我们此前讨论让步行为时提到的那样，我们在这里旨在表明，谈判对手对你的行为方式的解读，其影响可能比工具性结果的影响更大。通常情况下，各方间的积极关系并不是工具性让步的结果，而是源于令人满意的关系性交往。

“面子”这个词源于中文，指的是你为自己申明的积极的社会价值，在很大程度上表现为别人在交往中如何对待你。因此，成功的互动会让你更有“面子”，因为成功的互动体现了你获得的待遇以及你已经申明的地位。需要注意的一点是，你不需要以谈判的工具性结果来体现你的身份。能够体现你身份的，是别人对你的态度。

你在谈判中获得了怎样的待遇，会影响你对自己表现的评估。最近的一项研究调查了员工对自己入职谈判中主观价值的评估。所谓主观价值，指的是对交易、交易中的自我、谈判过程，以及双方的关系等工具性价值的感受。员工对入职谈判主观价值的评估，影响了他们对工资报酬的满意度、工作满意度以及工作一年以后的离职意向。从入职谈判中获得的实际报酬，对调查得出的工作态度并没有影响，包括离职意向。这种主观价值与实际价值之间的脱节，意味着你不必牺牲客观价值，通过自己的行为就可以最大化谈判对手的主观价值，反之亦然。因此，为维护你与谈判对手之间业已存在的关系，不一定非要以牺牲你的个人利益为代价。

至于谈判对手希望获得怎样的待遇，也可以从你和他之间的人际关系类型中获得启发。除此之外，人际关系可以让你在谈判中获得信息上的优势（因为我们了解自己的谈判对手），同时也制造了更大障碍，妨碍了你得到更多。因为你可能把你们的人际关系放在优先位置，把达成协议的质量放在次要位置。

如果不与熟人谈判，有没有其他办法来优化谈判中的信息收集、验证和补充过程？从谈判对手的视角考虑问题，可以替代人际关系带来的信息优势和负担。事实证明，如果你能从对方的理性与感性两个角度思考问题，就会创造一些优势，但同时也会带来一些成本。

能够从谈判对手的视角考虑问题，你便可以预测他们的行为和反应。虽然有些人天生就擅长站在谈判对手的立场思考，但这项技能依然能够靠后天培养来提高。这方面的挑战在于，既要能够理解并利用谈判对手的立场，又要抑制那种认为谈判对手最后会给你带来不利后果的想法。

想想“囚徒困境”的实验结果：考虑了同案犯可能行为的 A，明显更有可能比没有考虑同案犯可能行为的 B 更容易背叛，A 的背叛概率是 60%，B 的概率是 27.5%。在决定自己该怎么做之前考虑了同案犯可能行为的 A，会认为在做出自己的决定之后才考虑同案犯可能行为的 B 比自己更有可能背叛。这一结果意味着，更多地从对方的视角考虑问题，有助于制定更好的战略决策。

善于换位思考的谈判者更富有同理心，而且更能理解谈判对手的利益，所以他们在谈判中也能申明更大的价值。在问到谈判者应当获得多少份额的稀缺资源时，那些从谈判对手角度思考问题的谈判者，和没有从谈判对手角度思考问题的谈判者相比，前者认为自己理应获得的资源，比后者认为的明显少得多。不过，实际上前者获得的资源比后者反而多出 25%。从谈判对手的角度思考问题，好处还不止是你能够申明的价值，它还能帮助你更有效地发现创造性的解决方案、建立长期关系，并且抵消谈判对手首先报价所产生的“锚定效应”。

天生倾向于换位思考的人，还可能从这种倾向中获得战略优势。但如果你不是这种人怎么办？你可以主动考虑谈判对手的利益、目标和偏好（也就是填补我们在第 7 章描述的策划矩阵所需要的信息），提高自己换位思考问题的能力。

在谈判之前和谈判对手探讨这场谈判中什么是重要的、你们双方如何界定交易是否划算，相当于在练习共同换位思考。在这类对话中，你可以尝试着理解谈判对手参加这场谈判的利益和目标，增强你主动换位思考的能力。你也就因此提高了在谈判中得到更多的能力，而谈判对手在这方面的能力也会有所提升。

第8章 小 结 SUMMARY

本章我们探讨了通过谈判验证、补充你已经获取的信息的策略，以辨别你是否有机会得到更多。

- 在谈判开始前，考虑安排一个环节：与谈判对手共同为此次谈判确定基调。这个环节的重点是理解双方对划算交易的判断，包括那些双方都看重的议题。
- 谨慎地关注你和谈判对手的让步方式、时机和幅度。让步为你判断对方如何评估议题的价值提供了线索。
- 在为谈判做准备时，“信息滤波器”可以提高你预测和解读谈判对手行为的能力，这些“信息滤波器”包括：
  - 谈判对手的声誉，包括他们以往的谈判经历；
  - 你们之间未来的合作可能；
  - 如果你们在未来不会有交集，当前的可选关系类型包括哪几种？
- 从谈判对手的角度思考问题，考虑他们将怎样回应你的谈判策略。这样做不仅能够增强你创造价值的能力，也能提高你申明价值的能力。
- 在谈判之前与谈判对手进行交谈，有机会为整场谈判确定基调、交换重要信息，还可以评估你换位思考、理解谈判对手的能力。

第 9 章

承诺与威胁

让步还是不让步?

谈判者通常会向谈判对手发出威胁或做出承诺，试图影响对方。假如谈判对手在某项议题上坚决不肯让步，谈判者可能以退出谈判相威胁，或者做出一些与谈判内容不相关的举动。例如，美国的工会组织与企业管理层的谈判如果没有达成一致，他们常常威胁要罢工，如果管理层不让步，将承担因罢工而产生的经济损失。另一方面，谈判者也可能承诺采取一些不在当前谈判的时间框架内的行动，比方说买方要求卖方在某项议题上让步，承诺在谈判结束后帮卖方宣传产品。

在本章，我们重点探讨在谈判结束后生效的、作为一种影响形式的承诺与威胁。当被威胁方或被承诺方做出让步时，他不知道威胁方或承诺方会不会真的兑现那一威胁或者承诺。

显然，要有效地影响谈判对手，承诺和威胁必须可信。如果对方认为威胁或承诺并不可信，他可能无视它们。当然，如果威胁或承诺被认为是可信的，但被威胁方或被承诺方又没有让步，那么，威胁方或承诺方随后应当兑现，才可能使之产生期望的影响。

我们先讨论威胁与承诺之间的不同和相似之处，再来重点分析是什么使得承诺与威胁可信。首先，我们假设威胁方与承诺方以及被威胁方和被承诺方会在行动中保持理性，或者用托马斯的话来说，他们会合理地采取行动。随后，我们将分析范围进一步扩大到心理学领域。

利益 vs.损失

承诺和威胁都能影响行为。例如，航空公司承诺旅客累积到一定里程后可以免费升舱。这一承诺是依可用性而定的，因此执行起来需要条件。然而，只有当客户认为航空公司真的会兑现那一承诺时，承诺才会真正有效地影响客户的行为。在谈判中也是同样的道理：只有当你认为谈判对手会兑现承诺时，承诺才是有益的。

谈判对手在承诺中可以向你开出有吸引力的条件，同样，如果你在谈判中拒不让步，她也可能威胁采取某些让你付出代价的行动。然而，从你作为被承诺方或被威胁方的视角来看，承诺与威胁的明显区别在于，如果真的兑现，威胁将让你付出代价，而承诺将给你带来利益。

然而，对于威胁方和承诺方而言，无论是兑现威胁还是兑现承诺，都要付出代价。事实上，尽管从被威胁方或被承诺方的角度分析成本与利益看似自然而然，但正如我们接下来讨论的那样，实际上，正是从威胁方或承诺方的角度来分析成本，才能更清楚地了解威胁和承诺的可信度。

毕竟，如果完全理性地看待问题，一旦一方发出了威胁或者做出了承诺，那就需要实实在在的成本来兑现它们，如果不能兑现，同样也要付出实实在在的代价。威胁方必须真正地承担采取那一行动的成本，而承诺方一旦没能说到做到，必将给自己的声誉带来负面影响。

威胁与承诺的第二个区别在于，承诺可以用合同来约束，作为解决方案的一部分，因而增强了可信度。例如，如果承诺以强制执行的保修条款的形式提出，将变得更加可信。相反，威胁通常不可能受法律约束。例如，如果你在谈判中不肯让步，谈判对手不可能单方面地签署一份受法律约束的合同来结束谈判。因此，使威胁变得可信是更加艰巨的任务，但也有许多办法使威胁和威胁方紧密联系在一起，这样一来，它作为一种影响形式也就变得更加可信。

威胁与承诺的第三个区别在于被威胁方和被承诺方的行动。假如威胁方没有说到做到，被威胁方没有任何动机去诱使威胁方兑现威胁。然而，被承诺方则希望承诺方努力兑现承诺。由于承诺可以在将来的某个时间兑现，那么，被承诺方有可能会发出他自己的威胁，比如将承诺方未能兑现承诺的事实公之于众，因而设法让承诺方履行所承诺的事情。

虽然上述区别主要侧重于经济层面，但从心理学的角度分析，威胁与承诺还有另一个重要的区别：承诺与利益相联系，而威胁与损失相联系，而且，人们应对潜在利益以及潜在损失的方式有着极大的不同。所以，究竟是发出威胁还是做出承诺，从谈判对手的接受度方面来看，都是有一定风险的。

为了阐述这种心理效应，我们来看看下面这个关于某种可怕疾病的典型案例：假设美国正在为一种来自其他大陆的罕见疾病的爆发做准备，这次爆发有可能夺去600人的生命。研究人员将实验参与者随机分成两组。第1组参与者有两个备选计划，研究人员请参与者选择一个他们赞同的计划：

1. A计划将拯救200人的生命；
2. B计划有33.3%的可能拯救所有600人的生命，同时也有66.7%的可能无法拯救任何人的生命。

第 1 组参与者看到这两个选项之后，76% 的人选择了 A 计划，另外 24% 的人选择了 B 计划。因此，似乎第 1 组参与者更重视确定性更高的计划，不愿意承担风险，尽管这两种备选方案的期望价值是相同的。

第 2 组参与者面临的两个备选计划是：

1. A 计划将损失 400 人；
2. B 计划有 33.3% 的可能拯救 600 人，同时有 66.7% 的可能救不了任何人。

结果，只有 13% 的人选择 A 计划，另外 87% 的人选择了 B 计划。也就是说，第 2 组参与者对风险更高的 B 计划表达了强烈的偏好，而青睐 A 计划的人明显少得多。对第 2 组参与者来说，400 人确定将染病身亡的这一景象，不如与其期望价值相同的“赌一把”的方案。

请注意，从理性的角度分析，两组参与者看到的是一模一样的备选方案。例如，600 人中将有 200 人获救（第 1 组），那就有 400 人将死去（第 2 组）。同样，如果全都获救（第 1 组），那就没人死去（第 2 组）。因此，从理性的视角来看，两组参与者应当并列地排序这两个备选方案。

以上研究结果表明，**将选择设计成潜在利益（拯救生命），会使确定的选项更有吸引力，而将选择设计成潜在损失（人们会死去），会使有风险的选项更具吸引力。**

这种效应在谈判中体现为：拒绝接受和不同意某项建议，寄希望将来有更好的备选方案，其实是一种有风险的选择，因为将来的备选方案可能无法实现。将选择设计为利益，致使你更加注意规避风险，并且增大了你同意该建议的可能性。规避风险的选择，就是接受当前确定的建议方案。

同样，威胁侧重于被威胁方必定会承担某种损失，因而在人们的脑海中唤起了“亏损画面”，它鼓励人们抵制现有的建议。相反，承诺侧重于被承诺方可以获得什么利益，这样，将谈判设计成一种潜在利益，鼓励了人们对建议的认可。所以，如何设计建议方案，将显著地改变谈判对手的响应方式。

威胁的力量与承诺的诱惑

对某一威胁或承诺是否会被兑现的不确定，源于威胁或承诺的延时性，以及它对被威胁方或被承诺方的潜在影响。一旦发出了威胁，被威胁方必须选择是否让步，却并不知道威胁方会不会真正兑现威胁。

如果被威胁方不让步，那么威胁方必须确定是否要兑现威胁。但这里出现了进退两难的局面：假如被威胁方没有让步，证明威胁方发出的威胁无效，那么威胁方现在是否要兑现威胁呢？

承诺同样也存在这种进退两难的局面，只是方向与威胁完全相反。如果被承诺方做出让步，承诺方必须确定是否兑现先前的承诺。当承诺涉及谈判结束很久之后的行为时，是否兑现承诺就成了一个值得考虑的问题。尽管被承诺方可能将承诺方没有兑现承诺的事实公之于众，但假如承诺方最终确实没有兑现承诺，被承诺方也许无法撤回他之前所作的让步。

那么，被承诺方和被威胁方能做什么？按照我们在第6章中阐述的“向前展望和向后推理”策略，首先分析威胁方或承诺方会兑现他的威胁或承诺吗？让我们首先考虑一次性谈判，也就是说谈判双方将来不会有交集的情况。例如，你可能在度假时从异国商贩的手里买纪念品，或者从本地商贩手中购买你不太可能重复购买的产品，比如二手车。

威胁方或者承诺方要进行一番计算：对方到底有多大的可能性将

自己不当的行为公之于众?如果各方都不指望将来有什么交往，从理性的角度看，被威胁方或被承诺方不可能通过公之于众的方式来揭露威胁方或承诺方的不当行为，大肆宣扬对方没能兑现其威胁或者没能信守其承诺。被威胁方或被承诺方此时的无能为力，主要在于揭露或宣扬的成本可能比较高，比如在经销商的展厅里举着标语控诉其没有履行承诺等。

考虑下面的情境：某初创公司 A 正考虑进入由一家大型企业 B 所主导的市场。B 公司预料 A 公司将进入市场，于是私下里发出威胁，如果 A 按原计划进入市场，将发起一场价格战。

如果B不进入市场,A的现值利润为3亿美元,而B的现值利润为0,因为后者没有开展业务；如果 A 进入市场，B 要么选择调整自己的策略，以容纳竞争对手，不去兑现威胁，要么发起价格战。如果 B 承认了 A 的市场地位，那么，两家公司的现值利润均为 1 亿美元。相反，如果 B 决定发起一场价格战，它将损失 1 亿美元，A 将损失 2 亿美元。

如果 A 公司聘请你为顾问，你会不会认真对待 B 公司发起价格战的威胁?讨论中的焦点问题是：如果 B 发起价格战，你的客户将损失 2 亿美元；如果不发起价格战，你的客户将赢利 1 亿美元。

在这一情形中，价格战的威胁不具有可信性，你应当建议你的客户继续按原计划进入市场。为了得出这一结论，首先从 B 的角度进行利润和成本分析。一旦 A 进入了市场，B 有哪些可用的备选方案? B 如果承认 A 的市场地位，将赢利 1 亿美元；如果发起价格战，将损失 1 亿美元。因此，一旦 A 进入市场，对 B 而言，调整自己的策略并承认这一事实，比兑现自己的威胁并发起价格战更加有利。如果你相信 B 将理性地采取行动，那么，一旦 A 进入了市场，B 发起价格战的威胁并不符合他们的最大利益，因而该威胁不可信。

从 A 的角度来看，面前有两个选择：不进入这一市场，利润为零；

进入市场，获得1亿美元的利润。很显然，最佳的选择是忽略B发出的威胁（因为它不可能被兑现），进入市场。

当然，如果有好几家初创公司都打算进入B主导的市场，情况可能变得更加复杂。在那种情况下，如果A要进入市场，B可能公开地发出威胁，发起一场价格战，以树立“坚决守住市场”的良好声誉，当然，其主要目的还是给其他可能进入市场的初创公司一个警告。

这一局面如果包含了承诺而不是威胁，将变得简单一些。承诺方将在兑现承诺的成本与违背承诺所带来的信誉损失之间进行对比。如果他和被承诺方将来不会再有来往，只有被承诺方决定公开曝光承诺方不良行为的时候，才会产生信誉上的损失。但公开曝光有没有可能发生？

只要承诺方认为被承诺方不愿意再花费更多的时间、精力和金钱去公开揭露承诺方的不良行为，那么，他不会履行自己的承诺。但那样一来，从被承诺方的角度分析，如果知道承诺方不可能兑现承诺，被承诺方也不可能受到那一承诺的影响。双方将来不会再有来往，从理性的角度分析，承诺方将不会信守承诺，而理性的被承诺方将不会受那种承诺的影响。也就是说，当双方未来不可能有来往时，一般不应发出威胁或做出承诺，因为无论威胁还是承诺可能都不会产生期望的效果。

在理性的世界，而且在一次性交易的情境中，无论是承诺还是威胁，都无法对对方产生有效的影响。反过来，由于这种情况下承诺和威胁无法有效地影响对方，所以首先发出威胁或者做出承诺是一种不理智的行为。

但即使谈判双方将来可能不会有来往，在这种情况下，还是有谈判者例行公事地发出的威胁或做出的承诺对谈判对手产生了影响。那么，究竟是什么样的心理因素，使得原本应该被理性的谈判对手忽略的威胁和承诺，对他们产生了影响呢？如果你试图预测承诺方和被承诺方，或者威胁方和被威胁方的真实行为，不能只进行理性分析。

不同的行为可能带来相同的心理体验

令人吃惊的是，兑现威胁实际上可能是一种积极的心理体验。幸灾乐祸指的是看到他人的不幸而产生愉悦感。在发出威胁的情况下，威胁方可能真正地体验到这种愉悦。如果你威胁用钥匙去划谈判对手的汽车，特别是如果他开的是一辆豪车，你可能从他的这种不幸（你一手造成的）之中体验幸灾乐祸的感觉。

幸灾乐祸的心理是一种原始冲动，是真实存在的心理因素，而且必须认真对待。但即使威胁方由于幸灾乐祸而产生了心理上的愉悦，真正要兑现某一威胁，对威胁方来说依然代价高昂。因此，要使发出的威胁可信，幸灾乐祸的愉悦心理所带来的好处必须超过兑现这一威胁所付出的代价。对威胁方来说能以较小代价兑现的威胁（比如用钥匙划谈判对手的汽车），比起必须以较大代价兑现的威胁，可信度大得多。如果有人威胁你说他将用钥匙划你的汽车，那么和威胁要偷走你的车相比，你得认真地对待前一种威胁。

当你公开曝光对方的不良行为或者公开承认值得模仿的行为时，也可能获得心理上的愉悦感。即使你理性地确认，你永远不会再和那个人或者那家公司有来往时，你有没有在谈判之后马上公开宣扬对方的不当行为？你为什么而烦恼呢？

一个原因也许是你相信这是一个公平的世界：人们会得到他们理应得到的东西。对你来说，对不良行为听之任之或者对良好的行为视而不见，可能在心理上给你造成一些负担，但那些负担也许超过了你运用一些资源（比如耗费你自己宝贵的时间）去采取行动的成本。

如果某人获得了利益，承诺将来会补偿你，到最后又没有信守承诺，你该怎么办？你并没有获得期望的利益，可能开始怀疑世界的公平性。因此，你有动机去采取行动以改变现状，重新获得心理平衡。你也许会在社会媒体上曝光那个人的行为、写一些对他的负面评价、把你的遭遇告诉朋友或同学，或者聚集在他的公司门外抗议。

让我们以许多 eBay 和亚马逊网站上的网络商家为例。卖家与买家进行的通常是一次性交易，因此众多虚拟卖家很难坚守职业道德。为了防止这一现象的发生，卖家同意公开买家在收到货物之后发表的评价。因此，对买家来说，公开卖家的不良行为几乎不需要成本，只要敲几下键盘就行。但如果买家给卖家送上差评，对卖家的信誉可能造成极大的损害，因为差评会被其他买家看到。因此，卖家的承诺（比如快速交货、实物与描述一致等）变得更加可信，因为他一旦食言，信誉将大受损伤。

作为个体，你有多么想在谈判结束后将对手的不良（以及良好）行为公之于众，和你的公正信念受到了怎样的挑战和质疑有关，即使你们之间将来再无交集。当然，并非所有人都会受到公正信念的影响。在谈判时，让对手知道你坚定地相信这是一个公正的世界，以及无论对方表现出正当的还是不正当的行为，你都有可能将其公之于众，对你可能是有益的。只有当你认为对方已经了解了你的态度时，才应开始考虑对他做出的承诺给予相应的让步。

在你威胁会曝光谈判对手的不良行为时，也许能阻止他的不良行为，而且公开威胁的力量比私下威胁更强。威胁和承诺一旦公开，将使未来的合作伙伴了解到你这位谈判对手的信誉。你实际上是把自己的全局信誉（与单个谈判对手的信誉相对）拿到了谈判之中，让所有人都可以看见。反过来，如果那种信誉是宝贵的，那么，被威胁方必须合理地预期你将遵守自己的诺言，以保护这一宝贵资产。

但即使是公开发出的威胁，甚至也无法始终得到兑现。拿美国总统奥巴马为例，他在 2012 年就叙利亚巴沙尔·阿萨德政权使用化学武器一事而设定的“红线”广为人知。奥巴马总统公开发出了威胁，然而，当明确的证据表明阿萨德政权的确对他们自己的人民使用了化学武器之后，美国并没有采取任何行动。结果，奥巴马名声扫地。

不兑现威胁不但使奥巴马在阿萨德面前的信誉大为降低，还可能让其他人怀疑，今后是否需要理会奥巴马发出的其他威胁或做出的其他承诺。公开地发出威胁或做出承诺，增大了它的可信度，但也使得食言的成本大大增加。

尽管在确定威胁或承诺的可信度时，是否公开的特性是一个重要的考虑，但还有其他一些特性可能影响威胁和承诺的可信度。首先，它的规模十分重要。规模分两个方面，一是威胁方或承诺方的兑现成本，二是被威胁方的损失或被承诺方的利益。

让我们首先分析承诺。承诺的规模对承诺方和被承诺方都是一个重要的决定因素。从承诺方的角度分析，履行承诺的成本越小，不履行承诺造成的声誉损失越大，那么承诺的可信度也越高。

鉴于承诺方要对照履行承诺所产生的成本来评估不履行承诺对声誉造成的损害，所以从承诺方的角度来看，**最好的承诺是那些履行起来不需要太高成本、如果不信守承诺则会造成巨大的声誉损失，以及对被承诺方有着巨大利益的承诺**。一个典型的例子是经销商承诺为购买汽车的客户提供优质服务，并且聘请独立的第三方为客户体验做广告。对经销商来说，相对于如不履行承诺所造成的声誉损失，履行承诺的成本更低。而客户可以获得的利益却足够大，因此愿意在价格上适当让步。

在确定威胁的适当规模时，也可以采用与确定承诺规模的类似方法。威胁者可以选择对自己来说容易兑现的威胁，使之更为可信，因为它们提供了强烈的幸灾乐祸的愉悦感，同时也可能给对方造成相对较大的损失。例如，威胁用钥匙划你的汽车（一个小小的威胁，即使被逮到也不是重罪）比起威胁杀死你（成本极其高昂）更容易实施。

因此，从威胁者和被威胁者的角度来说，威胁划对方的汽车比威胁杀死对方的可信度更大。相反，在前文描述的业内大型企业试图阻止潜在竞争对手的例子中，以公开的方式威胁发起价格战，尽管对威胁方来说代价高昂，但也许能够有效阻止初创公司进入这一市场。孤立地看，这似乎是一个疯狂的决策，但如果放在更广泛的背景下观察，这实际上也许是十分理性的行动方案。

对于威胁，除了规模之外，还要研究另外两个因素：形式与时机。你可以发出明确的威胁或者含蓄的威胁。明确威胁的例子包括："如果你不让步，我会把你在谈判中的侵略性转告你的上司。"含蓄的或模糊的威胁并没有表明某一具体的行动，它只暗示了将发生对对方不利的事情："如果你不同意我的要求，你会后悔的。"

含蓄的或明确的威胁效果如何，取决于发出威胁的时机。对于明确的威胁，如果在谈判快结束时发出，能够更有效地促使谈判对手让步。对于含蓄的或模糊的威胁，在谈判开始时发出则更加有效。相反，在谈判开始时发出明确的威胁，或者在谈判即将结束时发出含蓄的威胁，对谈判对手的影响微乎其微。**在错误的时间发出错误形式的威胁不但没有效果，还会使你看起来要么更软弱无能，要么更咄咄逼人。**

到现在为止，我们已经探讨了谈判双方将来可能不会再有来往时承诺和威胁的可信度问题。如果双方将来可能还有交集，也不会改变我们已得出的结论，却会使得威胁和承诺更加可信。原因很简单：如果双方将来还有交集，那么声誉就变成了一个重要得多的因素。

当双方将来还会有交集时，局面更复杂一些。首先，发出的威胁可能对未来关系产生负面影响。当承诺和威胁同时成为选择时，当然最好是选择前者。除此之外，如果被威胁方拒不让步，就增大了威胁方兑现威胁的可能性。如果你兑现威胁或履行承诺，就会赢得“坚定不移”（发出威胁时）或者“可以信赖”（做出承诺时）的名声。

双方在未来是否有交集，对被威胁或被承诺的一方也有意义。如果被威胁方做出让步，那么威胁方在未来的合作中就会获得利益，因为他知道被威胁方在受到威胁的时候会让步。在这种情况下，被威胁方的声誉成本，有可能降低了他向威胁方屈服的意愿，因为如果他不让步，将为自己赢得“坚定不移”的名声。当然，他也可能承担那一威胁的后果，而威胁方则会赢得“表现强硬”的名声，因为他兑现了威胁。

所以，当双方未来还会继续来往时，一方想要发出威胁，就必须预料到对方不轻易让步的可能性会增大，所以应当认真考虑可能面对的局面：不仅无法获得对方的让步，而且有可能自己必须兑现这一威胁，如果不兑现的话，则要承受由于威胁落空而造成的声誉损失。

案例分析

骑虎难下的威胁

我们的同事汤姆在东海岸一所久负盛名的商学院谋得了一个工作机会，于是在和凯洛格商学院的院长谈判时，发出了这样的威胁：“必须满足我对工资报酬的要求，否则我就离开。”鉴于汤姆还收到了其他商学院发出的工作邀请，所以他的威胁看似是可信的，被威胁方（院长），可能会答应我们这位同事的条件。然而如果院长这样做了，相当于开了一个代价高昂的先例，这意味着他在收到其他教职员工以离职为条件提出的提高工作报酬的要求时也不得不妥协。而且院长知道，他对这件事情的处理结果，其他教职员工都会知道。因此，他只能祝汤姆在新的工作岗位上一切顺利。尽管院长觉得汤姆可以为学院做出较大的贡献，但考虑到接受他所提出的要求，一定会使得其他教员纷纷提出同样要求，因此只能拒绝。

如果遇到类似威胁，威胁方还必须考虑到对方不屈从威胁时造成的声誉成本。汤姆最终还是留在了凯洛格商学院，尽管院长没有答应他的要求，但没有人把他提出的离职威胁当真，特别是院长本人。因此，当双方未来有可能继续来往时，威胁方可能首先要考虑是否要一开始就发出威胁，因为那会对双方未来的交往造成负面影响。

事实证明，有一种更好的策略来发出威胁。我们另一位更加精明的教员同事安妮在和同一位院长谈判时，把其他学院对她发出的工作邀请交给了院长。安妮只问院长，能不能让她知道她第二年的工资报酬将是多少。

这种方法与汤姆采用的方法有两个重要区别。其一，由于安妮并没有把这当成一种威胁，而是发出了一项请求，所以她没有让院长担心自己要屈从于某种威胁；其二，更为重要的是，她减轻了其他员工在院长门外排队要求涨工资的压力（尽管并没有完全消除这种可能），或者降低了院长颜面尽失的风险。如果院长给出的下一年度工资明显低于安妮的要求，尽管安妮不得不就去留问题做出选择，但她的行为不至于将院长逼到墙角。你猜结果怎样？院长答应了安妮的要求，她心满意足地留在了凯洛格。整个谈判不到 10 分钟便完成了。

预先承诺的惊人力量

想一想汽车经销商在你买车之后对你做出的优质服务承诺。通常情况下，你可能不会因为它到底是不是私下里做出的承诺而较真，但经销商不仅可以通过公开承诺，而且还可以采用多种措施，使这一承诺变得更加可信，如聘请独立的市场营销公司来追踪观察买车的客户，在客户体验到销售服务之后还进行民意调查并发布调查结果等。通过预先承诺，经销商有效地增大了其违背承诺须付出的声誉成本，因而使承诺更可信，客户也将愿意做出更大让步。

同理，与预先承诺相似的威胁也更加可信。这方面的一个例子发生在第二次世界大战期间。

案例分析

“秘密的”公开威胁也能产生奇效

从地理位置上看，瑞士被纳粹德国及其盟国所包围。国家高层意识到，他们在战略上对希特勒来说十分重要，因为德国需要通过瑞士国内许多穿越阿尔卑斯山脉的道路，与其盟国意大利互相调派兵力和物资。德国可以通过占领瑞士的方式使运输变得更加高效，尽管瑞士军队有着温和的威慑力，但客观地讲，不可能经受得住德国铁蹄的猛攻。

瑞士人的应对方法是，在国家内陆以及边境所有的道路、隧道和桥梁下都预埋了爆炸物。尽管如此，就其本身而言，扬言炸毁那些道路和桥梁的威胁其实并不可信。毕竟一旦德国占领了整个国家，炸毁任何事物都将变得毫无意义。

瑞士军队为了使这一威胁具有极高的可信度，给每条道路、每座隧道和桥梁都派驻一个排或一个班的兵力。这些军人的任务是坚决执行上级的不可撤销的命令：一旦收到德国入侵的消息，马上炸毁自己驻守的道路、隧道或桥梁。瑞士军队指挥官为使驻守军队更容易执行其命令，决定从异地调来军队驻守道路、隧道和桥梁。也就是说，将北部紧邻德国的军队调到南部紧邻意大利的地区驻守；而将南部军队调往西部和北部驻守。

以这种方式，瑞士军队利用这个国家的文化多样性，使军人更容易遵守上级的命令。其实可以这样来理解：负责驻守道路、隧道和桥梁的每一个排和班，将负责炸毁其他地方的设施。

瑞士的这一“秘密计划”当然要传进希特勒的耳朵里。实际上，瑞士人的策略是把炸毁瑞士境内交通要道的决定权交给希特勒。如果德国入侵瑞士，那么他们将失去他们最想得到的东西。如果他们不入侵，那么他们还是可以使用那些道路、隧道和桥梁运送军队和物资，这无疑比占领一个满目疮痍的国家要好。

以上案例说明，威胁者不用自己决定是否兑现预先的威胁。由于这个威胁是不可逆转的，所以它也更为可信。

第9章 小结 SUMMARY

当你和谈判对手在未来还会继续来往时，发出威胁可能产生负面效果。首先，发出的威胁本身就存在负面效果；其次，如果不兑现威胁，将有损你的声誉。即使到了万不得已的时候，你也应当只发出已经准备好真正兑现的威胁。但要再次指出的是，当不兑现威胁所产生的声誉成本小于兑现威胁所需的成本时，大的威胁（给威胁方强加了巨额成本的威胁）可能还是不可信的。因此，我们仍然建议：**“只发出对你来说最小、但大到足以让谈判对手让步的威胁。”**

承诺也是一样。虽然承诺本身并不会对未来的人际关系产生负面影响，但如果双方将来仍有交集，承诺方不太可能违背承诺，因而使得承诺更加可信。当然，如果履行承诺的代价十分高昂，承诺方仍然有可能失信。

因此，要使承诺可信，承诺方履行它的成本必须小于失信所造成的声誉成本。所以，只做出对你来说最小、但足以使谈判对手让步的承诺。这些承诺容易履行，而且你和谈判对手将来还会有来往，因而更加可信，影响力也更大。以下是较为合理的决策模式：

假如谈判双方在未来不会有交集，那么私下发出的威胁或者做出的承诺是不可信的，应当忽略。不过，被威胁方可能出于幸灾乐祸的心理反过来威胁对方，无论对方是否兑现威胁，都将他的行为公之于众。因此，如果双方将来不会有来往，威胁不仅不可能有效，而且还会给威胁方造成明显的损失。

- 假如谈判双方在未来不会有交集，威胁方或承诺方可以通过公开其威胁或承诺，并致力于兑现威胁或承诺，来增大它们的可信度。当威胁方或承诺方不兑现威胁或不履行承诺而产生的声誉成本很高，与/或兑现威胁或履行承诺的成本很低时，就足以使威胁和承诺变得可信。因此，由具有较高声誉一方发出的、兑现威胁的成本与声誉成本相对较小的威胁，应当被纳入考虑范围。同时，由声誉不高的一方发出的、规模较大的威胁或承诺，应当被忽略。

- 假如谈判双方在未来不会有交集，当威胁方或承诺方不兑现威胁或不履行承诺所带来的声誉成本很高，与/或兑现威胁或履行承诺的成本较低时，威胁或承诺或许是可信的。因此，对拥有较高声誉资产的谈判方发出的小规模威胁或者做出的小小承诺，要予以认真对待；而与报复的声誉成本相关的威胁或承诺应当被忽略。需要再次指出的是，威胁方和承诺方可以公开其威胁或承诺，并致力于兑现威胁和履行承诺，使得威胁和承诺更加可信。最后，发出威胁，即使是不可信的威胁，本身也会对未来合作产生负面影响。

- 在发出可信的威胁或做出可信的承诺之前，你依然必须评估，做出让步的成本会不会比你承受威胁的成本或者从承诺中所得到的利益更大。

不论你可能成为发出威胁还是做出承诺的一方，抑或是被威胁或被承诺的一方，为了帮助你评估你的行为，我们制作了一份表格来归纳每一种特定行为可能产生的效果。

表 9.1　威胁与承诺的成本 / 效益分析

条件：双方更有可能在未来继续合作		不兑现的成本		兑现的成本	
		高	低	高	低
对被威胁或被承诺方来说威胁的成本或者承诺的好处	低	有效性中等	有效性中等	有效性低	无效
	高	有效性高	有效性中等	有效性低	无效

我们的结论十分简单：除非受到威胁和获得承诺的一方认为威胁和承诺有可能变成现实，否则它们就是无效的。威胁方和承诺方怎样兑现，取决于他们怎样比较兑现或不兑现的相关成本。因此，不论是哪一方，都需要考虑威胁或承诺什么时候是可信的，什么时候只是说说而已。

第 10 章

真假情绪

应当让对方看到你流汗或大哭吗？

愤怒、快乐、悲伤、惊讶、恐惧等情绪可以在谈判中发挥重要作用。你在谈判中所表达的情绪有时会帮助你得到更好的结果，有时则不会。表达情绪和体验情绪都能影响你在谈判中的思考方式和解读信息的方式，还将影响谈判对手的行为。

作为谈判者，你可以表达出你的真实感受，也可以表达一些实际上并未体验到的情绪。因此，情绪可能体现了谈判者不加控制地流露自己的真实感受，也可能体现了谈判者在表达真实感受或者假装出某种实际上并未体验的特定情绪之间做出的战略选择。

例如，你也许很愤怒并且将自己的愤怒真实地表达出来，这可能是出于自制，也可能是因为你不够自制。你也可能内心很愤怒，却不动声色或表现得温文尔雅，但这并非你的真实感受。你还可能对某种场面并没有情绪上的响应，但为了设法影响谈判对手而假装愤怒。

对大多数人而言，要回想一场类似这样的谈判并不难：在谈判中，你自己以及谈判对手的情绪最终妨碍了你得到你想要的结果。也许你在表达情绪时过于极端，导致谈判对手听不进你在谈判最激烈时的一些言辞而退出了谈判；或者你可能不假思索地说出了一些不能分享的信息；又或者同样是在谈判的白热化阶段，你可能一心想着怎样赢得谈判或报复谈判对手。以上情境通常与冲突升级的结果相联系。如果情绪失控，特别是负性情绪[1]失控，继而造成冲突恶化，可能对你们之间的关系产生持久的负面影响，同时也影响到你们在谈判中获得的结果。

上了年纪的美国人大多记得 20 世纪 60 年代末和 70 年代初美国学生运动的情景。示威刚开始时，只有几个学生围绕某些问题举行抗议和静坐。校方可能动用安保力量进行驱散或逮捕，这激起了学生的反抗意识，并且引起了媒体的关注。结果另一些学生也加入示威队伍，使得当局动用更多的安保力量及警察，甚至调派了国民警卫队。当局的过激行为导致更多学生加入示威人群，激怒他们的恰恰是当局极具侵略性的响应，而不是最初引发学生示威的问题。

虽然谈判最常见的升级形式就是这样的冲突升级，但升级的螺旋有正向的（上升性螺旋），也有负向的（退行性螺旋）。它们通常是“用更多相同的”举动来响应他人行为的结果，或者是对对方响应的激化。所以，响应可能有着极大差别，既有相对温和的策略，比如讨好或者暗中威胁，也有更具侵略性的策略，比如情绪爆发、明确的威胁或者不可撤回的承诺等，所有这些，都可能导致谈判陷入情绪化的僵局。

案例分析

一把菜刀斩出的“半截”交易

托马斯就曾亲眼目睹情绪对谈判价值的破坏。那还是他六

① 人在生活中经常会产生一些负性情绪，比如愤怒、忧虑、郁闷、恐惧等，这些情绪在调动人的生命能量，解决生活中的困难，实现自己的特定需求方面的确很有好处。由于它有利于生命个体的正常存在，因此心理学上把它叫作“心理防卫”。——译者注

岁的时候，他们全家正准备从故乡波兰迁往以色列。在收拾行囊时，他父亲打算卖掉大部分家当，特别是在中东地区基本派不上用场的东西。托马斯的父亲有一双很好的冬靴。靴子尽管在寒冷的波兰十分宝贵，但到了中东基本毫无用处。在1957年的波兰，一双高质量的冬靴价值不菲，很少有人支付得起。

在他们打算启程的几天前，一位潜在买家找上门来，开出了托马斯父亲（很高）报价的一半价格。托马斯父亲是一位在通常情况下都能够保持理智的核工程师，但这次他显然被买家开出的价格激怒了，他从屋里拿出一把菜刀，将靴子剁成两半，对买家吼道："你只能出一半的钱，那就买半截靴子吧！"

现在看起来，买家的报价其实明显超过了托马斯父亲的保留价格，因为靴子在中东地区一文不值。实际上，经过这么一折腾，它也确实一点儿用处都没有了。因此，除非托马斯的父亲认为毁掉这双珍贵的靴子带来的满足感超过了他本来可以从潜在买家那里得到的收益，否则他的这场情绪大爆发，导致他最终得到的明显比他想要的更少。

情绪还可能限制你从战略上思考和行动的能力，尤其当这些情绪是负性情绪时。你的情绪爆发可能带有感染性，从而引发了谈判对手许多情绪化的反应。由于这些负性情绪导致人们的认知能力下降，因此，谈判者通常试图压制或者隐藏他们的负性情绪。例如：霍华德·莱福（Howard Raiffa）在《谈判的艺术与科学》（*The Art and Science of Negotiation*）一书的规范建议中强调了自我控制的重要性；同样，杰拉德·尼尔伯格（Gerald Nierenberg）在《谈判的艺术》（*The Art of Negotiating*）一书中指出："处在情绪化状态下的人们不想思考，他们格外怀疑精明的对手提出的建议方案的力量。"

你可以采用不同的方法避免自己的强烈情绪反应。首先，你可以避开那种可能产生强烈情绪反应的场合。例如：由于你知晓关于某位同事的“怒点”，那么你可以尽量不去触怒她；其次，你可以调整一下当时的局面，以减小产生强烈情绪反应的可能性。你也许不想探讨某个可能引发负性情绪的主题或者制造出那些表面看起来没什么、实际却带有挑衅意味的主题；再次，如果你发现谈判对手令你十分气愤，可以考虑在做出回应前先默念十个数，或者在心理上让你自己进入到“快乐领地”；最后，你可以简单地压制住你正在体验的情绪，也就是始终保持面无表情。这些方法都有助于你避免情绪化反应或者将情绪控制在最小的波动范围内。

相反，你也可以重新确定谈判结果的框架，或者重新确定你个人认为的谈判局面的意义。例如，如果站在谈判对手的角度分析，那么你可能发现对方的愤怒完全可以理解。也就是说，有些信息确实激起了谈判对手的怒火，但你并没有感觉。在体验某种情绪之前先调节情绪，是一种“重新评估”（Reappraisal Strategy）策略。重新评估发生在情绪产生过程的早期，是一种专门用于中和或重新塑造情绪体验的认知努力。重新评估策略改变了情绪体验，重新构建了你对那种体验的解读方式。这是一种需要你认真考虑谈判对手感受及其可能采取的行为的策略，也是谈判准备工作的一个方面，对绝大多数谈判者而言是一种持续的考验。

这些控制情绪的方法都源自内心，所以都有一些系统的缺陷，因为在谈判中忽视或压制你的情绪，实际上让你更不好过。毕竟，抑制自己的情绪表达需要花费大量的精力，你也就无法百分之百地将精力投入到成功谈判所必需的艰难思考中去。因此，压制情绪实际上可能妨碍了你的思考能力，尤其是你处理和回顾信息的能力。除此之外，你单方面压制情绪的努力会给你和谈判对手都带来一种心理暗示，当你试图压制情绪时，不仅你的血压会升高，谈判对手的血压也会升高，他会觉得你不那么讨人喜欢了，因为你不但产生了负性情绪，还在试图压抑这种情绪。此外，始终保持面无表情可能降低了你创造价值的能力。

思维与感受的关系

人类的认知资源是有限的。虽然你的感受方式与你的思考方式之间存在着关联，但分配给你的情绪体验的资源，并不只是从分配给思考的认知资源中扣除出来那么简单。在某些场合，情绪可以强化你的思考过程，而在另一些场合，它们可能使你难以清晰地思考。

尽管情绪的认知功能受到独立和部分独立的大脑系统的控制，但是你的情绪提供了一种助推决策的信息，因而可能影响到你做出的选择。为了证明这一点，研究人员在一次实验中首先将参与者分成两组，请他们评价他们看到的一组漫画有多么好笑。在实验参与者评价那些漫画之前，研究人员要求第 1 组参与者像叼吸管那样咬住一支铅笔，要求第 2 组参与者横着咬住一支铅笔。也就是说，第 1 组参与者叼着的铅笔与他们的脸几乎垂直，而第 2 组参与者咬着的铅笔与他们的脸平行。

采用不同的方式咬住铅笔，对两组实验参与者产生了不同的影响。竖着咬住铅笔的动作让脸部肌肉紧绷，引发的肌肉反应与紧皱眉头类似；而横着咬住铅笔的动作与微笑类似。最终的实验结果表明，第 2 组比第 1 组觉得漫画更加好笑。

显然，实验参与者并不知道刺激不同的肌肉以模仿情绪表达，居然会影响他们对漫画幽默程度的评估。这项研究虽然是在实验室内，在由研究人员控制的环境中进行的，但它确实揭示了情绪与感知的相互联系。

在现实生活中举一个情绪与感知相互作用的例子。想一想在某场戏剧或者音乐会中，你身边的观众在影响你解读自己的体验方面会产生的强烈效应。甚至电视情景剧里自带的笑声都会影响你对剧情幽默程度的判断。

情绪还会影响你的选择。轻度或中度的情绪可以为你提供一些信息，让你了解什么重要、你的目标实现得怎么样，因而让你做好应对挑战和机遇的准备。最近有项研究探索了情绪影响思维的另一种方式。过去，人们通常以为正性情绪与创造力、思维的广度以及灵活性有关，而负性情绪往往容易引发分歧和冲突。但现在，人们则开放地认为不同的情绪都与启发式的信息处理以及系统性的信息处理相关联。

大多数人认为，更加深思熟虑的评估或者系统的信息处理通常以正性情绪为背景，而启发式的思考则通常以负性情绪为背景，但事实并不是这样。情绪是正性还是负性，并不是决定你的思考有多么深入或者多么肤浅的因素。结果表明，愤怒的人和快乐的人往往都能进行启发式思考。

研究发现，快乐和愤怒都会增大人们对刻板印象的依赖。在这两种情绪状态下，个人会更加注意交谈者流露出的一些个性特点，而不太会注意到他们的论据中一些具有说服力的语句。相反，体验着悲伤（通常被视为一种负性情绪）或者惊奇（可正可负，依事件的性质而定）情绪的人可能考虑更多的替代选择，并且以一种更加谨慎和周全的方式处理信息。

快乐和愤怒对思维的影响，不同于惊奇和悲伤之类的情绪对思维的影响，前两者是启发性的，后两者是系统性的。启发性思维与妥协相联系，并且注重谁得到什么，而系统性思维则与更多地创造价值相联系。

情绪体验越多，越是与我们对确定性的感觉相联系，越会激发谈判者的启发性思维；相反，情绪越是与我们对不确定性的感觉相联系，谈判者越会以系统性的方式来处理信息。但类似于快乐和愤怒之类的情绪，虽然两者是完全相对的，但有着诸多共同之处。也许这两种情绪最令人惊讶的共同之处在于：它们都是乐观的情绪。

现在，大多数谈判者通常不会把愤怒想象成一种乐观的情绪。然而，如果你思考一下愤怒的人会怎样思考和谋划未来的行动，便会发现愤怒还真是一种乐观情绪。在思考未来时，愤怒的人通常觉得他们可以改变未来、影响他们的愤怒产生之源，或者清除遇到的障碍。

除此之外，愤怒能够激发你的能量，使你投入到行动之中，而且，你可以将它与一种兴奋感联系起来：当你因对某个令人愤恨的人施加了报复之后间接地感受到愉快时，或者在秘密策划对付你的敌人、使其沦为不幸事件受害者时压抑着自己内心的快乐时，你便会感受到这种兴奋感。另外，那些研究愤怒情绪的人发现，体验到这种情绪的那一刻，与对这种情绪体验的记忆之间存在着巨大的差别。在体验的那一刻，你的体验是正性的；而在回忆的时候，你的体验却是负性的。

那么，如果愤怒是一种乐观情绪，你可能会料想，在谈判中变得愤怒可能会带来某些真正的利益，最起码你的乐观想象可能在更高的期望结果中实现。快乐也是一种乐观情绪。因此，从你在谈判中得到的结果的角度来看，到底是愤怒时还是快乐时你能获得更大利益？换句话说，愤怒的谈判者和快乐的谈判者，谁将创造并申明更大的价值？

究竟应该更愤怒，还是更快乐？

围绕“情绪对谈判的影响”这一主题而开展的研究表明，更快乐的谈判者，或者至少是心情更好的谈判者，更有可能在谈判中创造价值，而愤怒的谈判者则往往主导着价值的申明。想一想如果你可以让谈判对手感到谈判并非例行公事，那么乐观且愤怒的（也就是确定的和具有启发思维倾向的）谈判者会有怎样的区别？你能使得愤怒但不确定的谈判者同时既经历愤怒的乐观，又体验到与不确定性相伴相随的系统性思维过程吗？

在第一项研究中，研究人员诱使多场谈判中两位谈判者中的某个人感到愤怒。在这些愤怒的谈判者中，有一半的人是确切地知道谈判对手将做出不合理的行为而变得愤怒，而另一半的人尽管对谈判对手的行为感到愤怒，却不确定这种不良后果是不是由于他们特定的谈判对手的行为造成的。

在第二项研究中，研究人员告诉一半的参与者，谈判过程是可预测的和常规的互动，然后又告诉另一半的参与者，谈判是一个不可预知的和不确定的过程。这两项研究的结果表明，**在谈判之中，伴随着不确定感的愤怒情绪，将创造更多的价值**。事实上，愤怒而不确定的谈判者，比情绪更稳定的谈判者创造的价值更多；而情绪稳定的谈判者比愤怒但确定的谈判者表现更好。不过在一般情况下，愤怒的谈判者能够比谈判对手申明更大的已经创造出的价值。

你也许怀疑，愤怒的而不确定的谈判者表现更好的原因，在于他们比愤怒但确定的谈判者在谈判中能更多地应用系统性的战略思维。但以上情况只在谈判对手并不愤怒的背景下才得以发生。你会不会预料，如果双方都体验着愤怒或快乐的情绪，而其中任何一方觉得他们的谈判对手要对这些引发情绪的行为负责，或者任何一方都不确定该由谁负责，那么结果会不会有所不同？事实表明，情绪的强化有助于申明价值，不确定性的强化有助于创造价值。

让我们首先来看价值申明的效果，即首先决定如何分配资源。愤怒的谈判者虽然能比快乐的谈判者申明更大的价值，但不管你是快乐还是愤怒，你和谈判对手能创造的价值几乎不会有太大变化。重要的是你对谈判的局面、谈判本身或者谈判中的事件有多么确定或者不确定。在一项研究中,对“谈判将会怎样展开”不确定的谈判者人数越多,他们在谈判中创造的价值也越大。

关于愤怒而确定的谈判者以及愤怒但不确定的谈判者在价值创造方面的能力,还有另一些有意思的研究成果:在各种可能的组合中,创造最大价值的组合是当一位谈判者愤怒而不确定时;而创造最小价值的组合是当谈判对手愤怒且确定时。快乐的谈判者创造的价值数量,介于这两类愤怒的谈判者之间。

所以,愤怒可能是一种有益于申明价值的情绪,但它也同样有利于价值创造,当谈判者对谈判的局势并不确定时尤其如此。除此之外,愤怒的乐观与快乐的乐观,其效果也存在差别。尽管愤怒的或快乐的谈判者在评价他们对谈判结果是否乐观时并没有差别,而且他们都对自己能够达到那一结果很有信心,但愤怒的谈判者提出的最初报价明显比快乐的谈判者极端得多。快乐的谈判者缺乏侵略性的特征,与他们不想“扫兴”的心态一致。快乐的人往往会避免采取他们认为会令自己的美好感觉一扫而光的行为,因此经常无法获得他们在谈判中理应获得的更多利益。

情绪体验与情绪表达

情绪的表达传递了重要的社会信息,比如危险(害怕)或者机会(快乐)。当你在谈判中体会到那些情绪时,它们可以向你的谈判对手透露一些信息,这些信息涉及你可能采取的行为。当然,这里的前提条件是你表达的是你的真实感受。因为你既可以表达并没有感受到的情绪,也可以感受并没有表达出来的情绪。

各类情绪的表达对你的谈判能力有何影响?为了回答这个问题,

让我们考虑情绪的两个方面：它们对你（个人）的作用以及对谈判对手（人与人之间）的作用。

第一，情绪可能影响你对环境以及谈判对手的评估。一方面，愤怒的情绪与责怪他人、体验到他人对你的侵犯或攻击，以及确定的感觉等因素相关。愤怒会影响个人的感知、决策以及行为。也就是说，愤怒情绪激励你改变局面、消除障碍、恢复你以前的状态。体验着愤怒情绪的谈判者，可能自己不断让步或要求谈判对手做出更大让步，因而变得更具侵略性或更加乐观。

然而，愤怒的谈判者可能由于他们的情绪而分心，思考也因此受到影响。在那一刻，谈判者往往聚焦于与他的愤怒情绪相关的问题，而不去关注与谈判相关的问题，导致他们忘记了谈判的主要目的——达成划算的交易。如果对愤怒情绪的体验使你偏离了自己的重心，即使它能让你乐观，也会减小你和对方创造价值的潜力。特别是当你的愤怒情绪压抑了你的动机，而且事实上减弱了你处理复杂信息的能力，因而没有办法去寻找让你获益的谈判结果时，你们的谈判更可能陷入僵局。

另一方面，快乐的情绪涉及你对美好前景的期望，以及一种确定的或可预见的感觉。在评估谈判局面时，认为自己正朝着积极的结果迈进并告诉自己要坚持下去，并没有特别的动机从谈判对手那里进一步攫取价值。研究发现，心情好的谈判者更倾向于合作，不太倾向于竞争，而且对简单的启发性思维也越发依赖，这可能导致他们迅速与谈判对手达成低价值的合作协议。

第二，你的情绪不仅对你有影响，还会影响你身边的人。诸如愤怒等情绪对人际关系的影响，和愤怒的人对这种情绪的主观体验相比有着天壤之别，正如对快乐情绪的表达可能与快乐的感受有着不同的影响一样。

首先，简单地表达情绪可能不会对你的思考产生任何影响。正如假装悲伤或惊讶不可能鼓励系统性思维那样，假装快乐也不可能鼓励启发性思维。要让这些情绪产生影响，你必须感受到他们。但情绪的表达能够改变你身边的人对你的回应。谈判者在面对那些表达愤怒情绪的谈判对手时更愿意让步。因此，表达愤怒的情绪可以使表达者申明更大的价值，但对他创造价值的能力没有影响。这意味着，影响情绪表达的机制，可能与影响情绪体验的机制不同。根据这一观点，谈判者也许对表达愤怒情绪的谈判对手让步多一些，而对表达快乐情绪的谈判对手让步少一些。

其次，情绪的表达与同一种情绪的体验明显有着不同的效应。例如，表现得很惊讶和你体验到惊讶，可能是完全不同的认知体验。表达你并没有实际上感受到的惊讶将改变谈判对手对你的响应方式。你表达的情绪似乎对谈判对手的影响大一些，对你自己的影响小一些，可见情绪的表达会产生人际影响。

有一次，托马斯在谈判中表达了自己的愤怒，那一次的情绪爆发，实际上帮助他在谈判中获得了利益。2013 年，他决定卖掉位于芝加哥郊区的房子。当时的房地产市场欣欣向荣，托马斯在将房子列入待售列表后的第一个星期就收到了两个人的报价。他将多方参与竞价的情况告诉了两位潜在买家，而他们全都提交了修订后的报价，而且修订后的报价全都超过了最初托马斯列出的价格。

托马斯自然而然地选择了在第二轮报价中出价更高的买家，与对方签下了销售合同。销售合同规定，如果买家在检查房子的过程中发现了一些未曾披露的问题，将对销售价格做出调整。

结果，买家在检查完房子之后，要求将价格下调 3.2 万美元，并将他们认为需要修理的东西列了出来，交给托马斯。比如，买家在检查时发现屋内的火炉很旧，可能很快就得更换。不过由于托马斯曾经将火炉的年限透露给买家，因此从托马斯的角度来看，这一情况并不能用“未披露”来描述。

托马斯通过房产经纪人与买家进行了一次谈判，但双方并没有达成一致，于是他表达了自己的愤怒（又是通过房产经纪人），威胁要把房子收回，重新放到市场上交易。起初买家并未回应，因此托马斯重新将房子放到待售清单中，并且单方面解除了销售合同。过了几天，买家终于妥协了，房子最终的售价也在合同价格上做了小小的调整，因为有一件物品需要更换，实际上托马斯并不清楚那件物品的情况，因此也没有告诉买家。

第三，情绪的表达不仅对谈判对手有着更大的影响，对你自己也有影响。表达你并没有体验到的情绪，需要前后一致的认知努力。我们在前文中提到，压制情绪需要耗费精力，一旦你将过多精力用于压制情绪了，在谈判中就没有足够的精力去收集和处理信息。所以，表达的情绪与体验到的情绪之间的差异越大，就需要越多的认知精力来继续表达那种情绪。需要的认知精力越多，剩下用于解决谈判中相关挑战的精力就越少。

所以从某种程度上讲，一方面表达情绪和体验情绪是一样的，那种情绪既有对内的一面也有对外的一面，而且消耗了认知精力；另一方面，如果表达的情绪与体验到的情绪不同，也就是说，谈判者选择不表达出他感受到的情绪，那么情绪的表达和体验可以引发两种不同的效应，但这种情况下对认知的要求，可能导致创造价值的能力明显降低。

在下一节，我们将讨论“表达你并未真正体验到的情绪”将产生怎样的影响。对于你从战略角度表达出来的那些你并未真正体验到的情绪，从你表达的那一刻开始，你实际上已经开始体验了，因此情绪也会变得真实起来。

潜意识中的情绪感染

不管你自己的情绪状态如何，能让谈判对手体验正性情绪，也许符合你的最大利益，特别是在申明价值时。这是因为，快乐的人将更加迫切地达成协议，而且通常认为这个世界更加友好和积极，因此在谈判中要求也少一些。这样，给谈判对手创造快乐的情绪可能是极为有益的。但要怎样让谈判对手变得更加积极呢？

情绪会传染。乔·吉拉德（Joe Girard）可谓深谙此道。吉拉德或许是这个星球上最出色的谈判者，《吉尼斯世界纪录大全》也将他列为世界上最伟大的汽车销售员，部分原因一定与他传递给顾客的情绪信号有关。据说他曾经每个月给客户寄出 1.3 万张贺卡，虽然每张卡片上所写的祝福各不相同，但其传递的信息是明确的，他在对每一位客户说："我喜欢你！"

情绪一般是通过潜意识地模仿他人的表情、肢体语言、演讲风格以及语音语调等方式传播的。如果说正性情绪可以使某个人变得更有魅力，并且影响他的绩效，那么乔·吉拉德获得的巨大成功，很大程度上是他能用积极友好的态度感染身边的人的结果。而且从某种程度上讲，这种行为是无意识的，即使对面坐着的是最爱讽刺别人的谈判对手。所以，通过表达正性情绪，你可能把你的乐观传染给别人。当然，如果你表现得很愤怒，你身边的人也将体验到愤怒。

令人吃惊的是，这种感染对你自己也同样有效。如果你讲究策略地表达愤怒情绪，随着时间的推移，你会变得越来越愤怒。那就是说，你可以使自己从有点恼火升级到出离的愤怒。回想一下我们此前讨论过的：继续表达某种你并未体验到的情绪，需要你付出认知精力，而随着时间的推移，那种精力的有效性将降低，因为你表达的情绪与你体验到的情绪状态将越来越一致。而为了保持那样一种差异的状态，要求你持续地警觉，因此也对你的自我控制提出了极大的要求。

那么，在表达情绪时，特别是表达那些既影响你自己，又影响谈判对手的负性情绪时，有没有更好的选择呢？例如，到底是表达愤怒情绪更好，还是发出威胁更好？事实证明，从心理学的角度来看（与我们在第 9 章中讨论的经济的角度完全相反），在直接对比威胁的影响和愤怒情绪的影响时，威胁比愤怒更加有效。所以，尽管兑现威胁可能是值得怀疑的策略，而表达愤怒则具有某些优势，但两者有着完全不同的成本和收益，应当仔细考虑。

第10章 小 结 SUMMARY

在判断情绪对谈判表现的影响时，许多得到普遍认同的道听途说的建议,其实经不起科学眼光的审视。因此,在谈判中不要凭直觉行动,也就是说，不要跟随你的情绪的指引，而要把下面这些秘诀牢记于心：

- 研究表明，与其压制情绪并试图保持面无表情，不如采用一种更好的策略：重新评估。如果你认为自己可能要体验某种强烈情绪，那么在体验之前重新评估当时的局面，不失为一种好的策略。因为你是先体验到情绪,再压制这种情绪,所以和重新评估的策略相比，压制情绪的效率很低。一方面它会降低你解决问题的能力；另一方面，你的谈判对手也会产生情绪反应。和压制情绪不同，重新评估发生在情绪产生之前，并且侧重于评估当时的局面以及信息，那些信息可能是根据谈判对手对局面的情绪反应而获得的。例如，在谈判期间，面对对方的威胁，你可能压制自己在情绪上想要选择升级冲突的冲动。作为选择，你可以前瞻地把威胁视为一种信息，也就是说，把威胁视为关于谈判对手在谈判中如何评估价值的信息，并且运用那一信息来调整你未来的建议方案。
- 情绪的反应或者情绪的状态，为明智的谈判者提供了另一种信息来源，即他们自己的偏好、选择以及各种选项的相对重要性。此外，导致不确定性或者与不确定性相关联的情绪，最终能够助推价值创造。除此之外，诸如愤怒之类的其他情绪，有利于价值申明。这里的秘诀在于在谈判中充分利用价值创造和价值申明的机会。

- 对谈判对手的情绪状态以及他们影响你情绪体验的方式等保持敏感。表达正性情绪，可以增强谈判对手同意你的建议方案的意愿，并且使其更愿意以更加积极、合作的态度看待与你的关系和当时的局面。

- 有证据表明，正性情绪有助于创造共同价值，但一般情况下会降低价值申明的效率，因此应当讲究策略地表达那些你并未体验的情绪。例如，你也许希望在谈判初期鼓励谈判对手的正性情绪以创造价值；在谈判的末期，你也许希望表达更多负性情绪，给人造成你很强硬的感觉，帮助你自己申明更大的价值。

如果你不知道自己会以怎样的情绪响应谈判对手，那么你显然会在谈判中损失利益。尽管如此，你还是应当清楚地考虑（你和谈判对手的）那些情绪对你自己创造和申明价值的能力会造成怎样的影响。在谈判中，情绪可以作为一种资源，或者当成一块强力的磁铁，将你的注意力和认知精力集中起来。

第 11 章

强弱势的转换

怎样的表现可以让你得到更多？

如果你对一场重要的谈判心怀三个愿望，其中之一很可能是拥有胜过谈判对手的谈判力量，即相对更加强势。在第 2 章，我们探讨了你的替代选择可以创造怎样的力量，让你可以随时选择退出谈判。在本章，我们重点关注谈判力量对你的思想、情绪、偏好策略等方面的系统影响，不论力量源于你个人或组织的地位、你可以运用的替代选择，还是你掌控的宝贵资源。

强势通常处于依赖的对立面。也就是说，当你为了宝贵的资源而减少对他人的依赖时（或者，让他人更加依赖你时），你便更强势。例如你的替代选择越好，你就越不用依赖谈判对手来达成协议。

当然，不论你什么时候谈判，双方之间总是存在相互依赖。因为想要成交，各方必须达成一致。但即使是在这样相互依赖的关系中，和谈判对手比起来，你也可以更独立。在谈判中你的替代选择越好、数量越多，你就越能够而且将会提出更多要求，获得更多你想要的东西。

然而强势并不一定能确保你获得更好的结果。有时候，许多谈判者尽管有着更好的替代选择，但依然同意了承受损失。因为优质的替代选择只是谈判力量的一个来源，许多其他的力量来源也能使你得到更多你想要的东西。

有一种力量的来源，既可能受到你的替代选择质量高低的影响，也可能跟替代选择无关，那便是你的心态。你可能觉得自己很强势，或者谈判对手从你的言语以及行为中感到你很强势，这些都是你可以直接从强势心态中获得的结果。

强势的心态，可能是你在组织中拥有权力的结果，也可能取决于你对自己所面临局面的看法，或者当你想着你强有力时的情形，想象你能掌控你的体验或感受的强烈程度时，你便拥有了强势的心态。在本章之中，我们将研究不同形式的强势以及它们对你和谈判对手的行为产生的系统性影响。

谈判力量的戏剧化影响

你可能很难注意到，你在社交场合中与他人沟通的方式，受到你的相对力量的影响，而且这种影响是系统性的，也是戏剧性的。当你拥有力量时，不仅你自己的行为会和平时不同，你身边的人也会以不同的行为来响应你的力量。最近的研究证实，力量带来的强势主要以三种方式影响行为：行动的偏见、对细微的社会差别缺乏感知，以及将他人视为达到目的的工具。

强势者的体验，在强势的或弱势的个人身上产生了不同的行为导向。在体验强势心态时，人们的行为趋向系统被激活。这一系统通常与致力于实现奖赏和抓住机会的行为相关联；相反，在体验弱势心态时，行为抑制系统被激活，导致人们警觉提高、风险意识增强，并且感觉到了环境与社会交往中固有的挑战。

例如，强势的人和不太强势的人相比，往往身处报酬丰厚的环境中。因此，当行为趋向系统被激活时，强势的人能够根据他们急切的愿望和目标采取行动，不会招致严重的社会制裁。相反，当行为抑制系统被激活时，弱势的人将较少地运用资源，而且成为社会控制和惩戒的对象。结果，处在相对强势地位的人，往往根据奖赏和机会来评估他们面临的局面，而处在相对弱势地位的人，则往往根据威胁和惩戒来评估他们的环境（包括和强势的人面临的相同的局面）。

首先，更强势的个人更有可能采取行动。例如电视剧《星际迷航：下一代》中，让-吕克·皮卡德上校（Jean Luc Picard）发出的命令不是“交战！”就是“前进！”。放在更为传统的组织背景之中，皮卡德可能是一位经常叫嚷着“我要业绩！”的CEO。这类人想的都是采取行动，但别人要负责策划并实现他们的期望。这种对行动的强调，导致人们更加迅速地响应，以体验一种期望并致力于实现那种期望。在谈判中有一个这方面的绝佳例证：**更强势的谈判者可能会首先报价**。为了使谈判启动，他们愿意首先报价，这也许更多地与他们的相对强势有关，而不是因为他们深入分析了首先报价的成本与收益。

强势的人往往还会无视社会惯例。事实上，鉴于某些强势谈判者的行为，你也许不难发现，强势的人必定会把社会规范和礼仪抛在一边。我们的一位同事讲述过一个关于《滚石》（*Rolling Stone*）杂志的发行人简·温纳（Jann Wenner）的故事。

温纳在和我们的同事交谈时，起身打开办公桌旁边的小冰箱，拿出一瓶伏特加和一大块生洋葱。在两人交谈的过程中，温纳经常咬一大口洋葱，然后直接对瓶喝一大口伏特加，从来没有问过我的同事是否想和他一起分享。

玛格丽特和托马斯也见识过这方面的另一个例子，在一个专家小组研讨会上，两人曾亲眼看到一位资深的法学院教授脱掉自己的鞋子，拿到桌子上检查鞋跟，而当时，她还是这场研讨会的主持人。

第三个例子是鲍勃·伍德沃德（Bob Woodward）在他的作品《鸵鸟心态》（*State of Denial*）中对小布什总统的描述。在一次五角大楼简报会上，每位参会者桌前都摆着一些薄荷糖。小布什总统吃完他面前的糖后，眼睛一直盯着别人桌上的糖，在别人递给他之后，他也欣然接受了。

类似这些行为，显然与社会风俗格格不入，而且这类举动看起来像是强势带来的权力。他们强势的原因，当然并不是缺乏对社会地位细微差别的感知，相反，这是他们拥有权力的结果。人们越强势，对社会规范、礼貌礼仪以及日常生活中的谦恭越不敏感。这也并不意味着所有强势的人都会表现出这种冒失行为。不过，如果你在人们都不太强势的局面下对社交保持敏感，那么随着你手中的权力越来越大，你也会变得越来越不敏感。所以，这种对社会细微差别的不敏感和行动偏见一样，并不只是个人的性格特点，它很大程度上受到个人状态或当前局面的影响。

强势的人更有可能利用他人，也就是把他人看成是达到自己目的的工具。他们没有把他人当成是独立的个体，而是视为他们自己意愿的代言人。调查显示，高管们通常会在报告中着重强调其他人可以为他们做什么，而不是把其他人视为自己的伙伴。随着某个人权力的增大，他会根据其他人对实现其目标的贡献程度施加不同的压力。强势还使决策者能够选择一些行动来进一步推动社会目标或组织目标的实现，当然，这些目标要与决策者的个人目标相一致。

虽然这些研究成果暗示，强势的谈判者在谈判中通常可以得到更多，即申明更大的价值，但他们能创造更大的价值吗？强势的力量并不只是影响着谈判中“谁获得什么”，它还有一些更让人惊讶而且感到有趣的效果。

回想一下你和谈判对手如何通过评估议题价值而创造价值的情形。结果表明，弱势的（以及非强势的）一方会想方设法寻找创造价值的机会，强势的一方更多地聚焦于价值申明，而不是价值创造。

现在，让我们改变一下讨论的重点：假设你是不太强势的一方。如果你并不处在特别强势的地位（例如，你没有很好的替代选择、你对宝贵的资源没有控制权，或者你并没有把太多的资源带到谈判桌上），那么你便无法申明谈判中的大部分价值。为了抵消这种对宝贵资源缺乏控制权的劣势，你唯一的选择是愿意更努力地找出那些不太明显的价值，组合出使你和谈判对手的可用资源最大化的“议题包”。

一般情况下，这种创造价值的动机与谈判者身处相对弱势地位的关联性更大，而与那些十分强势的谈判者没什么关系。当研究人员密切监测了强势和不太强势的谈判者参与的谈判时，他们发现，不太强势的一方更有可能引入各种“议题包”，充分利用双方之间不对称的利益和偏好。其中的原因可能是，不太强势的一方知道自己要想获得合理的结果，唯一的办法是确保强势的一方能得到他们希望得到的东西。因此，不太强势的一方必须更具创造性，他们有着更加强烈的动机去寻找价值创造的路径，尽可能做大整个资源“馅饼”，以便与强势的谈判对手分割。

权力（强势）驱动行为的另一个明显表现，可以通过我们在谈判课上检查学生的策划文档看出来。当学生身处权力较大的位置时，从他们的策划文档就可以看出，他们缺乏动机去系统地思考谈判中出现的各种机会，而是更侧重于价值申明。他们的策划文档中通常使用大量的诸如“我很强大”“我想要很多”以及“我会获得大量利益”之类的词汇，而不太强势的学生的策划文档中则概述了根据强势学生所作所为而制定的多种策略。

如果所有谈判者都关心价值创造，那么不太强势的谈判者将赢得这场竞争。然而，获得更多的真正焦点是价值申明。因此，如果你发现你的替代选择比谈判对手的替代选择差时，你还有哪些选择？有没有办法在你自己实际上并不强势的前提下，获得更多只有强势者才能获得的利益？

强势心态的重要性

想象两个人的谈判场景，每个人都只拥有适中的替代选择。虽然他们在谈判力量方面大致相当，但有一人拥有强势的心态，而另一人却没有。我们可以预料这两位谈判者之间有什么差别？

有人对这种情形进行了研究，其中，双方在谈判力量方面的客观水平大致相当，但实验者操纵了其中一方，为他们营造了更强势的心态。结果表明，强势的谈判者，比弱势或者不太强势的谈判对手申明的价值更多。

营造强势的心态，可能比你想象的容易得多。强势的心态至少可以通过三种方式来营造：

1. 想象你比其他人更强势；
2. 想象你觉得自己的体型很有魅力；
3. 通过某个表现强势的姿势，充分利用你的想法与你的身体之间的联系。

首先，想一想你比其他人更强势时的情形。也就是说，当你能够让别人获得他们想要的东西，或者站在了能够评估别人的地位上。现在重点观察发生了什么，你的感觉怎么样？你可能在想，这不可能那么简单。请你回想第 1 章中对期望的影响的探讨。如果你受到其他人对你的期望的影响，那么，你对自己的期望也可能影响你的行为。这一研究的结果证实，通过操纵人们的强势心态（或者弱势心态），这种“自我交谈”营造了三个方面的强势效应：行动的偏见、对社会的细微差别不敏感，以及对身边的人客体化。

其次，回想一下你觉得体型很有魅力时的情形。虽然这让你有点惊讶，但研究表明，尽管你觉得自己的体型魅力提升了你在谈判中申明价值的能力，但对你创造价值的能力没有任何影响。除此之外，那些觉得自己体型有魅力的谈判者，在谈判中的表现并不会比觉得自己体型没有魅力的谈判者更好。不过，跟那些感到自己很有魅力的更加强势的谈判者相比，手中的替代选择不如谈判对手的谈判者往往能够获得更好的结果。有意思的是，握有更好替代选择的谈判对手，觉得他们自己在谈判中明显强势得多，也明显更有影响力。

最后，考虑你在谈判中的身体姿势。你的姿势既影响你的生理反应，也影响你的心理状态。研究人员在一系列的研究中证实，人们的姿势会影响皮质醇（压力荷尔蒙）水平、睾丸素（力量荷尔蒙）水平以及承担风险的意愿。实验参与者在参加实验时，首先被要求提供一份唾液样本，然后被带到一个小房间。在那里，研究人员让他们以伸展的姿势或收缩的姿势坐到椅子上（见图 11.1）。

一段时间后，研究人员又请实验参与者提供了一份唾液样本。结果发现，母亲常说的“站姿和坐姿十分重要”的确很对。以伸展姿势坐着的参与者，皮质醇（对压力的反应）的水平较低，睾丸素（增强力量）的水平较高；以收缩姿势坐着的参与者，皮质醇的水平较高，睾丸素的水平较低。除此之外，以伸展姿势坐着的参与者更愿意参加有风险的赌局，而以收缩姿势坐着的参与者更可能获得确定的结果。如果你不知道哪些是伸展的姿势哪些是收缩的姿势，不妨观察一下身边的人。

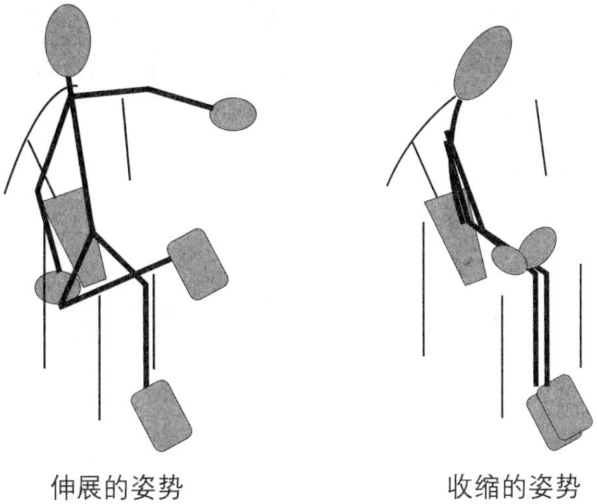

图 11.1　坐姿对心态的影响

当然，这些心态和身体姿势的效应，并不是从你弱势的感觉中转嫁而来的。不过，它们是使你更加强势地思考和行动的一些简单却明显有效的方法。如果你以强势的心态发起一场社交活动，对方可能以增强你的强势感觉的方式来回应你，因而形成了一种正反馈循环。

正如人类社会交往中的其他众多方面一样，强势也并非存在于真空中。相反，强势是一种相对现象。你之所以强势，是因为已经到了别人觉得你强有力的地步，或者表现出了权力的迹象和特性，而这些权力的迹象和特性，通常是在社会中构建的。你的行动，是你自己的内在评估与别人对你的响应方式的综合。所以从某种程度上讲，你拥有强势的心态并表现出了强势的行为，也就增大了对方因弱势而让步的概率。

把你的社交生活(包括谈判在内)想象成发生在两个维度中的事情：横向的维度是从属，纵向的维度是控制。对发生在从属维度上的行为，人们通常会使自己的行为与之匹配。例如，对那些令人愉快的人，人们更可能表现出亲近的行为；而对那些好争论的人，人们更有可能与之争论。相反，对他人在控制维度上的行为，我们更习惯于与对方互补。即你的顺从行为可能触发谈判对手的强势行为，或者你的强势行为可能触发谈判对手的顺从。

理解谈判力量对谈判的不同影响，只是充分利用强势心态的第一步。在下一小节，我们将探讨互补对谈判表现的惊人影响，并阐释为什么在某些局面下，顺从行为可能比强势行为更容易创造高质量的谈判结果。

互补与模仿

一方表现出主导谈判的行为，可能导致另一方也同样摆出主导谈判的姿态。你也许经历或者见证过这样的情形：一方的强势行为被谈判对手用强势行为来匹配，往往有过之而无不及。在这种情况下我们看到不是互补。

很大程度上，当人们用强势行为来回应对方的强势行为时，他们会将谈判当成竞争。结果表明，当个人表现出合作的意愿时，更有可能用顺从来回应对方的强势，进而鼓励对方更加强势。

研究表明，谈判者以怎样的方式解读和回应同一系列的强势行为，取决于他们怎样确定谈判框架。当研究参与者认为某场谈判本质上是合作性的时候，他们会把谈判对手的强势行为解释为完成分配任务的手段；当谈判对手表现出同样的一系列行为，但这场谈判被确定为竞争性谈判时，这些行为则会被谈判者认为是侵略性的和负面的，同时妨碍了他们达成交易。

谈判是一种社交，要求个人通过信息分享来协调关系，以实现双赢的结果。互补可以提高在需要进行协调和资源分配的任务上的表现。

不过在基本不需要协调的任务上（例如校对一份报告），互补的谈判双方并没有明显的优势。互补能够制造层级，而层级有利于推动协调。清楚地知道谁在引导和谁在跟随，可以使信息交换和资源分配的协商更加高效。

你也许怀疑谈判中的强势行为可以怎样引导双方的协调。一项研究分析了与强势相关的语言行为和非语言行为，包括强势的表情、摆出伸展姿势、离谈判对手更近、高声谈话或以缓慢且放松的语调交谈、当别人和你交谈时把目光移开，以及打断别人。

鉴于来自互补行为的协调有诸多好处，互补的两位谈判者应当更能协调好互惠互利的信息交换，从而发现共同价值。而且，占据主导地位的谈判者能够申明共同价值中的更大部分。令人想不到的是，扮演顺从角色的谈判者在和强势的谈判对手谈判时，比起他和另一位同样倾向于顺从的谈判对手谈判时，反而受益更多。由互补的谈判双方创造的资源，比由相似的谈判双方创造的资源明显多得多。相反，在竞争性谈判中，一方更有可能强势回应另一方的强势。和这种情况相比，互补谈判中的强势方也明显获益更多。在强势对强势的谈判中，双方创造的价值明显小得多，因此可申明价值也更小。

这里的含意十分明显：当谈判被确定为（或者重新确定为）合作性谈判时，你应当补充谈判对手的强势行为，因为你更关心价值申明。但这样做可能需要你自己严格遵守戒律。如果谈判对手展现出强势行为，你应当以顺从行为来应对；如果他们表明了顺从的态度，你应当表现得更强势。这样将创造更多价值，而且在后一种情况中，你还可以申明更大的价值。

有时候，你需要表现出顺从的态度来应对谈判对手的强势行为，尽管这看起来让你受了些许委屈，但和你用强势行为来应对他的强势行为相比，你最终也能申明更大的价值。

与在控制维度中互补相反，另一种增强你和谈判对手关联的有效方法是模仿。人类倾向于模仿他人的行为，包括他人的说话风格、表情以及行为习惯。而在模仿时，往往可以获得正面的响应。当情侣更多地模仿对方时，会感到两人之间更加同步；餐饮从业人员发现，模拟顾客的语气和语调甚至语言，能得到更多小费。

虽然有证据表明，人类往往无意识地模仿对他们来说重要的人，但有些人比其他人更有可能模仿别人。那些有着强烈的动机与他人融洽相处的人会更多地模仿社交伙伴。有目的地使你的行为与社交环境中其他人的行为合拍是一回事，而运用模仿来说服或者引导对方则是另一回事。

谈判中成功的、有目的的模仿表现为在你的身上体现谈判对手的行为，但要稍稍有一些延迟。如果他坐在椅子上，那么，等一两秒钟你再做同样的动作。如果她把胳膊交叉在胸前，那么同样稍稍推迟一会儿，再以同样的动作回应。模仿你的谈判对手，但不要像镜子那样一模一样，而且要稍有延迟。过于同步的模仿可能令被模仿者认为自己受到了嘲讽，因此对这种模仿做出负面回应。

讲究策略地模仿谈判对手有助于在谈判中获得更好的结果。模仿谈判对手行为习惯的谈判者更有可能创造更大的价值，而且，模仿者也能从那些创造的价值中申明更大份额。有意思的是，从被模仿者的角度看，是否认为自己被模仿的影响微乎其微。所以，由谈判双方创造的额外价值往往归入模仿的一方。此外，当被模仿者并没有意识到对方是在有目的地模仿自己时，他们往往对对方表现出更大的信任。

乍看起来，互补和模仿似乎是一对矛盾的概念。在讨论互补时，建议你补充谈判对手的行为，也就是说，对他的强势行为表现得顺从，面对他的顺从行为则展示出强势。然后，建议你模仿（或者说匹配）谈判对手的行为。这两条建议显然不可能同时执行，对吧？

玛格丽特和托马斯设计了一项实验，以找出到底模仿和互补哪一种是更好的谈判方法。他们指示一组中的半数参与者在谈判中表现出强势行为，指示其谈判对手顺从，以营造互补的效果；另一组参与者中的一半则被要求模仿谈判对手的行为。

结果表明，模仿是增强喜欢和信任感非常有效的方法。一名谈判者模仿另一名谈判者的行为，通常能够十分迅速且在合作氛围中达成协议。不过，模仿的效果取决于模仿的内容。如果你模仿谈判对手的强势或顺从行为，那么将不利于你们创造更大的价值。

你可以通过模仿其他一些行为，使谈判对手更加喜欢或者信任你，因此更愿意和你分享信息。例如，你可以模仿谈判对手的口音、说话风格或者面部表情。大量证据表明，你会经常模仿身边人的行为。当你有着更强烈的愿望与他人和谐相处时更是如此。研究人员发现，情侣间的亲密程度，与他们模仿对方的次数有着密切的关联。

当研究人员要求谈判者模仿谈判对手的行为时，包括真实反映后者的姿势以及身体动作等，而且他们的模仿足够微妙，不会引起谈判对手的注意，那么这些谈判者便能够更成功地达成协议。而且在这种情况下，即使承担一部分损失，谈判对手也更愿意达成交易。此外，在讨价还价过程中模仿卖家的买家，将被卖家认为更值得信赖。

要确定何时模仿或何时互补，重要的是首先把这种交互确定为合作性的。然后在表明强势和顺从的姿态时采取互补的行为。此外，在其他一些并非以身份为导向的行为上模仿谈判对手，包括口音、说话风格、声调、姿态等，要确保你的模仿足够微妙，不至于引起他们的注意。

这样一来，你就将互补在价值创造中的好处与模仿在增进信任、喜欢和达成协议的意愿等方面的好处全都结合了起来。不仅能创造更大的价值，也能得到更多你想要的东西。

愤怒的乐观

强势不仅影响你的行为，还影响你表达的情绪。强势的或者弱势的个人，更有可能表达某些情绪。想象这样一种情形：一个强势的人和一个弱势的人在某个项目上同时受阻。强势的人更有可能用愤怒来回应，而弱势的人的情绪体验则是悲伤、悔恨或失落。

大多数人通常认为愤怒是一种负性情绪，而快乐是一种正性情绪。然而，研究人员在最近一项关于愤怒的研究中发现，和快乐相比，愤怒和人们改变现状的渴望有着更加密切的关联。事实上，当研究人员分析了与愤怒情绪相关的大脑活动时，发现了一种类似于个人依欲望行事时的大脑活动。此外，体验愤怒情绪的人会增强对控制和确定性的感知。他们对自己面临的风险有着更为乐观的评估。相反，体验悲伤或悔恨情绪的人，其控制感或不确定感都会减弱。

那些强势而且愤怒的人，不会被他们的愤怒情绪所迷惑，不会误认为他们只会得到好的结果。事实上，他们完全预料到了未来的挑战。区别在于，尽管他们感到愤怒，但他们也认为自己一定能得到想要的结果。愤怒激发了个人的努力。除此之外，愤怒的人更有可能对未来抱有乐观的期待。

愤怒的效应并非局限于个人对未来的预期。愤怒而强势的谈判者更可能试探性地处理信息，不停地考虑他们的社交活动更加微妙的细微差别或者替代视角。他们迅速地采取行动，却缜密思考他们的行为。他们更加自信地应对挑战，乐观地认为他们可以控制结果。不难发现，愤怒是一种与强势相关的情绪，并且有助于构建此前描述过的正反馈循环：如果你强势，你更可能体验愤怒。在愤怒的情绪中，你觉得控制感更强、对未来更乐观，会更加迅速地采取行动改变现状，而且更加确信你能够获胜。所有这些感觉，都进一步强化了强势的体验。

本书对愤怒情绪的描述也许和你经历过的完全相反。我们考虑的愤怒情绪并不是与涉及压力的疾病(如冠心病)相联系的那种爆炸式的、猛烈的愤怒。在我们的研究中，愤怒是一种低强度的、有控制的情绪表达，而且是依局面而产生的。它是坚定而非狂热的。它一定不是那种让人失去理智，气愤得想要大喊、想摔东西的情绪。事实上，那类情绪通常与失败而非强势相关联。

与强势相联系的愤怒情绪，更有可能在谈判中表达出来。如果你在谈判中表达了愤怒之后，其他人会不会随后觉得你更加强势呢？通常情况下，表达愤怒情绪确实让其他人认为你的身份或权力得到了提高。不过，当你明显并不是一个强势的人却在表达愤怒情绪时，其他人不会认为你更强势。如果你是适度强势的人，那种愤怒的表达将增强其他人赋予你的权力。但如果你是一个相对弱势的人，表达愤怒则可能产生反作用。

如你可能预料的那样，如果愤怒情绪是由不同性别的人表达的，那么他人对表达者的响应以及对原因的总结都是有区别的。表达愤怒的男性被人们视为更加强势；然而对女性来讲，同样是这种愤怒的表达，如果要让人们觉得自己更强势，她还必须证实那种愤怒的理由。也就是说，**男性可以表达他的愤怒并且被人们视为强势，而女性如果只是表达她的愤怒，将被人们视为不太强势**。在表达愤怒时，如果明确地说明你感到愤怒的原因，将极大地减小其他人认为你失去控制的可能性，而且作为女性，说明原因很有必要。

在第 10 章，我们探讨了情绪在预测价值申明方面的重要性。我们还曾着重强调，在谈判中感知到不确定性，对于创造价值所必需的系统性思考十分重要。现在，让我们将那些概念综合起来，以理解强势行为以及愤怒情绪的表达将怎样影响谈判者。

在最近的一项研究中，研究人员将谈判双方中一半的人定义为极其强势且愤怒的一方，另一半的人则定义为不太强势且愤怒的一方。针对极其强势的谈判者的研究结果应当不至于让你感到惊讶：他们在谈判中要求获得已经创造出来的价值中的更大份额，并且最终得偿所愿。当极其强势的一方表达愤怒情绪时，他们在申明价值时更高效。其中的原因在于，不太强势的谈判者受到了愤怒的（而且极其强势的）谈判对手的负面影响。他们的注意力被分散，所以更有可能做出让步。

由于“愤怒的乐观”效应，再加上不太强势的一方对强势一方可能的行为感到不确定，因此当谈判中出现了愤怒且极其强势的谈判者时，可能增强谈判双方创造价值的能力。对于不太强势的谈判者来说，极为强势的谈判对手表达的愤怒，增强了他们的不确定感，同时激发他们努力创造更大的价值，但创造出来的大部分价值则被对方所申明。

请注意，当谈判中至少有一方表达愤怒时，双方都可以达成更好的结果。即使是不太强势一方表达的愤怒情绪，也会让双方受益，因为他们创造的价值比中立的谈判者更多。

第 11 章 小 结 SUMMARY

在本章中，我们着重探讨了强势以及弱势对谈判策略和谈判结果的影响。研究表明，强势的谈判者产生了行动的偏见（例如更有可能首先报价），不太可能探索创造价值的机会，对社会的细微差别不太敏感，更有可能把谈判对手视为实现自己目的的工具，而不是把谈判视为解决当前问题的机会。

尽管这些趋势在某些情形下可能是有益的，但在另一些情形中，它们无助于强势的一方获得更多他们想要的东西，甚至还可能与他们的初衷背道而驰。例如，结合我们在第 7 章关于首先报价的探讨，现在你知道了强势谈判者可能首先报价。和谈判对手首先报价时相比，强势谈判者首先报价进而锚定谈判对手的做法对他们有益。然而由于强势一方的行动偏见，他们不可能花时间去考虑首先报价的利弊，而只是希望通过首先报价来推进谈判。

谈判双方如果一方强势，另一方弱势，比起双方都强势或者双方都弱势，能够创造更大的价值，特别是当谈判被定义为合作时：

- 面对不太强势的谈判者，你将增大在谈判中创造可观价值的可能性，而且能够申明创造出的绝大部分价值。
- 如果你的目标仅仅是达成协议，那么模仿谈判对手的动作是一种有益的策略。
- 如果你的目标是申明价值，那么你应当补充谈判对手以控制为导向的非语言行为。如果他们的行为较为中性或者顺从，那你应当以默默的强势来应对。如果他们的行为是强势的，你则应当以默默的顺从来应对。

- 如果你觉得你的替代选择没有太大的吸引力，就试着采用一种强势的心态，那种心态可以助推你和谈判对手之间产生如前所述的互补效应，方法是回想你比较强势、有控制权或者觉得自己的体型有魅力时的情形。

- 明智而审慎并讲究策略地运用你的愤怒情绪。表达愤怒情绪的个人，和那些表达悲伤、内疚或者挫折情绪的个人相比，往往会被认为地位更高或更加强势。

- 如果你是女性，在表达愤怒情绪的同时，一定要明确地说明你感到愤怒的理由。

第12章

团队谈判

谈判成员越多越好吗？

到目前为止，我们已经着重探讨了发生在两个人之间的谈判。尽管你经历的许多谈判都在你和谈判对手两人之间举行，但即使是仅围绕两方的利益的谈判，其中的一方也可能由一个拥有多名成员的团队组成。团队谈判并不十分罕见。例如，你和妻子可能和你的兄弟姐妹的家人一起召开家庭会议，为你渐渐老去的父母挑选居住地；或者，你正试图获得政府的建造许可，为此需要得到规划委员会的批准，而该委员会由几名成员组成；又或者，你和团队正在向公司的高管团队就某个新项目提出建议；抑或是你正在与一家风投公司洽谈，请他们为你刚创立的公司投资。

在这些局面中，有时你是一个人和另一方的几个人谈判，还有些时候是团队与团队之间的谈判。尽管这依然是两方之间的谈判，但某一方人数的增加，使得谈判的复杂性呈指数级上升。

在团队谈判中，协调好谈判的策划过程、理解和综合团队成员的偏好并制定有凝聚力的谈判策略必不可少。如果说两个团队之间的谈判已经很复杂了，那么设想一下，当你和多人或者多个团队谈判时，存在着三方或者更多方，每一方都有一系列不同的利益诉求的情形。出于简化的目的，我们接下来首先考虑团队谈判的基本要素，只在本章结束时再引入在多个团队的谈判中面临的某些更复杂的情境。

内部协商的挑战

与个人在谈判之前应当做的策划与准备工作相比，一个团队在谈判之前面临着更多的障碍，如谁应当发表意见以及怎样平衡个人利益等。为使谈判成功，必须在团队内部先进行一番协商，以辨别和综合考虑各位成员的偏好。除此之外，在真正的谈判过程中，团队成员必须协商他们的行为，力求最大限度地发挥团队申明价值的能力。最后，由于团队通常比个人更具竞争性，因此往往无意中使谈判变得更具敌对性，这是团队成员走上谈判桌之前必须考虑到的。

团队成员也许没有意识到他们之间的利益和偏好存在着多大的差异，特别是由于某些成员可能不愿意说出他们和其他成员之间存在冲突的目标和偏好。在心理学上，团队成员一般认为，互相之间比他们与“外人”之间更相似。这种假设如果未经验证，可能带来麻烦。尽管加盟某个团队的标准使得各成员之间在某些方面确实存在相似性，比如组织人事关系等，但仅因为几人同属一个团队，并不一定会让他们在偏好和利益方面完全一致。

如果团队没能在谈判之前发现并解决内部的分歧和冲突，那么这些分歧和冲突在谈判中的影响可能是致命的。团队成员可能弱化在团队中的身份意识，而且由于他们未能解决好内部冲突，因而在想要达成的目标、希望采用的策略和方法等事项上无法形成一致。团队面临的挑战是成员们尽管在谈判中同属一方，但可能对谈判议题、策略、结果等方面抱有完全不同的期望。

在团队谈判的策划与准备阶段，最重要的是首先统一团队成员的目标及偏好。也许成员们有着完全相同的偏好、优先选项，而且以同样的视角看待他们的替代选择、保留价格以及渴望价格。如果是这样，那么团队中几乎不存在内部冲突，而且谈判的准备过程很大程度上与个人谈判类似，只是可能在安排谈判的时间上有一些难度。

但如果团队成员对划算的交易有着迥然不同的看法怎么办？如果他们对谈判目标、渴望价格、保留价格，以及各自的偏好等方面存在内部争议怎么办？在这些情况下，很难在团队内部形成一致意见。尽管在谈判这个领域，几乎没有人明确探讨过团队内部协商面临的挑战，但我们可以从基于团队的研究中汲取有益的知识，以便让谈判者明白，团队谈判中到底包含哪些挑战和机遇。

你也许偶尔有机会组建一支谈判团队，但大多数情况下，你更有可能是某个已经成立的谈判团队中的一员。这种区别的重要性在于，被挑选的团队成员通常天真地以为，己方成员在谈判出现争议时会站在同一边，所以己方团队的利益是一致的，不管成员间在社会人口学特征（如年龄、种族、性别以及在组织中的任职时间）或者背景（如教育水品、专业技术、经验或者身份）等方面的相似度有多高。团队成员通常将他们自己归类到一些社会团体之中，并认为这些团体和其他团体截然不同。

同时，成员们觉得他们自己与其他成员之间在观点和意见上有着更大的相似性。这种对相似性的认知偏差，可能削弱了成员之间对分歧的感知，或者至少让成员们不太愿意表达各自的意见。针对团体思维的研究，证实了同质性可以减少个人对分歧的感知，这并不能说明人与人之间没有分歧，而是他们可能自愿地修正了各自对分歧的表达。

当团队是同质化的，或者成员之间对团体重要性的认识上存在相似性时，成员有可能认为他们的观点比多样化的团队更加相似，即使两者(同质化的团队和多样化的团队)的观点完全相同。更为重要的是，研究表明，即使团队并不是根据成员在某些问题上的一致观点而组成的，成员也会认为他们更有可能和其他同伴达成一致。

这种对相似性的有选择的感知，产生了所谓的同质化妄想(Delusion of Homogeneity)，或者致使团队成员认为，他们的信念和目标比客观的评估结果所表明的更加相似。同质化妄想体现了团队成员对相互间一致性的错觉。由此而导致的幻想中的一致性，使得团队提出的建议方案与某些成员（或者甚至是所有成员）的真实偏好产生了冲突。只有在和外部人员谈判期间，这种内部冲突才会变得明显起来。

团队成员之间看起来（在人口统计学类别上或者专业背景和专业特长上）越是相似，成员们就越容易认为他们的目标和偏好（更深层的维度）是一致的。但表面上的相似性，可能掩盖了团队成员之间在某些方面的巨大差异。比如，在试图达成怎样的目标方面，以及大家期望的或者可以接受的结果方面，团队成员可能都存在严重的分歧。

一般情况下，个人可能认为表面上的区别和深层次的区别是一致的，因此相似的人以为他们有着相同的偏好，而不同的人以为他们的偏好不同。当团队成员将表面上的相似性延伸到更深层次时，他们自然会认为团队内部几乎没有任何冲突，而且在很多方面都能达成一致。相反，人与人之间仅仅存在表面上的差异，也会增大对不确定性的感知，提升对冲突的预期，并且激励他们更加详尽地和系统地搜寻那些独特的或者有差别的信息。

研究人员发现，由于团队成员之间表面上的差异可能改变了他们在判断他人观点与偏好时的自信程度，预见到将和与自己不同的人打交道时，他们更有可能进行更加系统的信息处理，以求理解对方的观点和偏好，制订更加周密和详尽的行动计划。事实上，预见到将和与自己不同的人打交道的人，更有可能寻找与对方掌握的不同信息；而以为自己将和相似的人打交道时，人们更有可能讨论他们与对方掌握的同类信息。掌握了与对方不同的信息，加上在策划时的深思熟虑，将使团队成员在谈判之前做好更充分的准备，而且能够清晰地阐述他们的偏好以及理论支持。

当团队的内部冲突在谈判开始前没有得到解决时，团队成员会面临艰难的抉择：到底是最大化个人利益，还是为了团队的利益做出牺牲？一旦内部冲突依然存在，并且在团队内部协商时显现，将降低团队成员共同的身份认同，以及他们在团队内部分享信息的积极性。此外，经历着这种内部冲突的团队，难以在谈判中采取有组织的、共同的行动。最后，内讧不断的团队对谈判的结果也不会太满意。因此，从团队的角度来看，显然要尽可能确保团队利益与成员的利益相一致。花必要的时间和精力去准备、策划和实施成功的谈判，是优化团队谈判表现的重要前提。

即使人们被分配到根据细微差别或者随机的差异而组建的团队之中，他们也会开始支持己方成员，并且排斥其他团队的成员。在一项研究中，研究人员给参与者播放了一张幻灯片，幻灯片里显示了大量的点，研究人员请参与者估计幻灯片中出现的点的数目。研究人员把参与者随机分成两个团队，一个称为“高估者团队”，一个称为“低估者团队”。

即使这次分配是随机的，两个团队中的成员也立即开始辨别团队之间的区别。团队划分好之后，马上就出现了“我们对他们”的区分，而一个团队与另一个团队的成员之间的交往方式也发生了改变。

一队的成员不仅会支持他们的同伴，还会敌视其他团队。这种队内与队外的区分，增大了整体交流的竞争性，这被称为非连续性效应[1]。因此，当谈判中出现了团队时，可以肯定地讲，谈判将变得更具竞争性。

产生非连续性效应的原因之一是其他团队的出现。在你的团队中，成员们可能以为相互之间有着相似的目标、利益、优先事项，但和其他团队谈判时，你的团队更有可能对他们做出相反的假设，而且猜想自己一定与对方格格不入。做出并坚持这种假设，将使谈判的敌对意味更浓（而不是解决问题），对高效的谈判带来破坏性的影响，这和高估团队内部的同质性的影响一样，都具有很强的破坏性。

随着团队人数的增加，问题的数量也会增加，而对大家看待问题的视角以及各方掌握的信息都要予以考虑。对团队而言，追踪观察事实性信息以及每位团队成员的价值观，是一项重大的挑战。要将海量信息整合到理想的解决方案之中，也许是一项艰难的任务，因为随着参与谈判的人数从两个增加到四个、五个甚至更多，谈判区也会随之改变。

因此，谈判者在和团队谈判时，常常成为信息过载的受害者。由于谈判者要努力处理这些十分复杂的信息，他们可能担心，一旦后来觉得接受的协议不太理想，就会产生后悔的感觉。谈判者对其谈判对手以及潜在交易的情况了解得越少，就越有可能进行二次猜测与怀疑。这种日益增强的怀疑，更有可能使谈判陷入僵局。

团队谈判中的三段式准备

虽然团队谈判面临着一系列的挑战，但运转良好的团队通常更容

① Discontinuity Effect，群体比个体更富竞争性的现象。——译者注

易想出好点子，或提出创造性的替代选择。首先，由于团队成员可以集中他们的信息，并且辨别和纠正团队内部错误的假设和判断，所以团队比个人更善于发现能够创造价值的建议方案。团队可以集中单个成员对某项议题秉持的独特视角，针对双方共同面临的问题提出创造性的解决方案。

其次，拥有多名团队成员，有助于团队更有效地分配谈判中必须完成的任务。想一想单打独斗的谈判者要完成多少沟通任务？他必须表达自己的并倾听对方的建议方案、评估对方透露的信息的真实性、考虑并选择分享和隐瞒哪些信息、推测如何整合新的信息并调整当前的建议方案，并且知道什么时候同意谈判对手的提议。如果有多名团队成员来承担这些任务，例如处理信息和进行沟通等，将使己方在收集及处理信息方面更加高效。不过要实现这种可能，还要求充分利用团队的独特优势，进行细致的策划。

和谈判的诸多方面一样，作为团队进行谈判，并没有一种最佳的谈判方法。如果团队能够克服协调的挑战,减少“我们对他们”的心态，当然有可能创造更大价值。为了创造价值，谈判团队的成员必须系统地评估他们自己以及谈判对手的偏好，并且通过充分利用团队提供的更丰富的认知资源，提出能够最大限度地创造价值和申明价值的策略。

如果团队成员都不是技能特别娴熟的谈判者，或者没有什么合作经验,那么团队谈判面临的潜在挑战尤其巨大。有可能出现这样的状况：内部协调的困难大到难以克服，以至成员之间实际上没办法进行协商。如果碰到没有经验的团队，谈判对手可能认为他们不太可靠、不值得信任，而且和个体谈判者或者有经验的团队相比显得竞争有余、合作不足。

在谈判方面拥有专长的团队，谈判对手以及团队本身都会觉得己方更加强势，而且和同样受过训练的个体谈判者相比，能提出更高质量的解决方案。因此，由受过训练的谈判者组成的团队，能够创造更大的价值、申明已创造价值中的更大部分，还会给对方形成“合作精神强、值得信赖”的印象。

谈判专家团队在和个体谈判专家竞争时，能够申明更大价值。但在申明价值的能力上，由三个人组成的专家团队，并不会比他们中的单个谈判专家强出三倍。

在考虑团队的价值申明能力是否得到了提高时，每个团体仍需要调整他们的策略和行动，以创造出色的谈判结果。团队容易在谈判中陷入麻烦的一个主要原因，也许是他们在谈判开始时没有协调好由谁来执行战略计划、怎样执行，以及没有让团队成员都清楚战略计划。尽管在过去的60年里开展的研究中，研究人员反复强调了内部准备的重要性，但做好了策划和准备工作并以此来协调团队成员行动的团队少之又少。一般情况下，团队通常擅长分析和详细探讨任务，但通常没有考虑到如何将成员们的解决方案综合成一个有机整体。

为了充分发挥团队谈判的优势，团队应当执行一个分为三个阶段的准备过程。在第一阶段，团队应当在谈判之前召集成员探讨谈判的内容。探讨过程至少应该包括一次头脑风暴，探讨谈判中可能出现的各种问题。

然后，团队成员应当评估这些问题的优先顺序以及它们之间的替代关系。此刻，重要的是让成员发表意见，评价他们认为有助于达成高质量协议的重要的以及不太重要的议题。还应当让一些团队成员扮成谈判对手（无论是团队还是个人），从不同的角度进行策划和准备。谈判对手想讨论哪些问题？他们如何确定这些问题的轻重缓急？一旦搞清楚了这些问题，就可以识别团队的替代选择、确定保留价格和渴望价格。

第一阶段的最后一个方面是团队对谈判对手的假设，预测他们想要什么，以及可能表现出怎样的行为。然后确定一些测试这些假设的方法，清楚地了解需要补充和验证的信息。

第二阶段为团队准备工作所独有：评估成员的技能，分配不同的谈判职能。成员中谁最擅长处理讨论中的问题？是不是有些成员已经培养了良好的倾听技巧或者演说能力？有没有人擅长推动和引导对话？这就好比在合演一出大戏，不同的成员扮演了不同的角色，谁将承担团队领导者、首席谈判代表、关系分析师、时间管理员、数据分析师的重任？谁负责扮“白脸”，谁负责扮“黑脸”？

第三阶段要求团队预想到谈判将如何开展。从决定首先报价或者接收谈判对手的首先报价开始，团队成员需要知道怎样做出让步，谁负责收集对方透露出的信息，以及发现了新的或迥然不同的信息，或团队内部出现了分歧时，怎样悄悄地召集骨干会议。此外还必须注意，要尽量将建议方案打包，同时在谈判时做好准确的记录。

即使是工作动力十足的专家团队，对于己方拟定的解决方案，所有成员也可能无法达成完全一致的意见。这是因为，团队成员也许无法就实现谈判目标以及完成议题的策略的排序形成统一。因此，团队必须确定一种使内部达成一致的机制，例如少数服从多数或者必须全体通过等。如果没有这样的机制，参与团队中的一个或几个成员可能诉诸其他手段，在团队内部的协商背景下最大限度地争取属于他们的独特利益。他们可能再组成一个联盟，借助联盟的力量来影响整个团队或者谈判对手，使之接受特定的建议方案或谈判结果。

联盟的形成：谁是盟友，谁是外人？

联盟就是一个由多方组成的小团体，成员为满足同盟者的利益而非整个团队的利益而联合。只要谈判桌上有两位以上的谈判者，就可能形成联盟，即使这两位谈判者分属不同阵营。也就是说，联盟既有可能在团队内形成，也有可能在互为谈判对手的不同团队的成员之间形成。在这两种情形下，获胜的联盟可能得到更多他们想要的利益，但也许与他们的团队或者另一方的最大利益不符。

联盟通常有一位创始者，他以承诺资源的方式招募他人加入联盟。创建联盟或者在成立早期加入联盟有一定的风险，因为创始者和早期加盟者并不确定这个联盟是否能够获胜。由于这种不确定性，创始者通常必须提供份额不成比例的资源，以吸引潜在的早期加盟者。至少在联盟顺利组建之前，创始者必须这样做。

联盟有一个有趣的特点：他们是通过在盟友之间就合作协议进行协商，或者通过扰乱可能的敌对双方之间的谈判过程而建立的关系。潜在盟友是那些有着一致利益，对培养信任与共同义务的关系持开放态度的人。不仅如此，这些潜在盟友中的每一个人，只会觉得加入联盟和转而追求替代选择一样有吸引力。在作为联盟的谈判之中，个人可以获得的力量，不仅以他带到联盟中来的资源为基础，而且还以吸纳他加盟的其他联盟的数量为基础。此外，联盟越是排外（吸引了更多人加盟并且加盟的机会很小），联盟本身及其成员的影响力也越大。

排他性并不是使加入联盟变得有吸引力的唯一因素。假如能够阻止一个更加强大的对手，或者能够为了实现共同的目标（议会形式的政府通常是这种情况）而贡献重要资源（如选票、资金、计谋等），那么大家也会自发组成联盟。

能够保持联盟团结的力量有三种：战略的力量、规范的力量和关系的力量。战略的力量是从可选择的盟友中表现出来的一种典型力量。那些被邀请加入联盟的人，往往被认为更加强大。规范的力量基于大家认可的资源分配机制。此外，规范的力量也可以服务于战略目标，因为提议公平分配原则的一方，通常会提议一种有利于他们特定利益的分配规范。关系的力量则来自于联盟者之间偏好的相容性。相互之间认为拥有相容的利益、价值观或偏好的一方，可能维持一种关系，这种关系可以影响或阻止其他潜在联盟的形成。

在一次实证检验中，关系的力量被证明对那些谋求达成最终交易，以及申明更大价值的谈判者最有效，因为它既影响到联盟的形成，也决定了联盟的稳定性。排斥联盟以外其他团体的邀请，往往会增强联盟内部的凝聚力，内部成员更有可能继续合作并与非联盟成员展开竞争。因此，当联盟最初由于关系的力量而结成时，它们可能是广泛而有效的，同盟者之间也许并没有偏好不相容的问题。因此，关系的力量也增强了联盟将来一致对外的确定性。

如何强化有效联盟

对团队的研究，证实了首次倡导效应（First Advocacy Effect）的重要性。这一效应对于理解团队谈判至关重要。首次倡导效应是“锚定”的一种形式，当团队成员就某个有争议的问题较早提出立场时，会产生首次倡导效应。尚未下定决心的团队成员在听到某人表达立场时，往往会受到这一立场的影响。那些在之后陈述自己的反对立场的人必须提出他们的论据，以抵消早期倡导的影响，因此反对者的任务更艰巨。几乎以同样的方式，斗志昂扬的谈判者如果发现了首次倡导效应的好处，更有可能在早期组建联盟并做出承诺。

联盟中最强大的成员是获胜联盟的边缘成员，这些人的参与，使得联盟扩大到了足以实现其目标的规模。想一想议会型政府中小规模政党的力量。这种政党在议会中所占的席位不多，但将这些少数党派团结起来也可以达到组阁所要求的条件。在这种政治环境中，少数党派显然能为其代表的投票者带来可观的资源。

联盟本身具有两种形式的力量：对潜在成员的吸引力以及能否阻止竞争联盟的形成。联盟要有吸引力，就要提高控制资源的能力。

从战略上讲，联盟成员会充分考虑怎样阻止竞争联盟的结成，或者能从竞争联盟那里争取到哪些成员。由于联盟通常被视为短暂的结盟，所以不太强势的成员可能被吸引到有着一定历史和未来前景，或成员之间十分看重联盟稳定性的联盟之中。

为了使联盟对新成员更有吸引力，要充分利用潜在关系，并规划美好的愿景。人们通常认为联盟是一种短暂的关系，一旦决策已经做出或者资源分配已经完成，联盟就会解散。如果说当初的结盟只为了解决一些简单的问题，那么以上这种想法似乎是完全可以理解的。你解决了争议，分配了因此而带来的资源之后，联盟就解散了（并且消除了你的义务）。如果联盟的结成并非只为解决暂时性问题，而是一种真正的或潜在的关系，而且这些关系都有一些共性，那么在解决了特定问题或战胜了特定挑战之后，联盟依然可能存在。

第12章 小 结 SUMMARY

如果团队拥有更多认知资源，并以统一的目标为导向，那么团队谈判便是创造价值和申明价值独一无二的机会。然而，为了开发团队谈判的潜力，谈判者还必须对某些不同寻常的挑战保持敏感，尤其是成员如何在团队中看待自己的利益。

- 成为团队的一员，增强了成员之间对相似性的感知。虽然这种相似性通常包括相似的目标，但个体成员的偏好可能并不相似。
- 强调团队成员间的相似性，可能导致团队在策划和准备谈判时错误地理解其成员真正的偏好。这种同质化妄想也许使得团队成员要么必须牺牲个人利益来满足团队利益，要么不得不依然坚持个人的利益，从而使团队内部的分歧在谈判中开始凸显。分歧的表现形式有：团队成员之间的纷争、公开或无意识地损害团队战略的行为，或者与谈判对手达成一致，从而削弱了团队达成目标的能力。
- 团队成员通常有动力与其他的团队成员达成一致，只要不延伸到团队与团队之间的交互。把团队作为谈判对手，往往还强化了双方在目标、价值观、优先事项以及偏好等方面敌对的理念。与其认为谈判对手在某些方面与你有着截然相反的利益，在另一些方面又与你有着一致的利益，不如把团队视为一个与你有着完全相对的利益诉求的整体。

- 如果夸大了己方团队成员之间的相似性，其潜在的破坏性，跟预期对方会不受约束地反对本方立场一样大。在这两种情形中，建议的方案不可能体现双方的利益，而各方可能通过最具敌对性的“透镜”来观察对方的行为。

- 谈判（协商）可能在两方之间发生（团队之间），也可能在一方之内出现（团队内部）。后一种情形诱发了联盟的产生。联盟为各方提供了创造价值的机会，通常以牺牲被排除在外的谈判方利益为代价。联盟的吸引力不但取决于它能否确保让最少的个人实现其影响力，还取决于它能否阻止竞争联盟的形成。

- 虽然结成联盟是一种创造价值的机会，但其成员一定会为了申明那些价值而相互竞争。这样一来，联盟成员加盟的先后顺序就变得至关重要。胜利的联盟与失败的联盟的成员之间的差别，通常比联盟的创始者对加盟者的承诺宝贵得多。

- 团队内部的协商以及团队和团队之间的谈判，既面临巨大的挑战，又包含不可多得的创造价值的机会，这些价值可以最终由团队以及团队的某个成员来申明。但要当心，如果没有考虑到和团队谈判将面临的系统性挑战，必然会损害个人和团队的利益。

第 13 章

拍　卖

当多方参与竞价

拍卖是谈判的一种备选机制，它可以是公开竞价，也可以是密封投标。如本章中讨论的那样，每种类型的拍卖，各有其优势与劣势。

最常见的拍卖形式是公开的增价拍卖，或者称为英式拍卖，买家公开竞价（以人工方式、电子方式，或通过拍卖师的引导），每一次出价高过上一次。出价最高者获胜，支付他所出的价格以得到拍品。增价拍卖还有一种变体，称为次高价拍卖，出价最高者赢得拍卖，但只支付第二高的价格。

在公开的减价拍卖（荷兰式拍卖）中，拍卖标的的竞价由高到低依次递减直到第一个竞买人应价（达到或超过底价）时击槌成交。

在首次价格封闭投标的拍卖中，所有的买家同时递交封闭的报价，投标人之间不知道互相的报价。

如我们反复指出的那样，谈判是一种特殊形式的交换。在本章中，我们将考虑另一种形式的交换：拍卖。这是一种将潜在买家与卖家集中到一起谈判的形式。例如，你可以为某件待售物品做广告，等待潜在买家的响应，也可以把它直接放到网络上拍卖。拍卖与挂牌销售之间的区别在于，拍卖确定了一个固定的交易日期，因而增大了潜在买家或卖家的竞争。同时，拍卖的举行并不涉及各方之间的直接互动，有些人也许觉得这更有吸引力，特别是那些对谈判感到不舒服的人。

在本章中，你将了解到在什么时候拍卖比谈判更有优势。理解拍卖可能的益处与局限十分重要，因为在有些情况下谈判者可以选择谈判对手，或者将拍卖作为一种交换资源的方式。

为使拍卖顺利进行，要求对拍品进行完整的描述，或者让潜在竞价人检查。在艺术品拍卖前，竞拍者都会收到一本描述待拍卖艺术品的目录；在房地产拍卖中，如果你是竞价人之一，将有机会在拍卖前实地考察房屋的情况。竞价人参与拍卖的意愿是否强烈，取决于他们掌握的关于拍品的信息以及销售条款（例如质量、交期等）。

经济学家和心理学家对拍卖参与者的行为进行了广泛的研究。例如，当买家和卖家对披露信息所付出的代价相同时、当双方都清楚地了解一些关键信息时、当双方处在风险中等的状态时，以及当进入拍卖并没有产生成本时，拍卖可能导致平均销售价格高于谈判的成交价格。其中的根本原因在于，拍卖是一种用最为极端的保留价格来辨别谈判对手的有效机制，也就是说，当你公开求购时，会发现一些报出了最低保留价格的卖家；而当你公开出售时，则会发现一些报出了最高保留价格的买家。无论你们之间的交互是谈判、拍卖还是找个舞伴，找到多个匹配对象都将强化你的地位。拍卖流程的设置是为了尽可能多地吸引匹配对象，并且使之相互竞争。

这样做很有效，有时效果甚至比想象中更好。在 eBay 网上，购买一件商品有两种方式，一种是同意卖家的出价“立即购买”，一种是从卖家设置的较低价格开始参与竞拍。从理性的角度看，直接购买的价格应当代表了竞价人的保留价格。当你有意愿也有能力点击“立即购买”

按钮时，显然没有道理只为了在同一个网站上买下同一件商品再去参与竞价。

然而，当研究人员对比了同一个网页上同一件商品的拍卖价格与直接购买价格时，结果颇令人意外。42% 的商品的拍卖价格都超过了直接购买价格。过度竞价的行为十分明显。27% 的商品的中标价格超过了直接购买价格的 8% 以上，还有 17% 的中标价格超出直接购买价格 16%。总体而言，中标价格平均超出直接购买价格的 10%。

为了例证拍卖中的竞价有多么疯狂，请看下面这个芝加哥奶牛的案例。

> 1999 年，芝加哥市举办了一场公共艺术活动，拍卖一些由本地艺术家装饰的 1：1 大小的玻璃纤维奶牛(有的是现场拍卖，有的是在线拍卖)。著名拍卖行苏富比（Sothebys）对拍品的估价为每只 2 000 ～ 4 000 美元。但出乎所有人意料的是，在线拍卖的平均中标价格比苏富比拍卖行的估价高出了 575%，而现场拍卖的价格则高出 788%。

过度竞价的行为部分源于一种被称为竞争激励（Competitive Arousal）的心理过程，即竞拍者渴望不惜一切代价战胜竞争对手。这种竞争性的情绪状态，在现场拍卖时比在线拍卖时更加强烈（在线拍卖的竞争者互相之间见不到面），导致竞价人犯下了代价极其昂贵的错误。

竞争激励似乎至少有三个驱动因子：竞争对手、时间压力以及观众的存在。首先，当存在更多潜在竞价人时，竞拍者提高竞价的意愿便得到了增强，在这个过程中，他们可能打破自己设定的保留价格。从经济学的角度看，这完全是错误的策略。我们会在本章后面的内容中探讨“赢家的诅咒”时，详细阐释其中的原因。

竞争激励的第一个驱动因子是竞争对手。这里有一个谬误：你的保留价格是由替代选择决定的，你并没有合理的理由来假设，竞争对手的人数或者你辨别竞争的能力，会影响你的保留价格。当存在少数几个强劲的竞争对手时，竞争激励会进一步增强，因为你现在终于知道要战胜谁了！

为了避免竞争激励的影响，你必须在拍卖的整个过程中始终保持警觉。拍卖刚开始时，大量相互竞争的竞价人的存在，可能诱使你抬高自己的保留价格。拍卖进入尾声时，少数几个竞争对手的存在，又可能点燃了你想赢得拍卖的渴望，导致你打破保留价格，并因此获得更少你想要的东西，除非你想要的只是战胜竞争对手。

竞争激励的第二个驱动因子是时间压力。无论是由拍卖人还是你自己设置的最后期限，都可能使你不太愿意去收集设定保留价格以及策划竞拍所需的必要信息。对你来说，要去评估你的每一次竞价到底有多么合理，留给你的时间可能是极其宝贵而有限的。越到拍卖末段，这种压力越发强烈。以在线拍卖为例，在拍卖即将结束时，随着时间一分一秒过去，你很容易体验到自己的情绪反应越来越强烈。时间压力越大，你就变得越兴奋；你变得越兴奋，就越可能依赖你用过的策略，不论这种策略适不适合你当前面临的局面。所以，当拍卖行将结束，你面临的时间压力达到最大值时，你更可能又一次打破保留价格，以确保战胜竞争对手。

再次，竞争激励还会在有观众的情况下变得更加强烈。实证研究表明，哪怕只有一名观众，而他也没有盯着你看，你对熟悉的任务的完成水平也会提高，对不熟悉的任务的完成水平则会降低。这种现象被称为社会助长①。因此，现实拍卖中产生的竞争激励比在线拍卖更高。

① Social Facilitation，个人对别人的意识，包括别人在场或与别人一起活动所带来的行为效率的提高。——译者注

了解了社会助长效应，人们通常会对在线拍卖进行专门的设计，有意让竞拍人知道有多少人参与了拍卖。这就相当于制造了观众，这种虚拟拍卖也会对你产生竞争激励。

当你参与拍卖时，为了控制或减轻这种过度的竞争激励，可以考虑以下策略：

- 重新定义有着相似利益与目标的竞争对手，告诉自己这并不是一场你死我活的战争。
- 考虑聘请一位不会像你一样在情绪上极其投入的代理人代替你竞价。在拍卖之前，为那位代理人（或者为你自己）设定好明确的参数。
- 在整个拍卖过程中评估你的竞价策略的合理性，如果有必要，请一位值得信赖的咨询师，并且坚守他为你制定的策略。
- 评估你感受到的时间压力到底是由于真正的最后期限造成的，还是由于你为自己任意设定的最后期限造成的。
- 认真地考虑你是否需要现在就参与这场拍卖。是否将来还有别的机会？是不是这段时间里，你还可以更好地做准备，以确保达成一次划算的交易？
- 依靠你的团队成员，帮你缓解那种只想一马当先的兴奋感。
- 在整个拍卖过程中，重新确定你的真正目标的重要性，并强化“划算交易”的概念。

何时应该拍卖?

拍卖有哪些特别的益处？拍卖到底具有哪些谈判并不具备的优势？选择拍卖作为推动交换的手段，一个主要原因是它可以用最高的保留价格辨别对手。在本书中，我们通篇都在假设你知道自己在跟谁谈判。但如果谈判对手变得不确定了，你该怎么办？你现在应该希望辨别那些有着最极端保留价格的对手。然而，在逐一考虑潜在对手时，很难判断谁是拥有最极端保留价格的那一个。毕竟，潜在对手并不会到处宣扬他们的底线，但在拍卖中，他们必须把底线展示出来！

让我们进一步探讨一下拍卖的流程。为求简明,假设竞价人(买家)训练有素，而且出价不会高于他们的保留价格（这是一条重要的考虑，我们将在后面的内容中回顾这种假设的含义)。因此，拍卖的胜者将是有着最高保留价格的买家：拍卖过程将自动让买家相互竞价，直至较低保留价格的买家全都自动退出，剩下有着最高保留价格的买家，竞价停止。请注意，获胜的买家并不是照着他的保留价格来竞价的，而是只比倒数第二位竞价人的保留价格稍稍高出一点儿。

然而在谈判中，由于谈判对手的保留价格并不是公开的，你不可能判断谁是那位有着最极端保留价格的谈判对手。因此，在就某一商品的销售而谈判时，你也许能够逼着买家一步步接近他的保留价格。不过，如果你的买家有着更有利（于你）的保留价格时，你也许能够做得更好，而这正是拍卖的益处。

拍卖鼓励各方参与的一种方式是，拍卖过程要求参与者像谈判那样做好同样充分的准备。在网络上举行的拍卖，你不会知道谁是你的对手，因此无法通过考虑某个你并不知道的人可能的偏好或利益而有所斩获。你应当做好的准备工作，主要涉及确定你想要购买或销售的产品或服务的质量、你的保留价格、支付过程的安全性等。然而，你不必设计一套谈判策略，也无须辨别议题类型和谈判对手的策略。

你可能有一个疑问：假如拍卖这么高效，我为什么还要读前面的 12 章内容呢？事实证明，拍卖存在一些真实的局限。首先，拍卖并非十分适合那些有着多项议题的谈判项目。只对围绕单一议题（比如价格）的交换最为有效。当谈判双方考虑的议题不止一个时，你还得把多项议题转换到一个单一的衡量标准之中。例如，当你挂牌出售自己的房产时，你可能收到多个报价，它们在许多方面都不相同，例如价格、交期、装修协议等；其次，你还需要构建一个“议题—价值”矩阵，如我们在第 5 章描述的那样，以使你能够对比那些多样化的竞价。不难看出，多项议题增加了拍卖的复杂程度。在理想的条件下，拍卖也许是申明价值的最有效手段，却不适合具有价值创造潜力的交换。因此，对于存在价值创造潜力的交易，和拍卖相比，你也许能够通过谈判申明更大的价值。

第三，以下情形也不适合拍卖：物品的价值由其专有信息所决定。为了成功地拍卖，拍卖方必须向潜在竞价人提供拍品的详尽信息，并且在竞购公司的拍卖中，允许竞价人进行财务调查，以减轻竞价人对过度竞价的担心。然而，披露信息并不总是符合卖家的最大利益。

例如，可口可乐准备出售公司。为了助推竞价，可口可乐也许考虑让潜在买家了解其商业秘密，包括他们的标志性软饮料的秘密配方。如果存在多位潜在竞价人，可口可乐公司的商业秘密也就不再是秘密了。所以，虽然让潜在买家了解公司的商业秘密（也是公司的主要价值）可能使潜在买家更充分地了解公司的价值，但也可能使得公司对于中标人的价值大幅贬损，因而也减少了竞价的人数。

即使你没有商业秘密，情况也会如此。当拍卖中涉及的专利信息或者秘密信息的数量足够多时，即使它们是与价格有关的信息，也将失去与谈判相比的优势。而且一项研究报告指出，52% 的公司是通过谈判出售的，而那些被出售的公司都掌握着大量的专利信息。

由于拍卖中存在多位竞价人，所以最终的中标人可能是信息最灵通的人，也可能是最需要那件拍品的人，更有可能是过度评估了拍品价值的人。如果因为过度评估而成了拍卖中的赢家，那中标人也就成了房间里最大的傻瓜。这就是所谓的“赢家的诅咒”。

赢家的诅咒

“赢家的诅咒”指的是在赢得拍卖后，中标者意识到自己拍得物品的价值比他的竞价低得多。

为了理解人们可能有多么容易感受到“赢家的诅咒”，考虑这样一种情形：拍品只有纯粹的共同价值。也就是说，这件物品对所有买家来说都具有同等价值，不对单个买家具有独特价值。“赢家的诅咒”发生在具有共同价值物品的拍卖中，这是因为，竞价人保留价格的差别，受到估算该物品的真正价值(也是共同价值)时所犯错误的影响。因此，在拥有共同价值物品的拍卖中，赢家可能是最大的傻瓜。

相反，当具有私人价值的物品被拍卖时，竞价人对价值的差异化评估，既体现了估价的错误，也体现了拍品对不同竞价人而言的价值差异。所以，对拍品估价最高的买家，不一定是那些在估价时犯下了最大错误的买家。他们也许只是格外看重那件拍品的独特方面，以至于他的竞价高出其他竞价人一大截。在那样的情形中，“赢家的诅咒”被减轻了。竞价人的竞价可能更接近他们的保留价格，所以他们自信地认为，赢得拍卖不一定意味着他们在竞价时表现拙劣。

为了例证这一观点，让我们思考一个极端的案例：拍卖一个封好了现金的信封。这是一种纯粹的具有共同价值物品的拍卖。很显然，在你开始竞价之前，你想知道信封中到底装有多少现金。假设卖家给每位潜在竞价人提供了下列信息：每位竞价人会收到一张便条，便条说明，信封中现金的数目等于它的真正价值加上一个随机数字，这个随机数字是从平均值为 0 的均匀分布数列中提取出来的，其变化范围为 -3 ～ 3。因此，卖家提供给买家的信息显然反映了现金的真实数额，但它并不是一个精确数值。

打个比方，卖家给你的便条上写着 6.6 美元。那么你确切地知道，信封中包含的现金介于 3.6 美元和 9.6 美元之间。你竞价的上限是多少？也就是说，你的保留价格是多少？是 6.6 美元吗？

显然，你会根据自己已经获得的信息，尽最大努力估算那个信封中的现金数额。在所有的竞价人中，有些人会认为自己比其他人的估算更准确。

竞价人各自收到的信息，表明了信封中装有的现金的预期价值，如果竞价人将他们的保留价格设定与预期价值统一，那么赢家可能是那位在估算时产生了最大正误差的竞价人。因此，拍卖中的赢家，最有可能是自己的便条上显示了最大随机数字的人。用更常用的术语来描述，赢家可能是那个对拍品的价值产生了最乐观预期的人，不论那件物品是一个信封、一套房产、一家公司，还是一只玻璃纤维奶牛。

为了避免这个问题，你设定的保留价格应当低于你收到的信息所表明的价格。但到底低多少？如果你想确定自己绝不会亏损，可能将保留价格设为 3.6 美元（期望的价格减去信息中包含的最大误差）。尽管这种策略有助于你避免亏损，但它绝不可能帮你赢得拍卖。因此，切合实际地考虑，你应当将保留价格设在 3.6 美元至 6.6 美元之间。但到底设定为多少？这里的数学计算十分复杂，但我们可以指导你怎样直观地思考这个问题。

首先考虑将你的保留价格设为 4.5 美元。如果潜在的竞价人的人数变了，你的保留价格要不要改变呢？当有 40 位潜在竞价人参与拍卖时，你将保留价格设为 4.5 美元，那么如果有 4 000 位潜在竞价人参与拍卖，你的保留价格是设置得更高一些、更低一些，还是保持不变？从直觉上考虑，大多数人会在竞价人更多的时候，要么让保留价格保持不变，要么设置得更高一些。结果表明，那种直觉将会令你误入歧途。正确的答案是：**随着竞价人人数的增加，你应当将保留价格设置得更低一些。**

想一想下面这个似乎不相干的问题：最高的男性来自中国还是瑞士？我们先了解一下瑞士人的平均身高与中国人的平均身高的对比结果。瑞士男性的平均身高为 175 厘米，而中国男性的平均身高为 168 厘米。你也许认为最高的男性来自瑞士，但你答错了。想一想瑞士的人口（约为 760 万）与中国的人口（约为 13 亿）的对比情况。我们对男性的平均身高并不感兴趣，而是只关心这两个国家中最极端的情况，也就是最高的男性。如果我们将 760 万次的抽样与 13 亿次的抽样进行对比，在哪一次抽样中更有可能找到更极端的例子？显然，尽管作为一个整体，中国男性的平均身高比瑞士男性矮一些，但我们在中国男性中找到的最高的人，比瑞士最高的男性还要高。曾在休斯敦火箭队司职中锋的姚明高达 226 厘米，还有一位来自中国内蒙古自治区的男性身高接近 237 厘米，他也被《吉尼斯世界纪录大全》确认为世界上自然生长的最高的人。

请注意，不论中标的相对规模有多大，“赢家的诅咒”依然是一个问题。不仅网络拍卖中的竞价者有可能遭受“赢家的诅咒”，而且负责并购项目的大型跨国公司 CEO 也逃不过“赢家的诅咒”。1985 ~ 2009 年发生的、至少存在两次同时发生的招投标的 82 次企业并购中，研究人员对比了最终的赢家与输家在并购之前的数月和数年以及并购之后的数月和数年的业绩。在并购发生之前，最终的赢家和输家在股市中的表现并没有差别。然而，在并购发生之后，那些没能成功并购的公司，明显比并购成功的公司业绩更优秀。这一结果最有可能的解释是，赢家为了赢得并购，付出了太大的代价。他们遭受了“赢家的诅咒”，而他们在并购发生之后的数月和数年时间里股票价格相对走低，反映了他们在并购时的过度竞价行为。事实上，在并购之后接下来的三年时间里，输家比赢家的业绩好 50%。

“赢家的诅咒”的存在，使得希望在拍卖中获胜的每一方都必须认真考虑拍品的价值。例如，买家应当评估，如果卖家打算接受自己的出价，那件物品的价值到底是多少；而卖家应当评估，如果买家打算接受自己的报价，那件物品的价值到底又是多少。美国喜剧演员格鲁乔·马克思曾形象地描述过这个问题：“我不想成为接受我这样的人的任何俱乐部中的一员。”谁会愿意加入一个准入标准比自己想象中更低的俱乐部呢？

除了经济效应，强大的心理效应也为“赢家的诅咒”推波助澜。在第 7 章我们建议，首先提出极端的报价通常是一种有益的策略。而在某些拍卖中，可能提出适中的首次报价才最好。虽然你可以首次报出极端的价格而获得战略优势，但有些时候，首先报出较低的价格同样能让你获得巨大的战略优势。当你试图启动一次拍卖时，你可能想报出一个被潜在竞价人认为是合理的价格，或者甚至是较低的价格。较低的开价可能吸引更多竞价人，从而增大了在拍卖中出现一位报出最极端保留价格的竞价人的可能性。

这是美国硅谷的许多房地产经纪人在互联网泡沫鼎盛时期采用的一种策略。当时，硅谷的住宅房地产市场热得发烫，市场上有大批买家，而住宅市场的可用存量几乎耗尽。因此，房产经纪人们开出了高得离谱的待售价格。另一些经纪人和卖家则将他们的待售房产的报价设在相对合理的价位上，意在诱引更多的买家前来报价。

除了这种“虚假的低价”之外，卖家通常还要求买家在相对较短的时间期限内提交他们的报价。卖家通常规定，买家必须在某个具体日期之前考虑他们的报价并做出决策。假如你是潜在买家，在巨大的时间压力面前，你必须报出一个自己能接受，又能吸引卖家注意的价格。买家在时间压力下报出的价格，往往高于卖家的接受价格，还包含其他一些引诱条件，比如向卖家付现款，或者用一些有形资产作为抵押等。

在约定的时间，有些卖家简单地接受了最有吸引力的报价，而另一些卖家则会告诉买家他们的报价处在什么水平，目前正有多少位买家参与竞争。随后，卖家会邀请买家再报一次价，作为最后一轮竞价。虽然有些买家可能在第一轮竞价之后就被淘汰出局，但也有很多买家再度提高了他们原本报出的非常高的首次报价。

卖家降低买家的准入门槛，有时并非有意而为，但大多数时候更有可能是出于故意的策划。他们利用了买家想要从头到尾参与竞价的渴望。也就是说，一旦买家给出了首次报价，第二次报价就变得容易多了。此外，鉴于买家已经表明了首先报价的兴趣，那么，第二次报价似乎是一种更合理的策略，这可以合理地解释他们已经在首次报价中投入的时间和精力。对卖家而言，第二次报价不但激发了买家的竞争欲望，还可以再次确定谁才是最有潜力的买家。

如果你正在考虑参加拍卖，你应当做些什么？一方面，什么时候应该避免参加拍卖？当你发现在结束交易时仍有许多竞价人，或者你和谈判对手可能以不同方式评估多项议题（拥有巨额的综合潜力）时，抑或是当你不顾一切想赢下拍卖时，都不应当参与拍卖。

另一方面，什么时候应当考虑拍卖？答案是当你在考虑某个单一问题，特别是价格问题时；当你向潜在竞价人披露的信息对你自己评估拍品的价值并没有影响时；当你的准备时间极为有限时；以及当对方的身份未知时。在那些情形下，拍卖可能对你非常有利。

第13章 小 结 SUMMARY

在特定的情况下，拍卖可以让你得到更多你想要的东西。首先，如果你对谈判有着特别强烈的厌恶情绪、无法辨别谁有可能报出较高的保留价格（你是卖家）或者较低的保留价格（你是买家），或者没有时间做好充分的准备并走完谈判流程，你应当考虑参与拍卖。但尽管如此，拍卖依然有它的局限。

当只存在诸如价格之类的单一问题，或者产品或服务的标准化程度很高，抑或是产品或服务有着广泛的吸引力时，拍卖是一种非常有效的手段。在那些情况下，无论是从经济学角度还是心理学角度，拍卖的过程都对你有利。考虑用一个较低的开价来吸引多位竞价人（如果竞价人很少，你可以规定一个底线价格）、设置一个适度紧张的最后期限并采用公开叫价的拍卖流程，以便最大限度地利用竞争激励效应。

拍卖不太适合有着巨大价值潜力的复杂局面。同时，当竞价人的例行调查涉及拍品的专利信息，而一旦这些信息被公开，将降低它对最终中标人的价值时，也不适合拍卖。在这些局面下，谈判可能使你得到更多你想要的东西。

在参与拍卖时，要警惕竞争激励的影响。正如涉足任何一场谈判那样，你要确定并尊重你的保留价格。作为一条通用准则，只有当你了解了准备阶段并不知晓的新信息时，你才应当修改保留价格。

第 14 章

事后分析

是否应该达成协议后协议？

我的表现怎么样？这是在谈判结束时一个难以确切回答的问题。你绝对无法确定谈判中到底存在多少潜在价值，也无法确定你在申明那一价值时有多么高效。当然，明显的例外是学习我们谈判课程的学生。上谈判课的一个好处在于，你有机会准确地了解自己的表现，不仅可以比较你和谈判对手的表现，还可以比较你和面对同样情境的其他谈判者的表现。

充分利用交易的主观价值

如果你不能亲身体验我们的课程，还有两个办法可以提高你创造和申明价值的概率：一是充分利用谈判对手对谈判、交易以及你本人的主观价值评估；二是协议后协议（Post-settlement Settlement），即在谈判结束后探讨已经商定的协议。前一种方式确定了你和谈判对手未来的关系，使你将来得到更多的机会；后一种办法使你可以和他们一起探讨，为了优化最终结果，你们可以共同做些什么。

在思考谈判结果的同时，你还要考虑谈判对手如何评估他在这场谈判中创造的主观价值，这可能影响他将来的行为。谈判结果的主观价值有四个方面：

- 交易的工具性价值，包括谈判者在得到自己想要的东西方面有多么合意和高效；
- 谈判对手觉得他身为谈判者有多么胜任，以及他对自己在谈判中的表现有多么满意；
- 谈判对手觉得他在谈判过程中获得了多么公平的对待；
- 谈判对手对他和你之间关系的评估，包括他是否愿意继续跟你合作。

谈判者对谈判的过程以及结果的体验十分重要。他们也许无法极其精确地确定谈判结果的客观价值，但他们已经同意了该结果。所以，他们可能要依靠对谈判过程以及结果的感受来评估自己的表现。他们对自己的表现有多满意？他们对自己达到的目标有多自豪？当谈判结果不够明晰时，谈判者经常运用他们对谈判过程的感受来判断谈判有多么成功。

想一想那些在策划和准备阶段不像你那样严守戒律的谈判对手。他们不会理性地评估结果，而是可能根据谈判中创造的主观价值来判断自己的表现。他们对主观价值的感觉不仅决定了将来是否愿意与你合作，还会影响你在双方下一次谈判中的价值申明。在谈判中建立更和谐的关系，可能使谈判者愿意在随后与同一位对手展开的谈判中分享更多信息。

事实证明，谈判者对他们在谈判中创造的主观价值的评估，与在同一场谈判中创造的实际价值之间只存在着微弱的联系。因此，让谈判对手对谈判形成积极的主观评价，对你们之间随后的谈判有明显好处。这种积极的评价，不但可以在同一对谈判者不同场次的谈判中延伸，还会在不同的谈判中发挥作用。也就是说，谈判对手觉得和你谈判得到的成就感和满足感越强，越有可能四处传播你的良好声誉。

例如，当求职者在最初的薪酬谈判中获得很高的主观价值时，那么在工作了一年以后，他对工资待遇以及工作本身的满意度仍会很高，而且跳槽的意愿很低。事实上，员工对薪酬谈判的主观价值的评估，和谈判后获得的工资报酬的真实经济价值相比，前者能够更好地体现员工对工作的满意度。

因此，似乎谈判的最后一项是考虑谈判对手对你们之间谈判的感受如何。当你们将来还有合作机会时，这一点尤其重要，而且，你一定希望充分利用当前谈判中营造的和谐气氛，来改进你在将来与同一位谈判对手的谈判结果。你一方面希望谈判对手获得较高的主观价值，另一方面希望你自己获得较高的客观价值。有意思的是，许多谈判对手都会慷慨地与你达成这样的交易。因此，从你在辨别和充分利用无形的问题（比如对控制、公平、胜任的感知）时，要从大局着眼，这些问题可能对谈判对手极其重要，同时，你可以增强他们对交易价值的感受，不管可申明的客观价值到底有多少。

在评估主观价值之前，想一想你的谈判对手可能会怎样回答下面这些问题：

- 我对谈判结果有多满意？协议的哪些条款可能对我有利？
- 我是否在这次谈判中被夺去了或者损失了什么？
- 达成的协议条款是否与公平性原则或客观标准相一致？
- 我有没有觉得丢了面子或尊严而遭到了践踏？

- 我对这次谈判到底是足够胜任还是不太胜任?
- 我的行为是否与我的原则和价值观一致?
- 这次谈判对我的自我形象或者我对自己的印象产生了怎样的影响?
- 这次谈判的过程是不是公平的?
- 我怎样看待达成协议的困难程度?
- 对方是否重视我的希望、意见或需求?
- 对方总体上给我留下了怎样的印象?
- 经过这次谈判，我是否信任对方?
- 谈判是否为双方未来的关系奠定了良好的基础?

以上是谈判结束之后谈判对手可能问他自己的一些问题。牢牢记住它们，有助于你了解谈判对手获取的主观价值，还能使那种主观价值最大化，从而为你们将来的积极互动奠定坚实的基础。

协议后协议

在第 6 章，我们探讨了分享信息的战略含义，指出了哪些信息有助于价值申明，哪些信息不利于价值申明。交换信息是否危险，关键要看能否在价值创造的同时提高价值申明的能力。而且谈判的复杂程度越高，你就越难获得最佳的谈判结果。在经济学领域，实现对双方来说都是最优结果的交易，被称为帕累托最优①。

① Pareto Optimality，也称为帕累托效率（Pareto Efficiency），是指资源分配的一种理想状态，假定固有的一群人和可分配的资源，从一种分配状态到另一种状态的变化中，在没有使任何人境况变坏的前提下，使得至少一个人变得更好。帕累托最优状态就是不可能再有更多的帕累托改进的余地。换句话说，帕累托改进是达到帕累托最优的路径和方法。帕累托最优是公平与效率的“理想王国”。——译者注

想一想，潜在的交易数量的增加会导致什么结果。例如，两位有着不同偏好的谈判者（谈判议题在本质上不是分布性的，因而拥有创造价值的机会）在 10 次潜在交易中，有 3 次实现帕累托最优。如果有 100 次潜在交易，那么 3 种潜在的帕累托最优解决方案只占潜在交易总量的 3%。当谈判变得十分复杂时，想要辨别越来越罕见的帕累托最优交易是十分困难的。

如果你参加的谈判只是略微有一些复杂，那么，为一次交易的达成而探索可能的替代方案也许是值得的。“协议后协议”是一种能够替代最初协议的交易，只有当双方都觉得这种新的协议比最初的协议更好时，“协议后协议”才能发挥作用。从经济学的角度看，“协议后协议”是一种帕累托改进。

通常情况下，“协议后协议”需要由一个中立的第三方推动。如果谈判双方的争论格外激烈，寻求第三方介入也许是一个不错的选择。产生争执的谈判双方可能不愿意再面对面坐在谈判桌前，于是他们私底下和第三方接触，由第三方对每一方的利益、偏好和价值进行仔细分析。第三方与谈判双方事先签订保密协议，可以搜寻有关谈判双方立场的信息，以寻求能够解决争议的、都能为双方接受的新方案。

到了这个时候你可以假设，谈判双方最初达成的协议或许还不如他们的替代选择，所以最初协议就变成了一个新的替代选择。现在，他们可以和第三方重新商定能够让双方受益的协议。如果新协议无法商定，他们可以再回到最初达成的协议上。

产生争执的谈判双方也可以作为“协议后协议”的助推者。虽然在最初的谈判中可能难以做到价值申明的平衡，但只要双方达成了第一次协议，局面就会改变。由于谈判者在最初的交易中申明的价值现在成了新的替代选择，而且双方将来还会有来往（只要双方开始执行谈判达成的协议），他们就更愿意分享信息。这无疑增加了“协议后协议”成功的概率，同时凸显了双方实现和获取额外价值的目的。

如果你和谈判对手打算考虑“协议后协议”的流程，首先要深入思考在谈判中交换的信息。对你和谈判对手来讲，有没有一些原本能够改进谈判结果的机会？交易会不会让双方都受益？或者能否在保持一方利益不变的前提下让另一方获益更多？

前文提到，谈判中存在一个你和谈判对手以不同标准衡量议题价值的问题，但如果你在谈判中坦承这一差别，可能无法申明更大的价值。现在，你已经在“协议后协议”中确立了新的标准，权衡了价值衡量标准的问题，以求得到你更加看重的东西，还可能增加你的可申明价值。

然而，“协议后协议”还不是你全面披露信息的最佳时机。如果你的可申明价值与谈判对手的可申明价值在数额上存在巨大差异，那么，“协议后协议”可能加剧你们之间的紧张关系，因为你们双方都会把重点放在“获胜”上，而落败的一方将着重考虑怎样抵消自己的损失。

事实上，我们曾在一次谈判研讨课程上发现有些高管退出了一次完全合理的交易，因为他们发现自己申明的价值比谈判对手申明的价值要少。他们宁愿选择让谈判陷入僵局，也不愿意承担损失（这里的损失在很大程度上就是“面子”）。

“协议后协议”是个有益的工具。事实上，你可能想着将“协议后协议”作为一个正式的节点附加到重要的谈判流程中去。一旦谈判者达成了最初的协议，他们可能更愿意公开己方的利益和偏好。每一方在谈判中更加看重的东西开始变得清晰，不但他们自己知道，谈判对手也清楚，因而会在“协议后协议”探讨期间创造并申明更大的价值。

如果你参与的谈判格外激烈，也许必须考虑“协议后协议”的流程。除此之外，谈判方越多，越不可能实现帕累托最优。要成功推进“协议后协议”，需要各方之间适度地表达善意。当你和谈判对手在未来还有交集时，更加有必要推进“协议后协议”。各方在未来的交集不仅能够增大“协议后协议”创造价值的潜力，还可能促进信息的分享。如何利用这一潜力，是我们下一个小节的主题。

谈判的事后分析

如果你不太确定自己在谈判中的总体表现，那么，你策划谈判的质量也可能影响你对自己表现的评估。从理性的角度分析，你必须将你获得的结果和你在各谈判议题上的渴望结果进行对比，从而评估你的谈判表现。你申明的价值越多，而且越是接近你的渴望价格，交易对你来说就越成功。

谈判者在试图评估他们刚刚达成的交易的质量时，存在着明显的心理障碍。他们需要知道自己对交易的感觉怎么样、为什么会有这样的感觉、他们将来会对这次交易有怎样的感觉，以及他们对过去曾遇到的类似交易有过怎样的感觉。人们尤其不善于回忆并响应他们过去想做的事情、评估他们现在珍视的东西，或者预料他们明天会怎么样。即使是采用了经过深思熟虑提出并更新的谈判策略，依然不确定自己的表现有多好。谈判者在试图评估他们的谈判表现时，通常会从谈判对手的行为中寻找蛛丝马迹。霍华德·莱福在他 1981 年出版的《谈判的艺术与科学》一书中建议，在以 700 万美元的价格完成一次并购之后，你不能告诉谈判对手，你原本只打算花 400 万美元。

换句话讲，在谈判对手和你达成交易时，你应当克制“快乐地手舞足蹈”的冲动。刚刚达成的协议到底是不是你想要的对你固然重要，但如果你在公开场合得意忘形，可能对双方的后续合作产生明显的负面影响，甚至会危及你们刚刚达成的交易。这是因为，大多数人都把谈判视为有限资源的分配，陷入了“固定馅饼”的错误想法之中。如果谈判对手也有这种错误的想法，那么看到你在那里高兴得活蹦乱跳，他们会认为自己在谈判中的表现差极了。在达成交易后，要继续控制一下你的情绪表达。如果一定要手舞足蹈，也最好等到只有你一个人的时候再那么做。

把对方的反应作为推测你在谈判中表现的一种衡量标准，并不限于你们之间达成协议之后表达的情绪。你还可以对比你在谈判中得到的和谈判对手在谈判中得到的，或对比你获得的结果和与你面临相同局面的其他人获得的结果。回顾一下我们在第 2 章中讨论过的，当你紧盯着渴望价格或替代选择时，你的谈判表现会有怎样的差别？你选择的特定参照物不但可能影响你对自己表现的客观评估（在谈判中申明了多少价值），还可能影响你对自己表现的主观评价（你对这一结果的满意程度）。例如，在购买新手机时，你也许对电信运营商给你 100 元的折扣感到十分满意，但当你发现某个朋友从同一家运营商那里得到了 150 元的折扣时，你的满意度会大幅降低。

事实证明，参照物的选择对你评估某个特定结果的价值会产生极大影响。假设你和谈判对手已经达成了协议，当了解到你获得的结果比谈判对手的结果更好时，你会有怎样的反应？认为自己比谈判对手获得了更大利益，可能提高你对谈判结果的满意度。有研究表明，你和谈判对手相比是表现更好或是更差，对你的个人满意度其实并不重要。如果你不进行对比，你对自己的表现会更加满意一些。

相反，比和你处在相同地位的人表现更好，则完全是另一回事。如果你是一位卖家，用你达成的交易与同一个市场中其他卖家达成的交易相比，将体现出你达成的交易的客观价值。

得到谈判中 100% 的可申明价值时，你会感到 100% 的满意。但如果你得到了 99% 的可申明价值，你的满意度一定远低于 99%，因为这表明谈判对手至少想方设法申明了你没有得到的 1%。

也许感到满意并不是你的终极目标。对于理性的谈判者而言，进行自我评估的主要动机是学会调整和改进你在谈判中的表现。探讨你在评估谈判对手的利益、偏好和优先事项时的准确性，是自我评估过程的一个重要部分。虽然你也许无法全面评估谈判对手，可一旦你们达成了交易，你也许能得到大量的信息。

即使谈判双方握手并签署了合同，谈判也依然没有结束，接下来你们必须执行交易。让谈判对手对结果感到满意，同时也对你们达成那一结果的方式感到满意，对执行交易有着深远的意义，无论你们将来还有没有机会达成类似的交易。

第14章 小结

SUMMARY

对许多谈判而言，达成交易只是“万里长征的第一步”。谈判完成后，你将发现新的机会去学习在未来如何谈判，还可能会有一些神奇的机会让你在本次谈判中申明更大价值。即使你将来不可能与某位特定的谈判对手再有交集，你结束谈判的方式也会对你们之间协议的执行，以及你将来和其他有可能了解你谈判经历的人进行的谈判有着直接和间接的影响。

- 这本书的一个基本假设是，你必须考虑谈判中的经济学因素和心理学因素。因为谈判中的主观和客观评估之间的差别尤其明显。谈判者会十分看重他们对谈判过程的感觉。最大限度地强化对某次交易的主观评价，以及对与之相关的尊重、合法性、控制、公平等无形因素的主观评价，将极大地帮助你确保谈判对手对谈判的过程、结果以及你本人感到满意。而这些无形因素可能让谈判对手觉得，他们的让步已经得到了补偿。

- 考虑和谈判对手一起探讨“协议后协议”。不妨将刚刚达成的交易当成替代选择，试着找出你们曾经忽略的解决方案，那一解决方案有可能和你当前的交易一样有吸引力，甚至有过之而无不及。

在庆祝交易达成之后，应该进行谈判的事后分析。这是一次通常被人们忽略的、磨炼谈判技能的重要机会。对照你达成的结果，评估你在聚焦于渴望价格方面做得有多出色。你是否尊重了你的保留价格？你在判断谈判对手的利益与偏好方面有多准确？对于谈判中的诸多方面，你有没有可能采取措施改变？将你在这次谈判中各方面的表现进行优先排序，有助于找出改进谈判策划过程的各种方法。

结 语 GETTING (MORE OF) WHAT YOU WANT

谈判不是一场即兴表演，而是经济与心理的双重较量

在我们结束本书之前，需要强调几个观点。在工作和生活中得到（更多）你想要的，需要做到专注。太多的谈判者既没有制定一项策略，也没有构思一份计划来实现他们的目标，就大胆地走上了谈判桌。我们每年都会见证数百位谈判者进行谈判，但令我们震惊的是，太多的聪明人似乎把谈判当成一场简单的即兴表演，而不是一个需要策划和准备、做出战略选择并且严守戒律的相互依存的过程。在经过系统的学习之后，同样是这些谈判者，已经可以精心构思他们想要获得的结果，同时也清楚了自己的替代选择。

不论是我们的研究过程，还是你们的学习旅程，现在都难言结束。尽管从经济学和心理学的理论和研究中，我们学会了如何更有效地谈判，但在写作本书时，我们还是着力将理论研究转变成了实用的建议，让你成为更优秀的谈判者。想一想你想得到的是什么，以及你需要的而且愿意交换的信息是什么。最为重要的是，着重关注我们关于“向前展望和向后推理”的忠告。想出你在得到更多的时候需要选择的途径，

并且沿着那条路走下去时，评估一下你使用的策略和方法是不是让你离目标越来越近。如果不是，你需要重新进行评估并且采取措施纠正。

在重新评估时，要坚持经济合理性的标准。保持警惕并坚守你的策略，以减轻可能会系统性地影响你的行为的心理因素。与此同时，意识到你可以预测并影响谈判对手的可能的行为，以便得到更多你想要的东西。

谈判并不存在一种最好的方法，但如果你不保持专注，不严守戒律，却有很多种方式让你得到不好的结果。

最后，如果你努力寻找，总会发现谈判的机会，那也会让你得到更多的机会。主动去搜寻这些机会吧！为你面临的各种稀缺性问题提出解决方案。稀缺性包罗万象，包括你的财富、声誉，还包括你的时间以及你在工作和生活中的自主权。你必须运用独特的视角和知识，针对你和谈判对手面临的问题制订解决方案。同时还要注意，谈判是一个相互依存的过程，在这一过程中，你无法强迫谈判对手和你达成协议，而是必须达成一个至少让谈判对手不会蒙受损失，最好是让他们受益的协议。

现在，继续努力，去获得更多你想要的吧！

致 谢 GETTING (MORE OF) WHAT YOU WANT

成为一名学术界人士，意味着拥抱“继往开来”的概念。世界上所有的研究、课程和书籍，都得益于前人的创造。无论是我们的导师、同事、学生，还是为我们提供天堂般的研究环境和地狱般的严酷考验的大学机构，我们都无以为报。我们唯一能做的，就是在此对你们给予的帮助表达诚挚的谢意。

在写作本书的过程中，我们认识了许多其他领域的伙伴：我们的代理人，吉尔斯·安德森；本书英文版的编辑，亚历克斯·利特菲尔德；还有我们的出版人，拉腊·海默特。没有他们的热忱支持、娴熟谈判、敏锐策划和强大的编辑功力，这本书可能还需要几十年才能与大家见面？

最后，我还要感谢你们，我的读者。毕竟你们才是这本书诞生的真正动力。

“iHappy 书友会”会员申请表

姓　名（以身份证为准）：________；　性　别：________；

年　龄：________；　职　业：________；

手机号码：________；　E-mail：________；

邮寄地址：________；　邮政编码：________；

微信账号：________（选填）

请严格按上述格式将相关信息发邮件至中资海派“iHappy 书友会”会员服务部。

邮　箱：zzhpHYFW@126.com

微信联系方式：请扫描二维码或查找 zzhpszpublishing 关注“中资海派图书”

<table>
<tr><td rowspan="9">优惠订购</td><td>订阅人</td><td></td><td>部门</td><td></td><td>单位名称</td><td colspan="2"></td></tr>
<tr><td>地址</td><td colspan="6"></td></tr>
<tr><td>电话</td><td colspan="3"></td><td>传真</td><td colspan="2"></td></tr>
<tr><td>电子邮箱</td><td></td><td>公司网址</td><td></td><td>邮编</td><td colspan="2"></td></tr>
<tr><td>订购书目</td><td colspan="6"></td></tr>
<tr><td rowspan="2">付款方式</td><td>邮局汇款</td><td colspan="5">中资海派商务管理（深圳）有限公司
中国深圳银湖路中国脑库 A 栋四楼　邮编：518029</td></tr>
<tr><td>银行电汇或转账</td><td colspan="5">户　名：中资海派商务管理（深圳）有限公司
开户行：招行深圳科苑支行
账　号：81 5781 4257 1000 1
交通银行卡户名：桂林　卡　号：622260 1310006 765820</td></tr>
<tr><td>附注</td><td colspan="6">1. 请将订阅单连同汇款单影印件传真或邮寄，以凭办理。
2. 订阅单请用正楷填写清楚，以便以最快方式送达。
3. 咨询热线：0755-25970306 转 158、168　传　真：0755-25970309 转 825
E-mail: szmiss@126.com</td></tr>
</table>

→利用本订购单订购一律享受九折特价优惠。

→团购 30 本以上八五折优惠。